JN065314

日米同盟を考える

〈共同体〉の幻想の行方

Asami Tamotsu
浅海 保

作品社

日米同盟を考える

〈共同体〉の幻想の行方

浅海 保

われわれには、永久の同盟国も、永久の敵もいない

第３代パーマストン子爵（ヘンリー・ジョン・テンプル）
19世紀、イギリスの首相であり外相も長く務めた

[まえがき]
「今まで良かったから、これからも」は、もはや通じない

第1章 疲れた巨人——米国の絶頂期はいつだったのか?

第2章　身悶えするジュニア・パートナー——ポスト冷戦と日本

第3章　中国を大国に育てたアメリカ——米国は騙されたのか？

第4章 「敵」と「幻影」——レーガンの"SDI構想"とトランプの"知財防衛戦略"

第5章 やせ我慢——70年間、「理想・理念の国」を自称した米国

第6章 「歴史の終わり」から「新冷戦」へ——問われる〝民主主義の同盟〟

第7章 韓国と西ドイツ——冷戦に翻弄された国の〝我慢強さ〟と〝強烈な意志〟

郵便はがき

料金受取人払郵便

麹町支店承認

9089

差出有効期間
2020年10月
14日まで

切手を貼らずに
お出しください

1 0 2 - 8 7 9 0

1 0 2

[受取人]
東京都千代田区
飯田橋2—7—4

株式会社 作品社
営業部読者係 行

【書籍ご購入お申し込み欄】

お問い合わせ　作品社営業部
TEL 03(3262)9753／FAX 03(3262)9757

小社へ直接ご注文の場合は、このはがきでお申し込み下さい。宅急便でご自宅までお届けいたします。送料は冊数に関係なく300円（ただしご購入の金額が1500円以上の場合は無料）、手数料は一律230円です。お申し込みから一週間前後で宅配いたします。書籍代金（税込）、送料、手数料は、お届け時にお支払い下さい。

書名	定価　　円	冊
書名	定価　　円	冊
書名	定価　　円	冊
お名前	TEL　(　　)	
ご住所 〒		

フリガナ
お名前

男・女　　　　歳

ご住所
〒

Eメール
アドレス

ご職業

ご購入図書名

●本書をお求めになった書店名

●ご購読の新聞・雑誌名

●本書を何でお知りになりましたか。
イ　店頭で
ロ　友人・知人の推薦
ハ　広告をみて（　　　　　　　）
ニ　書評・紹介記事をみて（　　　　　　　）
ホ　その他（　　　　　　　）

●本書についてのご感想をお聞かせください。

ご購入ありがとうございました。このカードによる皆様のご意見は、今後の出版の貴重な資料として生かしていきたいと存じます。また、ご記入いただいたご住所、Eメールアドレスに、小社の出版物のご案内をさしあげることがあります。上記以外の目的で、お客様の個人情報を使用することはありません。

［まえがき］

「今まで良かったから、これからも」は、もはや通じない

浅海 保

「まさか」

「まさか」――。昨年（二〇一九年）、日本の国際関係に関することで、日本政府内からはもちろん、様々な方面から、この「まさか」という言葉が聞かれる事態が立て続けに発生した。

一つは、トランプ大統領が「日米安保条約の破棄」の可能性を側近に語ったという、六月二四日の報道である。トランプは、二九日の記者会見で、安保条約の破棄は否定したものの、「（日米安保条約は）不公平な合意だ。もし日本が攻撃されれば、私たちは日本のために戦う。米国が攻撃されても日本は戦う必要がない」と不満を表明し、その上で「条約は見直す必要があると、安倍首相に伝えた」と述べた。

この発言は、駐留米軍経費負担の増額や米国製武器の購入などを日本に迫るための、トランプ一流の〝ブラフ〟の可能性が高い。しかし発言の真偽は別として、アメリカ大統領が日米同盟の破棄に言及するとの報道がなされたのは初めてのことであろう。

二つめは、八月のこと。韓国政府が大方の予想を裏切って、日韓両国で防衛秘密を共有する「軍事情報包括保護協定（ＧＳＯＭＩＡ）」の破棄を、いったんではあれ、決定したことだ。中国が着々と軍備拡張を進め、北朝鮮は弾道ミサイルの発射実験を繰り返す。こんな現実があればこそ、それらの動きを確実に

キャッチし、北東アジアの安定を維持する要となろうというGSOMIAの価値は、韓国だって十分にわかっているはず。なのに、よりによって今、破棄するなんて……。

なぜ、このような事態が立て続けに発生したのか。それには、様々な解説が可能であるし、今後とも、これを、政治、外交、さらには歴史、文化など多方面から考察することが、日米関係・日韓関係にとどまらず、日本が二一世紀を生き抜くために欠かせないことは言うまでもない。

とはいえ、ここではあえて、「まさか」に的を絞りたい。人にとって、国にとって、時に「まさか」は、やむを得ないことだろう。しょせん、全能の神ではないのだから。しかし、思わず吐いた「まさか」にどう対処するかは、間違いなく、人にしろ、国にしろ、その将来、運命を大きく左右しかねない、と思えるがゆえだ。

わが国の近代史上、同じような絶句が吐かれたのは、これが初めてではない。その一つ、ちょうど八〇年前のこと、時の首相・平沼騏一郎が発したのが――

「欧州の天地は、複雑怪奇」

当時、日本はドイツとの連携をより深めるため、「日独防共協定」（一九三六年調印）の強化を目指していた。共産主義運動の発信源であるソ連を牽制し、あわよくば、その脅威の封じ込めを目指し、日独がより一層の協力を――というわけだった。

が、そんな日本の思いが、ものの見事に引っくり返される。一九三九年八月、「独ソ不可侵条約」が締結されたのだ。「まさか」の思いに暮れながら、平沼内閣は総辞職する。

これらの新旧の絶句を併記するについては、反論・批判もあるかもしれない。その後、第二次大戦の行く末をも左右することになった「ソ連をめぐる日独の思惑のズレ」と、トランプの〝ブラフ〟や韓国の

〝一人芝居〟との間には、大きな軽重の差がある。そう見る方が、むしろ自然かもしれない。

だが、本当に、それでいいのだろうか？

「世界秩序変動」の地下マグマが「コロナ」によって噴き出す

政治とか外交に「計算」はつきもの。しかし、こと安全保障や軍事となれば、そんな「本音」は極力、隠す。強く闘うには、「損得」より「正義」「大義」こそが前面に出るべきであり、そこに本音は邪魔だから――というわけだ。

この点、なにごとにつけ、型破りなアメリカ大統領・トランプは、日米同盟についても、平気で計算を表に出す。その背後には、「これ以上、『正義』のための我慢なんか、したくない」という、アメリカの「今」がある。

アメリカはそれでも、「強者」ゆえに「型破り」も通してしまえる。が、韓国の型破りには大きな危険がともなう。事実、「GSOMIA」の破棄決定を受け、アメリカのポンペイオ国務長官は、厳しい口調で「大いなる失望」を表明した。冷戦当時から、「わが国にとって、日本は同盟国ではない」と明言する韓国をも取り込み、「日米韓の安保協力」の枠組み維持に腐心してきたアメリカにしてみれば、その象徴とも言えるGSOMIAの「破壊」にまで突っ走った韓国の〝裏切り〟には、我慢ならぬ――というわけだろう。

しかし、ここで注目すべきは、やはり、アメリカの「失望」を招いた韓国の、GSOMIAをめぐる振る舞いを通し、東アジア、いや、世界の「秩序」に大きな変動が生じつつある――という現実が、あらためて、というより、より鮮明に垣間見えたことだろう。

アメリカと中国のはざまで、右往左往する韓国――といった構図に、われわれは馴染んできた。しかし、米中の力が、よほど「拮抗」に近づいたことで、韓国には「アメリカがなくても中国がある」とまではいかなくても、「少々のことでは、アメリカもわれわれを切れないはず」という雰囲気が色濃く漂う。

そういえば、GSOMIA破棄決定より一か月前、日本の領土である竹島付近の空域を、ロシア軍機が飛行。これを「わが領空を侵犯した」として、韓国の軍用機がアメリカとの事前協議もなく、警告射撃した。事件後、韓国の関係筋が、余裕たっぷりに語る姿は印象的だった。

「われわれが独自に判断し、決行したのです。かつてなかったことですがね」

こんな韓国の言動は、正しいのか？　いや、良い結果を韓国にもたらすのか？　この点で、疑念を持つ向きがあるのは無理もない。それにしても、世界の地殻が大きく動き出している。今日の世界は、昨日までのそれとは、もはや同じではない——という状況の中で、「まさか」が出現しているのは確かだろう。

そして、こんな「まさか」を誘発するような動きが、二〇一九年末からの「コロナ禍」を契機に、いよいよ頻発する。よりによって、世界に覇を競うアメリカ／中国の二大国が、コロナで大きな痛手を被った。その苦境から逃れようという両国が、互いに「ライバル」をやり玉に挙げる手法に出た結果、それ以前から熱量を高めていた「世界秩序変動」の地下マグマが、各所で噴出し始めた、と言うことか。

「習近平政権はもちろん、中国共産党体制だって、崩壊しかねない」

「アメリカがアジアから手を引くことも、あり得る」

「その一方で、もはや、米欧同盟は風前の灯」

このように「まさか」の予兆が、半ば本気で語られる今日この頃。こんな時代を、われわれは、わが国は、どう生きるのか？

この国の「心構え」

考えてみれば、このような「世界秩序の大変動」の到来ゆえの苦心を、この国は、「アヘン戦争」での清朝敗北の知らせが海を越えて届けられたとき以来、繰り返してきたように思える。明治維新も、世界大変動への「対処を急がねば」との思いが根底にあった。第一次世界大戦後の「ヴェルサイユ体制」下、日独枢軸形成に至る動きも、それに対する評価や当事者たちの主観的な思いはともかく、国家としての生き残りをかけた動きであることは間違いない。

そして、「冷戦」。当時の客観情勢を見て、「他の道」を選択する余裕があったようには思いにくい。それにしても、「日米」に大きく踏み出した吉田茂以下の思いが、やはり、世界変動の中で己の居場所確保にあったことは否定すべくもないだろう。

その伝でいけば、「冷戦後」も、さらには「新冷戦か」と言われる状況の中で、この国が苦心をし、また、しつつあるとしても、不思議なことではない。

それにしても、気になることがある。この「世界秩序の大変動」の情勢下にあって、今のこの国の「心構え」には、どこか迫力がない。遠慮なく言うなら、「緩みがある」と思える点だ。

ある意味、それはやむを得ないのかもしれない。われわれは冷戦期以来、曲がりなりにも、「戦い」での「勝者」、少なくとも「敗者ではないサイド」に居続けてきたからだ。

さらに、「緩み」には、もう一つ原因があるように感じられる。アメリカ、イギリスを先頭に、多くの国々・地域が騒乱、あるいは分断のさ中にある。そんな世界にあって、日本の現状はよほどましであり、なにより、日々を大きな波乱もなくしのいでいる、少なくともそう見える、という現実だ。

しかも、これを評価するかのような声が、相次いで海外から寄せられる。

「党派的な怒りをベースに政治が動かされている世界にあって、日本は最も健全な先進民主主義国家だ」（アメリカ主導の世界の終焉を、いち早く予想した『Gゼロ後の世界』の著者イアン・ブレマー）。
「今の国際秩序の混乱のなかで日本の政治が安定し、明確なヴィジョンの下で戦略的枠組みを保っているのはとても重要だ」（ニコラス・セーチェニ米戦略問題研究所〔CSIS〕日本本部副部長）。

しかし問題は、われわれの「緩み」をあざ笑うかのように、「秩序変動」の先にあり得るシナリオの一つ、「新冷戦」をとってみても、そこでわれわれが対峙するであろう「現実」は、「冷戦」時のそれに比べ、はるかに厳しいものになる可能性が高い点にある。

一つ、例を挙げよう。

「コロナ禍」への対処に追われる中で、まず浮上してきたのが、「民主主義vs専制」だ。中国がその発端の地だったとはいえ、感染地域の完全封鎖などで、収束への展望が見えてくる一方、アメリカを中心として米欧諸国は大混乱。そこで、「民主主義の限界」と「専制の効率性」という図式が浮上してきたわけだ。

そこに、ニュージーランドや台湾など、早期収束を果たす国が出始め、加えてトランプ政権の「中国元凶説」の大売り出しもあり、次第に強まってきたのが、「とはいえ、最終的には、民主主義が勝つ」という説。これに、習近平政権が猛反撃に出たため、「民主主義vs専制」は、そのまま、新冷戦の骨格になった観さえある。まさに、「自由と民主主義vs共産主義の正義」という冷戦の構図が再現するかのようではないか。

だがここに、大きな無理がありそうなのだ。

「同盟」とは？

「同盟」とは本来、安全保障上の「国益」を守ることが、唯一無二の目的であった。それが、「冷戦」下では、アメリカ、ソ連ともに、「理念」「大義」を掲げ、「敵陣営」に対する旗印にすると同時に、「自陣営」内に、「価値観の共有」を持ち込んだ。その結果――

「『政府との同盟』が同時に『国民との同盟』になる」

久保文明は『アメリカにとって同盟とはなにか』の中で、価値観の共有が「同盟」にもたらした効果について、こう書いた。

振り返るに、第二次大戦後、われわれ日本国民は、まず「生活様式」の点で、アメリカへの関心、あこがれを高める。「自由と民主主義」という価値観の共有への進展はその先にあった。それにしても、日米同盟に「六〇年」という「長寿」をもたらした一因が、「国民との同盟」であったことは間違いないだろう。

懸念されるのは、「新冷戦」となった場合、ソ連の崩壊、また、自らが進めた劇的な「改革」に踏み込んだ結果、中国にはもはや、イデオロギー的な「理念」「大義」を打ち立てる手立てがないだけでなく、アメリカもまた、似たような状況に直面していることだ。

「アメリカの民主主義は死んだ」というのは、いかにも言い過ぎだろう。だが、「トランプのアメリカ」では、民主主義が粗雑に扱われている、との観が強い。「コロナ禍を世界に広げたのは、専制国家・中国だ」と、「非難の矢」を放ち続けているように、政治的な思惑ばかりが先行し、民主主義を生かす前提とも言える「寛大さ」や「法治の精神」がともなっていない。明確なのは、自ら、民主主義の守護者、さらには、先導者たらん、との思い・気負いが、今のアメリカには欠けている、ということだろう。

「本来のアメリカに戻ってほしい」「戻るはずだ」といった声は、様々に聞かれる。しかし、「トランプ現象」は、彼が起こしたというより、少なくともこの七〇年余のアメリカの歴史が生んだ「結果」だと考えるなら、「アメリカとその民主主義の復活」が容易だとは、なかなか思えない。

したがって、「新冷戦」時代の同盟は、あくまで「政府との同盟」のみに止まる可能性が高い。「日米同盟」にしても、従来のような、国民の中に根を張った同盟には成り得ない、ということだ。つまり、われわれが安住してきた「日米同盟」という共同体は、早晩、〝幻想〟となろうとしていると言えるのではないだろうか。

これまでの「成功」と「失敗」の積み重ねから学ぶために

過去百年、この国は、イギリス、ドイツ、さらには、アメリカと同盟を組み、ともに「まさか」に備える。あるいは、「まさか」への対応をもっぱら同盟相手に託しながら、国際社会を生き抜こうとしてきた。

しかし、目下の「世界秩序の大変動」が激化し、そこから飛び出してくるであろう、いくつもの「まさか」に想いを馳せるにつけ、確かに思えることがある。「今まで良かったから、これからも」は、もはや通じない。押し寄せるであろう大波を乗り越えるには、「過去の過ちを繰り返す余裕」はもはやない、ということだ。

であれば、まずやるべきは、自分たちの歴史を振り返り、「成功」と「失敗」の積み重ねの中から、「確かなこと」を再発見することだ。その場合、「成功」よりよほど重要なのが「失敗」であり、その経験から、自分たちの弱点・欠点を見究めること。それを土台に、今後、到来するであろう構図を想定しつつ、自らの進むべき道を探る必要がある。

この本は、「冷戦下」、そして「冷戦後」という二つの時期を通じ、ジャーナリズムに身を置き、首相官邸やワシントン、モスクワなどで、その政治の舞台裏も含めて見てきた筆者の目を通した「歴史」――なかんずく、われわれの失敗、あるいは後悔を振り返るとともに、そこから考えられる未来図を予測しようとした結果だ。

すでに、この時期の「歴史」は、様々なかたちで記されている。その上に、さらに筆者の限られた経験に基づく「歴史」を重ねることに、躊躇がないわけではない。ただ、歴史的な場面、そこにおける日米同盟を最前線で担っていた人々の実像――その思いや迷い、そして決断――に出会わすことが多かったわが身の幸運をありがたく思い、「世界秩序の大変動」を前にした議論の素材の一つになれば、との考えが勝った、と言うしかない。

本文中には、具体的な人名が入り、その人物を批判しているように見える箇所があるかもしれない。しかし、それらは、この時代に生きた日本人のありようを示すためであり、個人を批判したり中傷するのが主目的でないことを、あらかじめお断わりしておきたい。

二〇二〇年六月、コロナによる非常事態宣言のなかで

第１章

疲れた巨人

米国の絶頂期はいつだったのか？

国力とは、
武力だけでなく決意の問題でもある。
中国の挑戦はあからさまだが、
米国には、それを止める意志も能力もなさそうだ。

英誌『Economist』2018年3月3日号

「２０４９」の脅威が
ワシントンの共通認識になったのは、
昨年（2018年）の春。
今なら勝てると判断して経済戦争を始めた

「米ホワイトハウスで経済首席補佐官を務めた人物」が語ったという言葉。
『日本経済新聞』2018年8月1日付。
『2049』とは、中国が建国100年となる2049年までに
世界の覇権を握るという「中国の夢」を書いた
マイケル・ピルズベリーの著書のタイトル

今、私たちは、大きな巨人が、いかにも疲れきった顔をして横たわっているさまを目の前にしている。その姿は、船旅の途中で暴風雨に出遭い、漂流したあげくに海岸に打ち上げられたガリバーのようだ。

ガリバーも、そんなだったのではないだろうか。この巨人、目を覚ませば、「俺は疲れてなんかいないぞ」と大声をあげる。事実、われわれ小人族に比べれば、はるかに巨大な身体に、依然、エネルギーをみなぎらせている。ガリバーと同じ、戦争にでもなれば、まだまだ、勇躍、戦場に駆けつけて、抜群の戦功を挙げるに違いない。

気になるのは、それでいて、そんな巨人の身体をよく見ると、あちこちに傷跡があること。それも、生半可でない、深い傷だ。体力も、往年の彼に比べれば、はるかに落ちている。何より、往年の自信家ぶりが影を潜めている。かつてチャーチルは、この巨人について語った。

「無限の未来が待つ」

さらに、それを世界の「人びとが信じている」とも書いた。なのに……と言うしかない。そう、この巨人こそアメリカなのだ。

実は、「疲れた巨人」には出典がある。一九八八年にアメリカで刊行されたアーロン・フリードバーグの著作『繁栄の限界』（*The Weary Titan*）だ。一九世紀末から二〇世紀の初頭にかけ、ドイツやアメリカに激しく追いあげられた大英帝国が、世界の中での地位、存在感を次第に下降させていくさまを描いたのが同書であり、その中での「疲れた巨人（Weary Titan）」は、イギリスのことだった。

この本が世に出た八〇年代の後半は、まさに「冷戦」の最終盤、アメリカ国内は、自らの「衰退」の影に揺れ、怯えていた。七五年にベトナム戦争が終結し、ニクソン、カーター両政権を経て、八一年にレーガン大統領が就任。「強いアメリカの再現」を掲げ、軍拡路線を邁進する一方で、減税と社会保障関係予算の削減を核とする「レーガノミクス」を発動させる。だが、これらの政策には整合性が欠けており、無理があった。八五年に、アメリカは債務国に転落、財政赤字と貿易赤字の「双子の赤字」に悩むようになり、閉塞感の高まりは、いかんともしがたい状況にあった。

すでに明らかだろう。『繁栄の限界』は、この本より三年前に出版されたポール・ケネディの『大国の興亡』とともに、一つの明確な目的を持って著された、と言える。世界の歴史上、「衰退」「滅亡」を余儀なくされた大国が歩んだ道筋やその理由を追い、分析することで、アメリカがそんな運命を避け得る道を提示しようというわけだ。それはまた、過去から学ばないのなら、アメリカも「疲れた巨人」になってしまうぞ、という警鐘でもあったはずだ。

急激に追走する中国を前に

以来、ちょうど三〇年が経った。アメリカの今は、どうなった、と言うべきなのか。

かつてイギリスがドイツやアメリカに追い上げられた時代を彷彿《ほうふつ》させるかのように、明らかなのは急激な中国の追走ぶりであり、そんな情景を見て、アメリカについて悲観的、さらには絶望的とも言えそうな見方が増えたことだ。特にイギリス系のジャーナリズムに、厳しい見方の評論や解説が多い。英『エコノミスト』誌の記事はその典型だろう。

「中国の経済が早晩、アメリカを追い抜くことが確実なため、人民元がいつまでもドルより弱い立場にあるとは考えにくい」

これらの指摘には、主張を裏付けるのに必要な、さまざまな素材や事実が添えられているのはもちろんだ。

アメリカの運命についての論争に、結論はいまだ出ていない。だから、異論にこと欠かないのは当然だろう。が、ここでは、『繁栄の限界』より二十余年後の二〇一一年、同じフリードバーグが著した『支配への競争』の中の一節を引用したい。それは、「大国の衰退は、どうやって進むのか」という問題意識を胸に、アメリカを見つめ続けた人物の言葉であり、今のわれわれにとって、格別、示唆することが多いと思われるからだ。

冷戦終結後、アメリカ国内では、中国の動きを精査することなく、米中関係の将来をバラ色に描く「分析」があふれてた、と振り返りながら、フリードバーグは慎重に、しかし明確に書く。

「過去の行き過ぎた楽観論のように、現在の悲観論も将来、誇張されたものであったと言われるようになるだろう。それでも、アメリカがその傑出した立場に対する本格的な挑戦に意外に早く直面し得るという考え方は、もはや一般的なものになりつつある」

それにしても、トランプ政権が二〇一八年の後半から明確にし出した「米中対決」を煽るかのような姿勢は、それこそ、すでに「本格的な挑戦」に直面している——という現実を物語るのか。あるいは「危険」を察知して、早めに手を打っているだけなのか。そこの見極めが重要であるに違いない。

本書では、「世界の秩序が大きく変わろうとしている」と言われる「今」を見つめながら、日本の外交・安全保障政策、中でも、同盟はどうあるべきか、を考えることを目指している。そのためには、結論を急がず、むしろ、現実をじっくり見つめ、なるべく広く考えを進めていきたい。そこで、まずは「アメリカの力の低下」に焦点を当てることになるが、そうなれば当然、アメリカと中国との関係が絡んでくる。

「国際的に強い指導力を発揮するより自国第一を掲げる〔トランプ〕政権の姿勢は、アメリカから中国への力のシフトを促す要因になろう」

フランシス・フクヤマが二〇一七年に発した言葉も、そんな構図のありようを裏書きしている、と言えようか。

ただ、本書ではまず、アメリカそのものに、もっぱら焦点を当てたいと思う。確かに中国は、今後の世界の秩序を考える場合、不可欠な存在と言える。だが、「アメリカと中国」の「今後」を見究めるためにも、大国、いや、ときには「帝国」とも呼ばれてきたアメリカ自身が、なぜ、「力の低下」をあからさまに論議されるまでの事態に立ち至ったのか。ここをまず十分に見直しておく必要がある、と思えるからだ。

アメリカはいつ頂点にあったか

力の低下を見つめる際、その前提として、「全盛期」あるいは「絶頂期」はいつだったのか、が問われるのは当然だろう。だが、アメリカについては、これが実は、結構、難しい問題なのだと言える。

この点で、筆者には個人的な思いがある。

筆者がアメリカを最初に訪れたのは一九七一年の初春、九九ドルで買った、一か月間乗り放題という切符を手に、アメリカ一周のバス旅行をしたときのことだ。以来、アメリカの地に足を踏み入れたのは、ワシントン特派員時代、カリフォルニア州立大学バークレー校での客員講師時代をふくめ、半月以上の滞在だけでも相当な数に上る。

そんな経験を通して行き着いた結論を先に言えば、この間、アメリカは常に下り坂を歩いてきた――というのが筆者の抱き続けてきた偽らざる感覚だ。

最初のバス旅行で私は、ベトナム戦争の重圧に必死に耐えるアメリカの真っただ中を走り抜けた。サンフランシスコでは、目抜き通りの交差点を信号を無視して平気で横断する人々。ワシントンでは、ホワイトハウスの数ブロック先にさえ、直前まで吹き荒れた人種暴動の残滓が。ニューヨークの地下鉄は乗るのも命がけ、といった無法地帯の体を示していた。だが、人々の生活には、それでもどこか余裕があり、何より清潔であろうとしていた、という印象が今でも残っている。

八〇年代初頭には、南部を中心に各地の人々との交流を目的にした地方めぐりのツアーに参加した。ベトナム戦争が終わり、アメリカのそこここに、「休憩中ですよ」といった雰囲気が充満していたことを忘れない。

八五年八月から三年半の特派員時代になると、すでにふれたように、ベトナム戦争の痛手からようやく抜け出し、「強いアメリカ」の復活を模索しながら、それでいて焦燥感がにじむアメリカが、目の前にあり続けた。筆者自身、何度、「衰退」という文字の入った原稿を書いたことか。

九六年、バークレー校では、折から勃興しつつある「IT革命の聖地」シリコンバレーに近いこともあってか、活気が戻りつつあるアメリカを強く感じた。が、それは、豊かな者と貧しい者との格差が拡大し、社会の分裂が進む気配が強まりつつあるアメリカでもあった。表面はともかく、社会全体が、どこか「荒んでいる」のだ。

そして、二〇〇二年の一月、「同時多発テロ」から数か月後に訪れたアメリカには、「ウィ・アー・ユナイテッド」（われわれは団結している）の声や文字があふれていた。久しぶりに出会った米ABCテレビの元北京特派員で、バークレーで教える仲間だったトッド・キャロルは言った。

「今、われわれは一種のヒステリー状態にあるんだ。これが解けた後、どうなっていくのか。われわれ自身でさえ、わかっちゃいない」

こんな友人たちの中から、「もう、カナダに移住してしまいたいよ」と悲鳴にも似た声が漏れ伝わってきたのは翌〇三年、イラク戦争が始まって間もなくのころだった。

自分で言うのもなんだが、筆者は自分がことさらの「悲観論者」だとは思わない。それにアメリカが嫌いじゃない。いや、欠点はいっぱいあるが、それ以上に好ましいところがたくさんあるのがアメリカ。そう思い続けてきた。戦後まもなくに生まれた筆者の世代に、ほぼ共通する傾向かもしれない。そんな筆者に、しかしアメリカは、訪れるたびに、「前よりも堕ちたかな」との印象を与え続けてきたのだ。

一つの国のありように、上がった、下がった——などと判断を下すのは、もちろん容易でないし、安易に行うべきことでもないだろう。まして、対象が次第に変化していくように、これを見つめる自分も変わっていく。だから、筆者の印象を人に押し付けるつもりはない。ただ、筆者は「なぜ、そのように感じ、思い続けてきたのか」をずっと自問自答してきた。それが本書を書こうと思うに至った大きな理由の一つでもある。

一九五〇〜六〇年代と二〇〇〇年の対比

では、アメリカ自身は、いつごろ、アメリカという国家の頂点にあったのか、あるいは、今後のいつごろに訪れる、と考えるべきなのだろうか。

「アメリカ衰退論は〔過去に〕何度か現れているが、その源にはこの世の終わりが来るというピューリタン的悲観論があるのであろう」

これは、岡崎久彦が『二十一世紀をいかに生き抜くか』に記した一節だ。

国家としての興亡を見るのに、ピューリタンが建国したアメリカであればこその、その独特の感性にも思いをはせる必要があるとすれば、これを外部から見究めるのに困難さが伴うのは、やむをえないかもしれない。

そんな前提を踏まえてのうえだが、アメリカ自らが、その「全盛期」「絶頂期」をどこに置くかには、少なくとも二つの流れがあるように思える。一つは、「一九五〇〜六〇年代にこそ、アメリカは最も輝いていた」というものであり、もう一つが二〇世紀から二一世紀への変わり目、すなわち、「二〇〇〇年あたりが、われらの絶頂期だった」といった考え方だ。

一九五〇～六〇年代といえば、「朝鮮戦争」によって「冷戦」が本格化した時期である。文字通り、アメリカは「西側世界」のリーダーとしての地位を確立する。朝鮮戦争での「特需」を経済復興のテコにした日本では、アメリカ製のホームドラマが、折から普及し始めたテレビで盛んに放映されるようになる。さまざまな難問が発生する日常も、父親あるいは母親の愛情ですべてが解決されていく様子を見ながら、われわれは、その背後にあるはずの、「何事も前向きで、繁栄するアメリカ社会」を感じるようになっていく。

これに対し、冷戦を「勝利」で決着させてから一〇年を経た二〇〇〇年のアメリカは、湾岸戦争の勝利（九一年）とその後の軍備増強で進んだ軍事面の充実だけでなく、ＩＴ革命を新たな核とした経済面での好調さを土台に、「世界で唯一の強大国」の地位を享受し、傲慢にも近い満足感に、アメリカ全体が浸っていた時とも言える。

果たして、この二つのどちらが、「全盛期」「絶頂期」によりふさわしいものであったのか。その判断は、それを下す人によってさまざまであり、その意味では興味深い命題に違いない。

具体的に見てみると、二〇〇〇年・絶頂期説では、なんとしてもヘンリー・キッシンジャー元国務長官が目につく。〇一年に出版された『*Does America Need a Foreign Policy*』（アメリカは外交政策を必要とするのか）の第一章「アメリカの絶頂期」の中で、こう謳い上げている。

「新たな千年紀の冒頭、アメリカはかつて存在したどの大帝国にも劣らぬほどに傑出した存在になっている」

これに対し、インド生まれで、米誌『ニューズウィーク（国際版）』編集長などを務めたファリード・

ザカリアの視線は、それより数十年前に向かう。

「現在、われわれが享受しているアメリカの繁栄は、高速道路網の建設、科学技術に対する膨大な投資、公教育制度、寛大な移民政策など、もっぱら一九五〇～六〇年代のこの国の政策や進歩に負うている」

ともに、他国で生を受け、人生の途中でアメリカにわたってきた人物。その意味では、アメリカを客観的に見つめる目を持ち、その分、よりアメリカの「価値」を大事に感じているであろう二人だけに、この対比には目を見張るしかない。

「アメリカの時代」のその先

そんなさまざまなアメリカ論があふれる中、二一世紀に入るや、これらの論争に大きなインパクトを与える二つの文書が相次いで出現した。一つは二〇〇一年に出版された、イギリスの経済学者アンガス・マディソンの『経済統計で見る世界経済2000年史』。そして、もう一つが、OECD（経済協力開発機構）が二〇一二年に発表した『世界の二〇六〇年予測』だ。

マディソンの本は、西暦一年から二〇〇〇年間の世界各地の人口、GDP（購買力平価による国内総生産）、それに一人当たりGDPを推計したものだ。それによると、紀元一年から一千年間は、世界全体が停滞しており、この間、世界の人口は一六％、実質GDPも一四％の増加をみたに過ぎない。それが一〇〇〇年から一八二〇年になると、人口が四・八倍、実質GDPが六倍、一人当たりGDPも一・五倍に増大する。そしてこの勢いはさらに加速し、二〇〇〇年までの約一八〇年間に、それぞれ、四二倍、五三倍、九倍にも伸びた——と説く。

この本でさらに興味深いのは、国別のGDPが、それぞれの時点で、世界のGDPの何％を占めていたかの推計値だ。これによると、一八二〇年には、中国三三％、インド一六％、イギリスとフランスがそれそれ五％であるのに対し、日本は三％、アメリカは二％に過ぎない。これが第二次世界大戦後の一九五〇年になると、アメリカ二七％、イギリス七％、中国五％、インドとフランス各四％、日本は三％。さらに二〇〇〇年になると、伸び悩むアメリカをさし置いて中国が一挙に浮上し、アメリカ二二％、中国一二％となる。

明らかなのは、一八四〇年のアヘン戦争の直前まで、世界の重心は間違いなくアジアにあった。それが、「帝国主義の時代」を経るなかで一挙に逆転、主役はいろいろ変わるが、二〇世紀に入って以降、実質的には「アメリカの時代」が続いてきた――ということだ。

問題はしかし、その先にある。ここからは、ＯＥＣＤ文書に移るのだが、二〇一一年の実績をもとに推計した二〇三〇年の国・地域別のＧＤＰ予測は、中国が二八％で第一位。二位アメリカ一八％、これに、ユーロ圏一二％、インド一一％、日本四％などが続く。これだけでも衝撃的だが、さらに三〇年後の二〇六〇年を見ると、中国二八％、インド一八％、アメリカ一七％、ユーロ圏九％、そして日本三％。

つまり、こういうことだろう。

「二〇六〇年には、中国とインドを合わせたＧＤＰが、世界全体の四六％となり、一八二〇年の両国合わせた四九％――という状態がほぼ復活する。そうなれば、中国とインドを中心としたアジアが世界の富のほぼ半分を占め、アメリカ単体なら、その約三分の一に過ぎない」

マディソンの推計については、手法などの点で疑問を指摘する専門家もいる。ＯＥＣＤ文書もあくまで推測だ。が、世界が、この二つの文書に基づき、さまざまな議論を進めている現実は否定しようもない。

国力を大きく損ねたベトナム戦争

そこで、これら二つの素材などを基礎に、アメリカの「全盛期」「絶頂期」はいつか――に戻りたい。

マディソンの推計で、アメリカのGDPが世界のそれに占める率を見ると、最高値は一九五〇年の二七％であり、その後は、途中で少々の回復はあるものの、下降線をたどってきている。問題の二〇〇〇年は、一〇年前より一％上昇の二二％を記録したが、実は四捨五入の範囲の僅差でしかない。しかも、その後再び下降線をたどっている。中国が一九八〇年代に入ってから常に上昇してきたことと比べても、この間のアメリカの不振は間違いない。

アメリカの場合、二七％から二二％とわずか五％落ちただけではないか、という見方もないではない。しかし、アメリカの一％がどれだけのボリュームを持つものか、を考えるなら、「国力」は経済のみで測られるものではないとしても、計量的には明らかに、一九五〇～六〇年代こそアメリカの「絶頂期」であった、という説にまずは軍配が上がる、と言えなくもない。

にもかかわらず、では、なぜ、アメリカの中に、それも有力者の中に「二〇〇〇年こそ絶頂」論の支持者が多いのか。

何よりも大きかったのは、「冷戦」が終結した後の、アメリカの心の動き、また、それを支えるさまざまな「力」の動向だろう。

ここで、しっかりと見極めるべきことがある。間違いなく、アメリカは「冷戦」に勝利した。「敵」であるソ連が白旗を掲げ、自らの「敗北」を認めたのだから、「勝利」を疑う必要はないのかもしれない。しかし、ポイントは、それは決して〝代償なき勝利〟ではなかった。それこそ、膨大な代償を支払った勝利だったことだ。

戦争には、犠牲がつきものだ。「向こう傷」と言うべきかもしれない。その意味で「代償を支払った」からと言って、やむを得ないことと言うしかない。だが、より実情に沿った言い方をするなら、アメリカの勝利は「息絶え絶えな」それであった。

マディソンの「推計」で、アメリカのGDPが世界全体のGDPに占める率が最高であったのは、五〇年の二七%であったことはすでに触れた。だが、研究者によっては、最大瞬間風速的なそれではあるが、第二次世界大戦の終結直後、五〇%近くに達していた、と見る向きもある。だとすれば、次のように言えないこともない。

「アメリカは戦後五〇年余の間に、世界の『二分の一国家』から『四分の一以下の国家』に縮小したのだ」

その理由は何か――については、それこそ人によってさまざまだが、最も大きいのが、ベトナム戦争であったことは否定しようもないだろう。

ベトナム戦争（一九六五~七五年）に派遣された米兵は延べ二六〇万人。戦費の総計は当時のGDPの一五%に相当する。第二次大戦は一六〇〇万人、三二〇%。しかも、その後、西欧諸国の復興を支援しようと実施されたマーシャル・プランもGDPの二%に達したことなどを含めれば、どんな数字も小さく見える。

それにしても、ベトナム戦争がどれほどアメリカの国力を損なったかは、いまだ終戦に至らない七一年に、アメリカ自身が起こした「ニクソン・ショック」を見るだけでも明らかだろう。これによって、アメリカは、戦後の世界経済の枠組みとして、自らが主導して形成した「ブレトン・ウッズ体制」の崩壊をも甘受する形で、金とドルの交換を停止せざるを得なかったのだから。

冷戦勝利で与えられた「時間」

それでも、アメリカは最終的に「冷戦」に勝利した。理由の一つは、綿密な情報収集などに基づき、「ソ連の軍事費はGDPの二〇~三〇%にも及んでいるはず」と確信したレーガン政権が、ソ連指導部に重圧をかけようと進めた大幅な軍備拡張――「レーガン軍拡」だった。それでなくとも、アフガン侵攻の不首尾などで経済的に疲弊しきっていたソ連指導部が、この軍拡を見て、「もはやわが国には、これと競う力がない」と冷たい戦争の継続を断念したから、という論には説得力がある。

筆者は冷戦の終結直後と言える一九九〇～九二年、特派員としてモスクワに駐在した。すでに、ゴルバチョフ政権の下で進められてきた「ペレストロイカ」は勢いを失い、社会は混迷を深めるばかり、という時期だった。

ある日、国営商店の前に市民の長い列があった。筆者も、何があるのか、と並んでみた。しばらくして、ようやく店の中に入ると、店の奥で店員が木箱から一つ、また一つとキャベツを取り出しては、黒く腐敗した部分を包丁で削って客に渡している。輸送に時間がかかり過ぎていたのか、大きなキャベツも見る見る小さくなる。まもなく、すべての木箱が空になる。その後ろに並んでいた客たちは、恨めし気に立ち去っていくだけ。明らかなのは、とても新たな軍備増強などやる余裕のないソ連の現実だった。

敵の非力部分を見極め、あえてそこを攻めることで、相手の競争心を阻喪させ、最終的に勝利を得ようという、レーガン軍拡を支えた発想は、「コスト強要戦略」と言われる。それが見事に成果を収めるほどに、ソ連はすでに、社会主義経済の非効率性や国民の商業マインドの不足などもあり、衰弱しきっていた。そういうことだろう。

ただ見逃せないのは、だからと言って、アメリカもまた、決して健全な状態では、もはやなかったという事実だ。「ニクソン・ショック」というおどろおどろしい名で呼ばれるようになる「ドルと金の交換停止」も、期待しているような成果は上がらず、さらに、レーガン政権になり一九八五年に先進五か国の間で成立した「プラザ合意」による、実質的な「ドル切り下げ」も、アメリカ経済の抜本的な再生をもたらすまでには至らなかった。

八七年の秋、米国防総省の高官S氏と昼食をとっていた筆者は、思わず「エッ」と声を上げてしまった。

「アサミさん、私たちは今、『産業政策』を必死に研究しているんですよ」

アメリカは七〇年代後半あたりから、対日貿易赤字の急増などへの苛立ちを深めるとともに、特に通産省（現・経済産業省）による産業育成・振興策などを核にして、日本政府が主導する「産業政策」こそが、自由競争を妨げ、結果として、米経済に打撃を与える元凶なのだと問題視し、激しい批判を行うようになっていた。そのさ中のことだけに、筆者は驚いた。だが、「なりふり構わず」といった感じの、必死のアメリカの努力も、冷戦の終結段階では、まだ、目覚ましい成果を上げるまでには至っていなかった。

そんなアメリカに、しかし、大事なものが与えられた。時間だ。

冷戦の終幕を見極めたように、九二年、フランシス・フクヤマは『歴史の終わり』を世に問うた。そして、こう謳い上げたのだ。

「冷戦でのアメリカの勝利によって、政治体制として『最終形態』である民主政治体制が確実に広まることになるはず。そうなれば、地域紛争などはともかく、今後、大戦争はもはや起こり得ないだろう」

それは、〝疲労困憊《こんぱい》〟ながら、ようやく勝利を収めたとはいえ、「世界で唯一の超大国」にふさわしい力の復元のためには何としても時間が必要だ、と焦るアメリカに、ひとときの猶予を与えようとしたもの、と筆者には思えてならない。

湾岸戦争勝利と「アメリカ再生」の流れ

考えてみれば、アメリカは幸せな国である。必要な時に、必要なものが与えられるなんて、そうそう、あることではないのだから。もっとも、人間に限らず、国にとっても、その運命を決めるのは、このようなチャンスを、うまく生かせるか否かにかかる。

では、冷戦終結からの約一〇年をアメリカはどう生きたのか。言うまでもなく、この場合のポイントは、与えられた「時間」を、冷戦期を通じ、費消し続けてきた「力」の復元のために、どこまで生かしきれたか、にある。

事態は当初、アメリカの思いに沿うように動き出す。

まずは、一九九〇～九一年の湾岸戦争だ。イラクによる突然のクウェート占領を受けて、ブッシュ（父）政権は国連に働きかけ、安保理決議を得て三四か国の多国籍軍を組織し、武力行使に踏み切る。「砂漠の嵐作戦」だ。幸い、短時間でクウェートを解放し、サダム・フセインを降伏させる。ステルス戦闘機やGPS（全地球測位システム）を駆使した結果であり、レーガン軍拡以来の蓄積が、軍事力の飛躍的向上をもたらしたことを実証してみせたと言える。例えば一九八五会計年度で、戦略核戦力充実のための予算額は二六〇億ドルと前年度比二倍以上に達するなど、当時の財政状況から見れば無理を押し通したものだった。だが、これらの苦心がようやく実を結び出した、というわけだ。

だが、ブッシュ大統領は、「いよいよ次は」と注目されていたバグダードへの進攻を目前にして、軍の歩みを止める。冷戦後の世界で「傑出したリーダー」として、世界の秩序を守る」ことを目指していた大統領ではあるが、冷戦が終結して間もないアメリカの力が、いまだ往年のそれにはとうてい及んでいないことも認識していたからだ。結局、フセイン政権の転覆を迫る声に対しても、大統領はあくまで〝ノー〟を貫く。

それでなくとも、湾岸戦争に突入する直前、アメリカ国内には苦戦を予想する向きが少なくなかった。目の前に「ベトナム戦争の悪夢」がちらついていたのも確かだろう。

「それは、ただただ膨大な人的・政治的コストを生むだけだ」

そんな声をよそに、あまりに完璧な「緒戦勝利」を果たしたことで、高揚感とともに、ある意味、前のめりになった世論は、次第に、フセイン打倒をやり切れなかった大統領への批判の声を高める。「ウィンピイ（臆病）なブッシュ」

大統領にとって不運だったのは、この時期に、アメリカ経済の悪化が進行したことだ。巨額の政府債務を生んだレーガン軍拡の〝無理〟は、戦勝によっても克服できるものではない。アメリカの経済状況は次第に悪化する。これを乗り越えようと打ち出した増税策に、折りからの高失業率が加わり、終戦時、八九％に達した大統領に対する支持率は急速に下降する。そして、再選に失敗し、一二年にわたる共和党政権に終止符が打たれる。クリントンの民主党政権が誕生したのだ。

幸い、国防総省をも巻き込んで展開されてきた産業政策が、このころから花を咲かせ始める。軍事技術から発したインターネットに象徴されるように、「IT革命」の立役者ともいえる種々の新技術が、経済全体を活気づける。結局、クリントン政権下の八年間、GDPの平均成長率は四％近くに達する。どちらかといえば軍事に傾斜したブッシュ（父）の共和党政権と、これを継ぎ、経済優先にカジを切ったクリントン民主党政権が、それぞれのやり方で、「アメリカ再生」の流れを確かなものにしていった、とも言える。

政権中枢を占めたネオコン

西暦二〇〇〇年を、アメリカはこんな雰囲気の中で迎えたことになる。

歴史上のどの帝国より「アメリカの優位性」は確かなものだと胸を張ったキッシンジャーは、間違いなく「そこ」にいた、ということだろう。つまり、冷戦が終結した当時の「疲弊」から立ち直り、「再生」を果たしたアメリカは、文字通り「世界をリードする唯一の覇権国」としての資格を取り戻したぞ——。そんな気分が、アメリカを覆っていたのだ。

だが、現実はもっと複雑だった。アメリカの経済力が、そしてアメリカの「国力」が、この時点で、真の意味で「史上最高」であった、という点について疑問のあることは、すでに触れた。確かに、スマートホンに象徴される情報通信技術の飛躍的進歩などで、生産性は上がった。しかし、アメリカのマクロ経済学者ロバート・ゴードンは二〇一六年に出版した『アメリカ経済　成長の終焉』の中で、このような技術革新も、一八七〇年代から始まる一〇〇年間、つまり「経済成長の特別な世紀」とも言える時期に実現した、上下水道や自動車など画期的な発明に比べれば、アメリカ経済へのインパクトは長続きせず、しかも小さかった、と分析している。

二つの時代の経済発展を牽引した「技術革新」の重要性を、比較することは容易でない。ただ、そこで生み出された技術の性格、また、この技術を迎えた時代状況が、アメリカにとって、期待されたほどの優位を与えなかったことは、目下の米中覇権争いの中核に「情報通信技術」が据えられている事実によって、すでに証明されつつあるとも言える。

それでも、強気なアメリカの勢いは衰えなかった。いや、長い「冷戦」を勝ち切った結果として、ようやく手にした「甘い味」を、簡単に忘れてしまうことなどできようもなかった、ということか。

ただ、このような気分が蔓延するアメリカを「良し」としない人々が、アメリカ国内にもいた。一九八〇年代の初め、『通産省と日本の奇跡』で、日本の高度経済成長は通産省の主導する産業政策によってもたらされた——と書いた国際政治学者のチャルマーズ・ジョンソンは、二〇〇〇年に出版された『アメリカ帝国への報復』の中で、目の前にあるアメリカのありように強い警戒感を露わにする。

「驕りこそが、われわれの破滅につながると信じている」

ヨーロッパでも、そのようなアメリカに対しては、苦々しい思いを抱く向きが増えつつあった。『ニューヨーク・タイムズ』のパリ駐在記者スザンヌ・デイリーは、同じ年の四月にこう記す。

「最近のヨーロッパ人の中には、アメリカ人に対する脅威と嫌悪が見られる」
このような情勢の中で、この年一一月、クリントンを継ぐ第四三代の大統領に、共和党のブッシュ(子)が選ばれる。問題は、新しい大統領には外交経験がなく、自ら外交や安全保障に「弱い」ことを自覚していたため、いわゆる「ネオコン（新保守主義者）」と言われる人物たちを、周辺に集めたことだった。そのトップに、ディック・チェイニー副大統領がいた。

ネオコンは、レーガン政権時代に、アメリカ政治の中枢部に姿を現しはじめた一群の政治勢力だ。強い軍事力の保持を前提として、軍事や経済面での「アメリカ優位」を重視する政策を追い、「世界の将来のためには、アメリカの指導力発揮が不可欠」との思いを隠さない。根底にあったのが、メンバーの多くが青年期に味わった「ベトナムの屈辱」をそのままにして、アメリカは生き続けるべきではない、との執念だった。

ブッシュ(子)政権は二〇〇一年一月に発足。同時に、そんなネオコン流の発想が、国際社会の中でのアメリカの振る舞いに、形となって現れるようになったのは、自然な成り行きだろう。彼らにとって何より大事なのは、アメリカが「世界第一」で、かつ唯一の存在である「事実」を、世界に認知させることだった。彼らの多くにとって「同盟国」は、もはや、そのような目的を果たすための〝小道具〟以上の何物でもなかったのだ。

ネオコンの群像を活写した『ウルカヌスの群像』の著者ジェームズ・マンは、ブッシュ(父)政権が、同盟国を「仲間として扱った」のに対し、ブッシュ(子)政権の同盟国に対する姿勢については、次のように書いている。

「同盟国はアメリカという親ガモの後に付き従う子ガモのように扱われていた」

イラク戦争に突き進んだ真の目的

そんなアメリカに、ついに、冷戦終結から約一〇年間の総決算を迫る時が来る。

二〇〇一年九月一一日、「唯一の超大国」の看板を高々と掲げ、意気上がるアメリカを、同時多発テロが襲ったのだ。これに傷つきながらも、反発心で渦巻くアメリカは、一挙に「ヒステリー状態」に陥ることになる。

「アメリカは常に敵を打ち砕いてきた。今また、それを行うであろう」

ブッシュ（子）大統領は、アメリカのナショナリズムに火をともし、さらに、その火を煽り続ける。就任以来、五〇％程度で低迷していたブッシュの支持率は、突然、九〇％を上回る。その後長く、「『9・11』はブッシュの陰謀だった」といった話がささやかれ続けるのも無理はないほどにだ。その先に、アフガニスタン進攻があり、さらに、アメリカはイラク戦争へと進む。

だが、ここに見過ごせない点があった。まず第一は、この戦いが「9・11」への報復、あるいは、中東の石油資源の確保以上の目的を、アメリカ――より正確には「ネオコン」と言うべきかもしれない――が密かに抱えていた、という事実だ。

戦争開始の直前、ワシントンにサダム・フセインの命請いに訪れたレバノンの元高官に、米政府高官が放った言葉は次のようだったという。

「われわれの頭の中に、石油なんかない」

つまり、アメリカが目指したのは、自分たちに「歯向かう者」を圧倒的な力で倒すことで、名実ともに「冷戦後の覇者」、それも、追随する者のない覇者であることを、世界に示すことであり、それがすべてだった。

その過程でより露わになっていくのが、それまで軍事戦略の軸と位置付けてきた「抑止」を「戦闘」に置き換え、同盟国といえども、「アメリカに対する従順さ」いかんによって、その扱い方に差をつけるぞ、と言わんばかりの〝強いリーダー〟ぶりであった。まさに、同盟国は「子ガモ」だったのだ。

そんな流れの頂点に至ったのではと思える〝事件〟があったのは、二〇〇三年の初春。イラクに対する武力行使に、アメリカは国連の支持を取りつけようとしていた。そのさ中、ドナルド・ラムズフェルド国防長官が記者会見で、次のように言い放ったのだ。武力行使になかなか賛意を示さない〝名ばかりの同盟国〟に憎しみをぶちまけるように。

「フランスやドイツは、統一ヨーロッパの盟主になりたがっているだけなのだ。彼らが代表しているのはヨーロッパではなく、『古いヨーロッパ』に過ぎない」

そこに見られるのは、己の意向に従えない者でも包み込むように受け入れ、説得し、自らが掲げる理念や理想を共有する関係の輪の中にまで引き上げていこうという、それこそ、「大国」や「覇者」にふさわしい姿勢の欠如であり、寛大さの不足であったと言えよう。

ネオコンとトランプとは、本来、相容れない立場にあると見られている。しかし、「同盟」を軽視、あるいは、計算づくで同盟に対する点で、両者はじつは近い、ということなのかも。

これを機に、フランス、ドイツを中心に、アメリカへの反発は強まる。イラク戦争に踏み切る理由として、ブッシュ政権が前面に打ち出した「イラクは大量破壊兵器を所持している」という主張への疑念に加え、戦略思考の中心をヨーロッパから中東や北東アジアへ移そうというアメリカそのものに対し不審を抱いた、とも言えよう。ドイツのヨシュカ・フィッシャー外相は不満を隠さなかった。

「同盟国は衛星国ではないはずだ」

これを『ウルカヌスの群像』の中で引用したマンは、次いでチャーチルの言葉を添えている。

「同盟国と一緒に仕事をする場合は、時として相手にも相手なりの考えがあるのだ」

結局、こんなアメリカを、チャーチルの母国・イギリスが先頭になって支持し、これに日本など「有志国」も加わり、国連での合意を得られないまま、〇三年三月二〇日、アメリカはイラク戦争に突入する。

アメリカ軍の勢いは目覚ましく、わずか二〇日で首都バグダードを制圧。ブッシュ（子）大統領は五月一日に早くも「戦闘終結宣言」を行う。この年一二月には、サダム・フセインが拘束され、〇六年末、特別法廷の死刑宣告をうけ、処刑される。ついに、〝ジュニア大統領〟は、せっかく華々しい勝利で「湾岸戦争」を飾りながら、結果的に大いなる非難を浴びた〝パパ大統領〟の無念を晴らした。そう思えた瞬間でもあった。

国内外に生じた深刻な「分裂」

もし、ここですべてが終了すれば、アメリカ、そしてブッシュ（子）政権にとって、万々歳だったのかもしれない。だが、現実は違った。

まず、大統領が「戦闘終結宣言」を行った二〇〇三年五月から一年半後の〇四年一〇月、アメリカ政府調査団が「イラクに大量破壊兵器はなかった」との報告書をまとめる。ここで、イラクへの進攻そのものの「正当性」が崩れ去る。報告を聞いた時のことを、後にブッシュ（子）は自伝の中で語っている。

「私ほどショックを受けて腹を立てた人間はいない。思い返すたびに胸がむかむかした」

だが、問題はそれだけではなかった。戦場における本当の戦闘は「終結宣言後」に始まったのかと思えるほどに、イラクの情勢はその後、混迷の度を日に日に深め、統治を進めようというアメリカを泥沼に引きずり込んでいく。

それでも、ブッシュ（子）政権を継いだオバマ政権下の一一年一二月、アメリカ軍は撤収完了を果たす。

ようやく「足抜け」できた、ということか。しかし、その後に顕著となっていくテロ集団、「IS（イスラム国）」の跋扈《ばっこ》など、混乱が一挙に中東全体に広がった事実などから、「いまやアメリカで、イラク戦争を成功だった、などと公言できる者はいない」と言われるほどの様相が顕著になっていく。

明らかなのは、アメリカが冷戦終結とともに開始した、経済・軍事両面での「国力の回復」と、世界の唯一の覇権国としての立場を確固としたものにする——という目標は、そのための〝切り札〟にしようと、ネオコンが中心になって推進した「イラク戦争」によっても果たせなかった、ということだろう。

この戦争に派遣された米兵の延べ数は二〇〇万人、戦費のGDP比は一〇%。だが、実際の戦費は、その後の試算によって、その三倍に達する可能性も指摘されている。これに兵士らへの恩給などを加えると、さらに、その三倍になるとの見方さえある。

問題は、しかし、こんな数字上だけのことではない。

ベトナム、イラクの両戦争ともに、確かに戦場での戦闘は当初、アメリカに圧倒的に有利に進められたように見えた。しかし、トータルとして、果たしてアメリカが「戦争に勝った」と言えるのかとなると、大いなる疑問の声が寄せられ続けた。それは、「世界で唯一の覇権国」と自らを謳う国にとっては、やはり不満足な結果と言うしかない。そしてもう一つの問題は、このような結果がもたらした、アメリカ国民の自信喪失、そして、国民の間に走ったあまりにも深刻な「亀裂」だろう。

さらに重要なことがある。同盟国との間に生じた、果たして修復可能だろうか、といぶかりたくなるほどの「不信感」、そして、西側世界全体に生じた「分裂」症状がそれだ。各国はさまざまな配慮から、すべてを正直には口にしない。しかし、潜行した思いは、いつか噴出する恐れを秘める。

「ブッシュのプードル」

イギリスのブレア首相はイラク戦争のさ中、自国内でも、こんな非難を受ける。それでも、ブッシュ

（子）のアメリカに忠誠を尽くす姿勢を崩さなかった。

「イギリスは国として、アメリカと〝肩を並べて〟力を合わせ続けなければならない。〔中略〕これは粗野で浅はかな政策のように響くが、そうではない。イギリスがアメリカのために自分の利益を犠牲にしたことを意味するのでもなければ、われわれの外交政策をアメリカの下請けにしたのでもなかった。二国間の同盟は枢要な戦略的利益であり、私に関する限り、イギリスにとって不可欠な戦略的財産だったのである」

これは『ブレア回顧録』の一節だが、ブレアがここで背負った傷はあまりにも深かった。イラク戦争の経緯を調査した英独立調査委員会（チルコット委員会）は一六年七月に発表した報告書で、①大量破壊兵器について、国民に嘘を言った、②戦後処理に関する具体策のないまま開戦に突入した——などを理由に、元首相に「有罪」を宣告したのだ。

金融傾斜が招いたリーマン・ショック

こうまでして、「世界で唯一の覇権国」の座を確かなものにしようというアメリカにとって、さらなる打撃となった事件が、いまだイラクからの完全撤兵が終了しない二〇〇八年九月に起こる。ウォール街に端を発し、世界経済を際どい淵にまで追い詰めた「リーマン・ショック」であり、また、その発生をアメリカ自身が止められなかったことだ。

「大き過ぎて潰せない。潰さない」

それまで、時に実施されてきたこの「手法」が、倒産の危機に瀕していた大手証券会社リーマン・ブラザーズには、なぜ適用されなかったのか——といった問題はもちろん、ある。しかし、ここでは、そもそも事態がここにまで及んだ原因——つまり、あまりに金融に傾斜したアメリカ経済、そして、アメリカ社会全体を覆っていた「緩《ゆる》み」こそが、問われることになる。

物づくりの工業から、次第に商業、さらには金融に重点を移していく現象は、イギリスなどでも見られたことだが、アメリカの「金融傾斜」は、すでに冷戦終結の前に始まっていた。そして、ベトナム戦争後、苦境の続いたアメリカ経済が上向きになったかに見えた理由の一つが、金融へのシフトを強めた経済界の活発な動きだったことも事実だろう。

映画『ウォール街』が爆発的な人気を得たのは一九八七年。当時、ワシントンで日米間の経済摩擦の現場を見つめていた筆者は、主役のゴードンに目を奪われた。

「どん欲は善」

こう言ってはばからず、企業買収に走る冷酷な投資家ゴードンの姿は、製造業が衰退する一方で、金融に大きく傾斜したアメリカ経済の実像だけでなく、「本来の健全性、迫力を失いつつあるアメリカ」を象徴しているような気がしてならなかった。

ゴードン的なものの出現の理由を、「金融傾斜の進むアメリカ」のみに求めるのは、バランスを欠く見方かもしれない。それにしても、ずさんに仕組まれた金融商品を売りまくり、あげくに世界に不安をまき散らした結果ともいえる「リーマン・ショック」は、そんなアメリカが行き着いた先と思えてならない。

アメリカの衰退などで、「主導国」のいない「Gゼロの時代」の到来を明言したアメリカの政治学者イアン・ブレマーは、同ショックを次のように表現する。

「世界のつくり直しが始まったといえる危機」

リーダー国たり得ないアメリカ

ここまで見てきて、「確か」と思えることがある。冷戦終結後の一〇年間、さらに、それに続く時間を、アメリカは、冷戦期を通じて使い果たした観のある「国力」復元のために、賢明に、そして存分に駆使し、目的を果たした、とは言いにくい事実がそれだ。

「リーマン・ショック」から、世界経済を救い出す最大の役割を、アメリカは果たせなかった。後に触れるが、その代役を果たしたのが、誰あろう中国だった——という事実こそ、アメリカの「国力回復」が不十分であったことを物語る。

「世界の現状は、ベトナム戦争以後、アメリカがヘゲモニー（覇権）を喪失した状況にあることは、ほとんどの研究者が承認している」

これは川北稔の『世界システム論講義——ヨーロッパと近代世界』の中の記述だが、ベトナム戦争から冷戦の終結時まで、「下降」を続けたアメリカは、冷戦後に訪れた、このような〝定説〟を見返すチャンスをみすみす逃したのだ、とも言えるだろう。

だが、自らの歩みに間違いがあったことを、アメリカが心底、気づくまでには、さらにもう一つの段階が必要であった。それが、トランプ大統領の出現だ。

二〇一七年一月、リーマン・ショック勃発から九年目にスタートした「トランプ政治」とは、どのようなものなのか。これについては、順次、見ていくわけだが、すでに明らかなことがある。アメリカ第四五代大統領が求めてやまないもの——それは、まず何よりも「目に見える力」ということだ。

「優位性と覇権は同じではないのだ」

英紙『フィナンシャル・タイムズ』のフィリップ・スティーブンスは一七年一月、トランプ政権のありようを分析したうえで、こう記した。

「覇道」「覇者」というと、普通は、徳を重視する「王道」「王者」などと違い、もっぱら「力」を頼む政治指導者や、その下で進められる政治のありようを表現する。だが、この一節は、いくら力で優勢を誇っても、それだけでは、国際秩序を創造し維持する世界のリーダー足り得ない。力に加え、「+α」が欠かせないのに――という、トランプのアメリカに対する強い不満表明と言うべきだろう。

そして、アメリカ自身も次第に気づくようになる。トランプ流は、いかにも極端に見える。が、イラク戦争に突っ走り、また、「リーマン・ショック」を招いてしまう過程で自らが見せてきた「力第一」とばかりに焦る、あるいは、狂奔する姿は、所詮、トランプ流と大同小異であったことをだ。

そこでアメリカが改めて凝視したのが、「湾岸戦争」への指揮のあり方をめぐり、時に「ウインピイ（臆病）」と侮られながら、自制を通したブッシュ（父）のリーダーシップだった。

見つめ直されているブッシュ（父）の選択

トランプ大統領が誕生して二年目を迎えようという二〇一八年一二月の初め、ワシントンは、久しぶりにトランプ以外の主役で彩られた。アメリカ四一代大統領のブッシュ（父）と四三代のブッシュ（子）の親子だ。その前の月の末、九四歳で亡くなった父の国葬を中心に、さまざまな追悼の儀式が執り行われ、街中が「ブッシュ」で覆われる。そして、その波はワシントンから全米に広がる。再選を阻止され、一期しか務めなかった大統領の追悼としては「異例」という反応が、アメリカ国内でもあったほどにだ。

とかく型破りで騒がしいトランプ政権下にあって、「古き良きアメリカ」そのものを体現して見せるようなブッシュ（父）とその家族の物語が、一服の清涼剤となったことは間違いない。

だが、そんな中で、次第に透けて見えてきたものがあった。ブッシュ（父）が湾岸戦争の際に発揮した「自制のリーダーシップ」こそが、この二〇年近くの対世界戦略の支柱であり続けるべきだったのでは、というアメリカの思いが、ブッシュ追悼の渦を越えて、静かに、しかし確実に浮上しつつある、という事実だ。

湾岸戦争の緒戦でイラク軍を撃破したにもかかわらず、バグダードに進攻せず、サダム・フセイン政権の延命を許してしまったことで、ブッシュ（父）は強い批判を受けた。確かに、この批判は一つの正論ではある。しかし、冷戦後、いまだ国力の回復が途上であるアメリカであったればこそ、「正論」を「やり切る」前に挫折する恐れが低くないこと。さらに、「唯一の覇権国」であることを目指すにしても、いまだ万全とは言えない国力の現状をも見据える必要があった。

だとすれば、「ウインピイなブッシュ」こそが、アメリカの冷戦史の研究者ジョン・ルイス・ギャディスが『大戦略論』の中で明らかにした「優れたリーダー」のための、次のような条件を満たしていたのでは、というわけだ。

「自分の能力の限界を把握し、機が熟すまで目標の実現に時間をかけることをいとわない。また、眼前の障害にたじろがず、長期的目標を見失うこともない」

加えて、同盟関係を重視した点についても、ブッシュ（父）の選択は、あらためて見つめ直されていると言えそうだ。

「今から向こう数十年、ゲームのルールを決めるのはアメリカだ。国際平和や安定に関する大きな問題は、アメリカのリーダーシップなくして解決することはできない」

シンガポールの元首相リー・クアンユーは、かつてこう語りながら、次のようにつけ加えることも忘れなかった。

「アメリカは、大国のなかでも最も良心的な国であり、新興大国に比べて高圧的でないことは確かだ」

もし将来、同盟国を、親ガモであるアメリカの後に付き従う子ガモのように扱うことがあれば、アメリカは国際社会の中で真のリーダーたる資格を失う、という警告でもあったと言えようか。

そんなブッシュ（父）をめぐる人々の心の動きを描くに、決定打とも言えるコメントが、ブッシュ父子を長く取材してきた『ニューヨーク・タイムズ』のコラムニスト、モーリン・ダウドの口から発せられたのは、国葬当日のテレビの画面でだった。

「ブッシュ・パパは、息子の対イラク政策が、チェイニーらネオコンたちによって誤った方向に導かれるのを恐れていました。しかし、息子は長い間、パパの話を聞こうとしなかった。しかし、それから随分と時間が経ったころ、息子はパパこそが正しかったことに気づき、ネオコンたちを遠ざけはじめたのです」

ダウドはさらに、続けた。

「でも、遅すぎましたね。すでにアメリカの外交政策の中でも最悪の過ちを犯してしまった後でしたから」

大きな試練に直面した日本

もっとも、ここでわれわれは、湾岸戦争、そして、これを指揮したブッシュ（父）によって、それまでの「甘さ」を一挙に吹き飛ばすような厳しい決断を迫られただけでなく、以来、大きな試練に直面した国があったことをも、忘れるわけにはいかないだろう。日本のことだ。

その開戦から終結に至る過程で生じたさまざまな出来事は、それこそ、「冷戦後」とは何なのか——を世界に知らしめる。

一九九〇年八月二日、イラク軍がクウェートに侵攻。ただちに、アメリカは国連の安全保障理事会の開催を求めた。「対イラク経済制裁決議」を皮切りに、一一月の「対イラク武力行使容認決議」に至るまで、重要決議が相次いで成立する。しかも、これらはいずれもが、冷戦時代にはまずあり得なかった「米ソがともに拒否権を使わない」形で成立したものだった。

そんな中、ブッシュ大統領が海部俊樹首相に電話をかけてきたのは、イラク軍のクウェート侵攻開始から一〇日余が過ぎた八月一三日のこと。

「多国籍で構成する海軍部隊に日本も直接的な貢献をしてくれないだろうか。これが実現した暁《あかつき》に、日本は西側同盟の完全なメンバーになる」

あまりにも直截な、それでいて、有無を言わせぬ厳しさがある言葉。これに対し、海部が「憲法上の制約」を盾に、「〔自衛隊の参加は〕ほとんど考えられない」と応えると、ブッシュは一瞬、ひるむ。

「憲法上の問題があるとは知らなかった」

だが、大統領の切り替えは素早く、重ねて、自衛隊の参加を求める。

以来、日本国内はもめにもめる。発足以来、一度も国外に出たことのない自衛隊を抱えながら、「アメリカの指令下で作った憲法に、そう書いてあるのだから、自衛隊が海外に出るなんてことは、あり得ない」という論理で生き続けてきた戦後日本。その張本人であるはずのアメリカのトップから、「そんな憲法があったのか？」と返されたのだから、驚天動地もやむを得ないだろう。

五百旗頭真はその時の状況を、後にこう表現している。

「日本は身もだえした」

そのありさまを見て、ブッシュ大統領はいら立ちを隠さず、海部首相にその後、何度も電話を入れ、決断を催促する。「ブッシュ・ホン」という流行語まで生まれたほどに。

大統領にしてみれば、ここは譲れない時だった。ゴルバチョフとともに、冷戦の終結を主導したブッシュには、「新たな世界」作りへの強い思いがあった。

「新世界の軸がアメリカであることは言うまでもないが、そのためにも、冷戦中に消耗しきったアメリカの国力回復に邁進する一方で、同盟関係の再構築を急ぐ必要がある」

そんなブッシュのアメリカにとって、湾岸戦争に踏み切るに際し、軍事面の役割をも拒否しない「頼りがいのある日本の確保」は、最重要事項の一つだったのだ。

その意味で、「憲法による制約」を大統領が知らなかった、というのは素直には受け取れない。「軍事強国・日本」の復活を警戒したアメリカは、第二次世界大戦終結の直後、「平和憲法」制定を日本に〝強制〟する。しかしその後、「冷戦」が激化するや、この憲法が何かとアメリカの対アジア戦略遂行をやりにくくする。そんな経緯を、ワシントンでの行政経験も豊富なブッシュが知らないはずはないからだ。

となれば、ここはむしろ、大統領が直々に、「日本もアメリカも、今や『戦後』から踏み出すべき時なのだ」という意思をあからさまにしたのだ、と受け取るべきであるように思える。

だが、そんな大統領の思いを知ってか知らずか、日本では、自衛隊の海外派遣を可能にするための「国連平和協力法案」が国会で廃案となる。そのかわり、一三〇億ドルを拠出することになる。

多国籍軍のシュワルツコフ司令官は、これに対し深い謝意を伝えてきた。が、そんな日本に向ける各国の視線には冷たさが増す。冷戦後の最初の試練で日本は、国際社会における評価を著しく落とした、と言うべきだろう。

当時、モスクワ駐在の身であった筆者にも、生々しい記憶が残っている。電話の回線がなかなか繋がらないため、一本の原稿をFAXで送るために、数十回もダイヤルを回す、などということが日常である中で、日本の状況を知るには、数日後に届く日本の新聞を読むしかなかった。で、ようやく届いた紙面を開くと、一面に海部首相のコメント原稿が、毎日のように載っている。ただ、記事はいつもベタ——つまり一段の原稿が十数行だけなのだ。

無理もない。「イラク攻撃」に向け、世界が動く中で、首相のコメントには、いかにも中身が不足していたからだ。目の前で、「瀕死」の様相を日々露わにし続けるソ連が、国連の安保理での「対イラク」と銘打った数々の決議案に対し「異議なし」を連発、必死に「米ソ協調」を演じてみせている、というさ中なのにもかかわらず、だ。

言うまでもなく、それは、海部首相一人の責任ではないのだろう。日本でも日々、「冷戦後」と、それに対する「新たな構えをどうするか」が話題にされない日はないほどに、「冷戦後」は人々の論議の中心にあった。だが、論議は論議のままでとどまり、それ以上には進まない。そこに「何をどうしよう」という意見はあっても、一向に結論には至らない。その結果が、「身もだえする」日本だったのだから。

ちなみに政治学者の阿南友亮によると、中国の人民解放軍は九〇年当時、「身体は巨大であったが、〈兵力や兵器といった〉筋肉と骨格の衰えが激しい」状態だった。まして、指揮、統制などを司る「頭脳と神経回路」部分は「きわめて未熟」と言うしかなかったほど。

だが、湾岸戦争がすべてを一変させる。

この戦争でアメリカ軍は、コンピューターを駆使し、陸・海・空三軍の「頭脳と神経回路」部分を一体化する「C4Iシステム」を導入。「ハイテク条件下での限定戦争」で完勝を収める。それを見て中国も、折からの経済発展で生まれた資金を、兵器の刷新やC4Iの整備に投入、人民解放軍を「冷戦後」に適応し得る、最先端の軍事組織に作り変える歩みを、一挙にスタートさせたのだった。

第2章

身悶えする ジュニア・パートナー

ポスト冷戦と日本

見るだけで腹が立つ

橋本龍太郎(当時・蔵相)
1989年、「日米構造協議」において、米国側から示されたリストを見て

**中国のありようを考えるなら、アメリカの方がまだマシだ。
確かにアメリカと付き合っていて、
頭にくることは、決して少なくない。
でも、われわれは「日米同盟」で行くしかないのだ**

自衛隊最高幹部のポストから退いたばかりの人物が、
2018年の夏、うめくように著者に漏らした言葉

グランドキャニオンから、砂漠の中をバスで延々と走って、ようやく到着した街は、夜のとばりの中で暗く寂しかった。その外れに建つ小さなホテル。予約に基づきチェック・インをしようとすると、カウンターの男が話しかけてきた。小声で、あたりをはばかる風を見せながら。しかし、お前を待っていたぞ、と言わんばかりに。

「君は日本から来たんだな。歓迎するぜ。俺たちは共に戦った仲間だからな」

小柄な男は、歳のころ五〇を過ぎたあたりだろうか。握手を求めながら、自分がイタリアからの移民であることを明かした。

アメリカ・ニューメキシコ州の街、アルバカーキ。今でこそ、ＩＴ産業が繁栄をもたらし、州の中で最大の商工業都市だという。が、一九七〇年代の初頭のそれは、「アメリカ・インディアンが作ったアメリカ最古の街」というだけの取り残された地。そんな街での、すでに「残り香」に過ぎないとはいえ、生の「同盟」との出会いは、筆者を不思議な感覚で包んだ。共通の敵であった国のど真ん中で、敗者の民どうしがそっと会釈を交わしている。

当時の日本にあって「同盟」は、すなわち日独伊の「枢軸同盟」を意味し、かつて国を誤らせた「元凶」でしかなく、一方で、目下の日米関係が「同盟」と語られることもなかった。国全体が「同盟」を避けていた、という方が、より真実に近いかもしれない。

「われわれには永久の同盟国も永久の敵もいない」

一九世紀、イギリスの首相であり外相も長く務めたパーマストン（ヘンリー・ジョン・テンプル）のこんな言葉も、「同盟・忌避」の日本では、所詮、政治学上の知識という以上のものではなかった。
アルバカーキでの出会いは、そんな日本で育った筆者に、「同盟」を一挙に近い存在にした瞬間だった。

アメリカの「戦略的根拠地」と化した日本

以来五〇年近くが経った。今、この国で「同盟」の文字が見られない日を探すのは難しい。言うまでもなく、日米同盟がど真ん中にあり、すべての論議はそこから発する。

日本政府が公式の場で「日米は同盟関係にある」ことを明言するのは、一九七〇年代も末になってからだ。ただ、米外交史を専攻する佐々木卓也は、米国務省の対日政策文書での表記などが「日本、あるいは日本との関係を同盟国（Ally）、同盟（Alliance）と形容し始めたのは、一九六〇年代に入ってから」と記している。朝鮮戦争（一九五〇～五三年）を経て、新日米安保条約の調印（一九六〇年）を終えたあたりから、すでにアメリカ側は、日本を「同盟国」と認識するようになっていた、ということだろうか。

以来、六〇年近くが経った。この事実は決して軽いものではない。日英同盟は二〇年、日独同盟は四年半強で消滅したことを考えれば、「六〇年」の重みは明らかだろう。

その結果――

日米同盟の今は、どういうものなのか。外務省の中堅幹部、ニューヨークの国連本部担当として三年余、多忙な日々を過ごしたことのあるC氏は、一つの体験談をしてくれた。

「日本政府として、おろそかにはできない課題が浮上し、その対応に日々、明け暮れている最中のことでした。東京の本省との協議に基づき、国連代表部としての行動指針が固まって。それを胸に会議場に向かって国連内の廊下を歩いていると、後ろから人が追っかけてくる気配が。振り向くと、アメリカ政府代表部のメンバーが後を追っかけてきてたんです。ともに廊下の隅に行くと、彼、声を潜めて『今度の問題、厄介だね。うちでは、とりあえず……』と言うと、米政府としての当面の方針を明かしてくれました」

その上で、C氏は言う。

「お互い、『アライ（同盟国）だからね』という同胞意識を感じる時ですね」

互いの間で駆け引きをするときもないではない。それにしても、国益を担い、常に他国の動向を意識しながら駆け回るのは、容易なことではない。

「そんな中で気が許せる仲間がいる。ありがたいことだ、と思う瞬間です」

そうはいっても、いつも日米が同じ方向を向いている、というわけにはいかない。でも、「違いが出る理由」はわかる。わかり合える。「同盟歴、すでに数十年」の年月がもたらした到達点と言えようか。


しかし、これが自衛隊と米軍との関係になると、「違いがある場合も」などと言ってはいられない。この点について、軍事アナリストの小川和久は明快だ。「多くの日本国民、そして米国民が誤解していることだが」と前置きをして、次のように断言する。

「日本列島は米国の本土同然の戦略的根拠地（パワープロジェクション・プラットホーム）である。日本の代わりに役割を果たせる同盟国は存在しない。日本列島を失えば、米国は世界のリーダーの座から転落することになる」

「同盟」とは元来、特に安全保障面での協調が不可欠なもの。それが、より強固なものになり、具体的には、自衛隊と米軍の一体化がよほど進展した、ということだろう。安易に「日米間には相違が」などと言ってはいられない、というわけだ。

第1章でもたどったように、冷戦が終結するや、世界は揺れ始めた。

「もはや、『米ソ超大国同士の対立』という異常事態は解けたのだから、これまで軍事的な備えのために充当してきた資源は、経済の再生や開発国への援助などに向けるべきではないのか」

そういう「平和の配当」論がアメリカ国内でも勢いを増す一方、ヨーロッパや日本では、アメリカとの同盟関係の見直し論が強まる。論理的には当然の成り行きだったと言える。

こんな流れに対し、アメリカ・サイドで「いまだ、不安定な要素の多いアジアを、ヨーロッパと同列に扱う」のは「行き過ぎだ」として危機感を強めたのが、ジョセフ・ナイ国防次官補ら国防総省を中心とした勢力だった。

折からの北朝鮮による核開発疑惑が引き起こした「朝鮮半島危機」（一九九三～九四年）、さらに、台湾の独立志向の高まりを警戒し、中国が軍事演習を繰り返した「台湾海峡危機」（一九九五～九六年）――などを〝追い風〟に、ナイらが先導して、日本側と歩調を合わせながらの日米安保の再定義の動きを本格化させる。

その結果が、一九九六年の「日米安全保障共同宣言」の発表であり、翌九七年には「防衛協力のための第二次指針（ガイドライン）」が制定される。

「日本をアメリカの東アジア戦略に取り込み、中国の台頭をも視野に入れたアジアの安定を目指す」

これを機に、日本を「アメリカの戦略的根拠地」化するための歩みは一挙に加速されたと言えるだろう。

その〝成果〟は次第に明らかになっていく。二〇一一年三月一一日に発生した東日本大震災で、アメリカは海軍・空軍・海兵隊員、合わせて二万四〇〇〇人の将兵を被災地に派遣し、救援活動にあたらせる。

この「トモダチ作戦」について、後にマイケル・シファー国防次官補代理（東アジア担当）が米議会で行った証言は、この「作戦」こそが、「日米の安全保障体制の一体化」が新たな段階に入った事実をアピールする絶好の機会だった、との米側の認識を明らかにする。

「この作戦は、在日米軍を含め、われわれがアジア太平洋地域に前方展開兵力を持つ意義を示した」

ただ、その一方で、この震災は、安全保障のための体制が「より一体化」されたがための、日本にとっては「厳しい」側面をもうかがわせる場となった。

震災時の菅直人首相を引き継ぎ、二〇一一年九月に発足した野田佳彦首相率いる民主党政権は、一年後の一二年九月一四日、『革新的エネルギー・環境戦略』と名付けた政府方針を打ち出す。

「二〇三〇年代に原発稼働ゼロを可能とする」

この戦略の中で新たに設定された目標がこれだ。当初、エネルギー源のうち原発が占める比率を一五%程度とする方針でいた政府が、「ゼロ」を求める世論の強さの前で方針を転換した結果だった。

だが、その五日後に予定されていた『戦略』の閣議決定は見送られる。最大の理由はアメリカからの、強く激しい反発だった。

「日本が閣議決定することを懸念する」

実は九月に入り、政府は首相補佐官の長島昭久らを密かにワシントンに派遣し、米側への事前説明を進めていた。だが、意見交換に臨んだ米NSC（国家安全保障会議）のマイケル・フロマン補佐官は、こう言明して、日本への不信感を露わにしたのだ。

そもそも、わが国の原発事業は、冷戦構造下、日本を拡大する共産主義陣営に対する〝防波堤〟として強化する――つまり、日本を同盟国としてつなぎとめる手段として、アイゼンハワー政権が「日本に対し原発技術を供与する」と決断したところから始まる。

その後、アメリカは、韓国やインドとも原子力協定を結んだが、核燃料サイクルの保持は、日本にだけしか認めないなど、〝特別扱い〟をしてきた。サイクルの過程で発生するプルトニウムは核兵器の原料になるため、核拡散防止への努力を無にしかねない。が、日本への原発技術の供与は、世界で唯一の被爆国・日本が「核兵器には手を出さず、原発のみに徹する」ことを、日米両国が認め合った結果というわけであり、ここでも「日米同盟は特別」との構造が出来上がった、と言える。

であればこそ、と言えようか。日米両国が冷戦終結後、安全保障面での「一体化」をより急速に進めようとした際、一つの前提が設けられる。東アジア、さらにはアジア全体をにらんだ、アメリカの新しい安全保障戦略の下、ともに歩を進めることになった日本とはいえ、特に「核」に絡んでの勝手な動きは許されない――がそれだ。フロマンは、その確認を迫ったことになる。

この点で、同じ時期、ジョセフ・ナイとリチャード・アーミテージ元国務副長官が、日本に向けて共同で出したレポートは、より明確だった。

「発展途上国が原発を建設し続ける中で、〔日本が〕完全に原子力から撤退するのは責任ある行動とは言えない。中国が主要な原発輸出国として、ロシア、韓国、フランスに加わろうという時、日本が遅れることは許されない」

新たな段階に入った日米同盟の下では、アメリカに対する日本の〝忠誠心〟もまた、従来に増して強いものでなければならない。これこそがアメリカの本心といえようか。

「怖かった」

『革新的エネルギー・環境戦略』をめぐる日米間の接触を重ねる中で、ある日本政府高官が漏らした一言は、そんなアメリカの「厳しさ」を表して余りある。

中国の将来を見通すことの難しさ

ところで、この時期、アメリカが「一体化」を急ぐ理由が、もう一つあった。その核となったのが、中国の「不可解さ」だ。

アジア。一見、つかみどころのないかに見えるこの地域が、冷戦の末期あたりから、徐々に、しかし、確実に存在感を高める。その結果――

「中国（場合によっては、インドも）を軸にしたアジアこそ、今や、世界で最も動きの激しい、また、それがために、将来に向けさまざまな可能性を秘めた地域になった」

そう言われるほどになる。もちろん、この場合、「可能性」には、ポジティブなものがあれば、ネガティブなものもあるわけだが。

その中で、アメリカは、まず第一に「中国」との関係のあるべき姿を模索する。熱を込めて。だが、ここで、アメリカは戸惑い、迷う。中国のつかみどころのなさが、アメリカの想像の範囲を遥かに超えていたからだ。中国の国防支出を一つとっても、ときに「公表される数字の二倍近くにも及ぶのでは」などと言われるように、実態把握が難しい。

「〔中国の〕言行不一致は、別にいま始まったことではない。〔中略〕経済にとどまらない中国の本質のひとつだとみなすほうが、正しいかもしれない」

中国近代史などを専門とする岡本隆司の指摘だが、中国の巨大さゆえに、これが、より重大な意味を持つ。「不明」な点があるからこそ、対抗するための戦略は欠かせない。そのため、推測し、予測するわけだが、対象が巨大である分、推測の基点をどこに置くかで、その結果には、とてつもないほどの差が出る。ことによれば将来、安全保障面での日米の「一体化促進」が、「対・中国」という観点から見たとき、最も賢明なありようであったのか否か――が問われる可能性だって、「ない」とは言い切れない。

実際、中国の「将来」を見通すことの難しさは、「冷戦後」の一時期に対象を絞っても、十分に理解できる。

「一九七九年の国交正常化から三〇年、米中関係はこれから第二段階に入る。キーワードは『互相幇助、

互相発展』（ともに助け合い、ともに発展する）だ」（ハンツマン駐中国アメリカ大使＝二〇〇九年）
「わが歴代政権は中国の行動をほとんど無視し、多くの場合、中国に有利になるように導いてきた。しかし、そうした日々は終わりなのだ」（ペンス副大統領＝二〇一八年）

この二つのコメントの間にあるのは、一〇年にも満たない時間だ。それほどに、中国の、そして、アジアの「先」を見るのは容易でない。おそらくアメリカこそが、その点で最も悩んできた、と言えるかもしれない。

このような経緯を振り返ったとき、アメリカがなぜ、日本との「一体化」を急いだのか、が理解できるような気がする。

すでに見てきたように、冷戦が終結したあと、アメリカは「新たな敵」が定まらない「空白期」が長引くのを恐れた。特にアジアについて、それは顕著であった。

「何も起こらない」うちに、アジアが、思い思いの方向に歩む国々が混在する地域になってしまえば、アメリカが自由に動ける「圏域」は狭まる。そうなれば、第二次世界大戦後の長く、厳しくも激しい「冷戦」に打ち勝ったあげく、ようやく手にした「最強で唯一の覇権国」の地位の価値も、一挙に下がりかねない。

そこでアメリカは、ソ連に替わる「新たな敵」探しに励む。だが、当初、中国を「敵」にするのには無理があった。やむを得ず、北朝鮮をも含む「テロリスト国家」を「敵」に設《しつら》えてはみたものの、その危険性はともかく、アメリカが真向から取り組む「敵」にしては、〝力不足〟であることは明白。

アメリカはここで、密かに軌道の修正を図ったように見える。

「テロリスト国家」への警戒は緩《ゆる》めないものの、不確定要素が多いために「不安定」で、それゆえに「危険」でもあるアジアで起こりかねない「万一への備え」を固めることを、当面の「冷戦後戦略」の軸に据え、安全保障体制の確立を急ごうというわけだ。その際の〝第一の友〟として名指しされたのが日本だったのだと言えよう。

日本の大国志向、大国願望への疑念

では、なぜ日本であったのか。

一つは、不安定ではあっても、「大きな可能性の貯水池」ともいえるアジアに、しっかりとした足場を確保するには、冷戦のさ中、「経済戦争」の様相を帯びた時期もあったとはいえ、おおかた連携を続け、互いに信頼を深めてきた日本との関係を生かすのが近道、という発想があったことは間違いない。そして、これを支えたのが、冷戦の勃発以前からアメリカが抱き、受け継いできた地政学的な発想だろう。そのスタート地点にいるのが、ハルフォード・マッキンダーと並ぶ地政学の祖、また、国際政治学の祖といわれるニコラス・スパイクマンだ。

オランダに生まれたスパイクマンは、アメリカに留学し、イェール大学の国際関係学部長や国際問題研究所の初代所長を務め、この間に米国籍を取得する。彼は、世界のパワーの中心となる場として、「ハートランド」（ユーラシア大陸の北部・中部）、「リムランド」（ハートランドを取り囲む西欧、中東、東南アジア、極東）、そして「北米」があるとしたうえで明言した。

「リムランドを制したものがユーラシアを制し、ユーラシアを制したものが世界をコントロールする」

その彼が、アメリカは、ユーラシア大陸に面するオフショア・アイランド（offshore island）であるイギリスや日本と連携し、日米英の海洋国家グループによって世界秩序を形成すべきだ、と主張。さらに次のような発言を、日本軍による真珠湾攻撃を受け、第二次世界大戦の火ぶたが切られた直後に行ったのだ。

「今次の大戦が終わった後、アジア大陸の脅威に軍事的に対応するためには、日本との同盟が欠かせない。

そのためには、この際、日本海軍を壊滅的破壊に導いてはいけないのだ」

まさに、日本との血みどろの戦いに踏み込んだばかりの時点で、このような発言をすれば、アメリカ国内でどれほどの抵抗、反発を招いたかは十分に予想されたはず。が、すでに「中国びいきの反・日本」という、アメリカにとって伝統的とも言える意識の存在に気づいていたスパイクマンならばこそ、あえてこの時期に、言葉にしておく必要を感じたのだ、とも言えよう。その一年余後、彼の命は尽きる。

そんなスパイクマンの遺言も、すんなりアメリカの戦後戦略に取り入れられたわけではない。だが、アジアの現実が流れを導いた。朝鮮戦争の勃発前後から、日本取り込みの動きが速まり、以降、波はあったとしても、冷戦中は言うまでもなく、その後も一貫して、スパイクマンの思想は、アメリカの対アジア戦略の中で生き続けることになる。

「スパイクマンこそが、対ソ封じ込め戦略の生みの親」

ジョージ・ケナンなど、「封じ込め」戦略の家元的な人物と名指しされる者は他にもいる中で、こう呼ばれる事実には重みがある。しかも、ソ連消滅のあとを追うように中国が台頭、これを意識しながら、日米の安全保障体制の「より一層の一体化」を目指し、アメリカにとっての「同盟」の再点検が行われた事実は、間違いなく〝スパイクマンいまだ健在〟の証左とも言える。

そして、アメリカが日本との同盟の再確認、強化を急いだ理由には、もう一つ見逃せない側面がある。アメリカには冷戦のさ中から、日本について「確かめずにはいられない」ことがあった。

「先の大戦での『敗北』は、日本の心情・発想を根本から変えることになったのか否か——つまり、第二次世界大戦に向かう道筋から戦中にかけ、顕著であった——少なくとも、アメリカにはそう見えた——日本の『覇権志向』『大国願望』はもはや雲散霧消したのか、あるいは、いまだ保持されているのか」

これこそ、アメリカがどうしても知らずにはおられない命題だったに違いない。

最終的にアメリカが得た答えは、どんなものだったのか。それはこれから明らかにしていくことになる。が、この時期のアメリカにとって、特徴的なのは、その「解」が必ずしも明確になっていない段階から、自ら描く「未来図――日米の一体化」を前提に動きを加速させたこと。「待てなかった」ということだろう。と同時に、そのような動きを見せながら、それでもアメリカは、繰り返し何度も何度も、日本の「真意」を確かめようとしたことだ。

一方、冷戦が終結する前後あたりから、日本側にも、アメリカに対する疑念や不信、それゆえに、アメリカの真意を確かめたいという思いがなかったわけではない。

日米間では、冷戦終結の直前であった一九八九年七月、貿易不均衡の是正を名目に、「日米構造協議」の設置で合意が成立する。

だが、協議が実際にスタートするや、日本側では一挙に不満が高まる。

「見るだけで、腹が立つ」

開始早々、アメリカ側から持ち出された「改革すべき日本の構造」を列挙したリストを見るや、橋本龍太郎（当時、蔵相）はこう言い放った。また、通産省の通商政策局長として交渉に臨んだ畠山襄は回想する。

「それは『内政干渉』の制度化であった」

実際、談合など日本独特の商習慣を「非関税障壁だ」と一刀両断にするなど、始まった協議は、とにかくアメリカのルールを日本に受け入れさせようという意図の露骨な、日本側にとっては「理不尽」なことの多い場となる。結局、日本側が「大店法」の改正や、向こう一〇年間、毎年ＧＤＰの約一割に相当する額を公共投資に充てることなどをのみ、合意したものの、日本側の不満は収まらなかった。

だが、「自由貿易を維持する」という看板の下で行われる以上、協議そのものへの反対は難しかったのも確か。実際、この当時、日本側が、「自由」をはじめとする、アメリカが掲げる大義に対し、真っ向から不信感をぶつけるような場面は、ほとんど見られなかった。

「歴史は、自由主義＋民主主義の勝利によって終わったと言える」

九二年に出版されたフランシス・フクヤマ著『歴史の終わり』の一節だが、冷戦の勝敗のすべてが、米ソの掲げた「大義」の優劣で決まった、と思い込むほど、日本も初心《うぶ》ではない。ただ、同じ「西側陣営」の一員として「勝者の側にいる」との思いは、日本としても、それなりに快感であり、あえてアメリカの瑕疵《かし》をあげつらうほどの思いもなかった、と言うべきだろうか。

それでも、日本にとって、アメリカの真意を問うべき課題はあった。

「アメリカは、中国に、どう向き合うつもりなのか」

その大規模な市場を重視し、経済面を中心に中国との関係強化を急ごうとするアメリカの動きに、「日米同盟よりも、中国傾斜なのか」といぶかる向きが、この時期、日本側に急激に増えだしたのは事実。

ジョセフ・ナイは当時を振り返る。

「九〇年代中頃、日米同盟再定義の交渉に参加していた時、〔中略〕酒の席になると彼ら〔日本側当局者たち〕は中国が力を付ければ、アメリカの関心は日本から中国に移るのでは、と尋ねてきたものである」

それにしても、こんな日本に比べ、アメリカ側の、「日本の真意」を確かめようという意思や構えは、冷戦の最中から、はるかに強固であり、すべての点で徹底していた。特に日本の経済大国化が明らかになったころから、その思いは、時に露骨なほどに日本に向かってくるようになる。

「日本にもし、わがアメリカ合衆国に取って代わって覇権国になろう、などという意思があるのなら、断固、これを潰す」

アメリカの本音は、まさにここにあった。であればこそ、アメリカとして「やるべきこと」も明確であった。第一が、「経済大国・日本」との格闘であり、その起点となったのが、「日米構造協議」の設置が合意されるより四年前、八五年九月に成った「プラザ合意」だ。

七一年のニクソン・ショックで、アメリカはドルと金の交換停止に踏み切った。それは、第二次世界大戦中から、自らが主導して作り上げてきた金・ドル本位の「ブレトン・ウッズ体制」崩壊の引き金を自ら引くという、アメリカにとっては、つらく厳しい選択に踏み切った結果であったはずだ。

それでも、アメリカ経済の立て直しは進まない。このため、八一年に発足したレーガン政権は「強いドル、強いアメリカの実現」を目標に、軍拡に努める一方で、歳出削減や減税を骨格にした「レーガノミクス」を強行した。だが、その結果、「ドル高」を招く。

問題は、これらが原因で、アメリカは国際収支、財政収支の赤字が累積する「双子の赤字」に見舞われたことだ。その打開策として、先進各国を巻き込んで、為替相場の調整——具体的には「ドル高の是正」を図ったのがプラザ合意だ。

ところで、この「合意」に至るまでを振り返ると、その過程でアメリカの頭にあったのが、何よりも「日本」であったことが明らかになる。

「合意」の現場となったのは、ニューヨークのプラザ・ホテル。ここを会場とする「先進五か国の蔵相・中央銀行総裁会議」開催に向けて動き出したアメリカの主役は、財務長官のジェームズ・ベーカーだった。弁護士出身らしい「結果重視」の立場から、その行動は素早く、また、根回しも巧みだった。彼とそのスタッフたちは、どこよりも、まず一番に日本に、新たな協調体制づくりのアイデアを持ちかける。それに対する反応を手に、ドイツ、イギリスなどを説得して回る――といった具合だ。

この年八五年、日本の国民一人当たりのGNPは史上初めてアメリカを抜き、世界最大の対外債権国になる。日本の「大国」意識も高まる。アメリカはそこを見透かし，日本の心をくすぐる作戦に出たのだ。

そして、これが見事に成果を収める。

これより一四年前の「ニクソン・ショック」の際、日本は、対米依存度が高い戦後の日本経済に根本的な変革を迫る方針転換を、事前の協議もなしに打ち出される、という屈辱を味わった。それが今回は、「何事もまず、初めに日本に」という扱われ方をされ、悪い気のしようもない。それほどにアメリカは、日本を〝落とす〟ことに真剣であった、とも言える。

何より、アメリカの貿易赤字の最大の「元凶」は日本――という事実が、このような戦い方を必須とした。と同時に、これこそは「日本vsアメリカ＋他の三か国」という構図を明瞭にするための戦術であった。

事実、日銀総裁として会議に出席した澄田智は、後にこう漏らした。

「会議では、戦後一貫して円安政策を取ってきた日本に批判が集中した」

会議は実質二〇分間で終わる。何よりの決め手は、会議の他の出席者を驚かすほどの、日本の〝積極姿勢〟だった。

「会合で私が最も驚いたのは、その後に総理大臣になった日本の竹下登大蔵大臣が、円の一〇％以上の上昇を『許容する』と自発的に申し出たことである」

ベーカーとともに、もう一人のアメリカの出席者であった連邦準備制度理事会（FRB）議長のポール・ヴォルカーの言葉だ。

その結果、アメリカに対し「財政赤字の削減」などを求める一方で、日本など四か国は、金利の引き上げを含め、「円」などそれぞれの自国通貨の引き上げのために、具体的な行動をとることで合意したのだ。

戦後、「貿易立国」として生きてきた日本にとって、輸出にブレーキをかけかねない「円高」は本来、安易に受け入れられるものではなかったはず。だが、米議会を中心に高まる対日批判と、それを受けた形で激しさを増す「貿易摩擦」を前に、譲歩はやむを得ない――という日本政府の思いこそが、会議のすべてを決めた、といえる。

日本を「失われた20年」に追いやる

とはいえ、ここで考えるべきことがある。アメリカの狙いはそれだけだったのか、という点だ。

そう思うとき、筆者には、ワシントンに特派員として赴任して三週間後に見た「プラザ会議」の開催を報ずるテレビニュースの画面が、今でも目の前に浮かんでくる。

その日、支局の経済担当記者は、会議を取材するためニューヨークに飛び、筆者を含め支局に残った記者たちは夕刻、「プラザ合意、成立」のニュース画面に見入った。

型どおり、会議のメンバー一〇人が記念撮影のために並んでいる。そんな中、ひときわ晴れやかな表情を見せていたのが竹下蔵相だった。が次の瞬間、筆者の視線は、それとは別の人物に釘付けとなった。一〇人の中でも、ひときわ長身のヴォルカーだ。超然と、薄笑いをうかべながら、他の九人を睥睨《へいげい》している。そんな感じが、たまらなく強烈に映ったのだ。

ヴォルカーが「この時」の自分自身の振る舞いについて、何かを語った形跡はない。ただ、その後の日米関係――特に経済関係について見詰めていく中で、筆者には一つの推測が浮かび、しかも、その思いが年々、強くなる。

「ヴォルカーは、そしてアメリカはあの時、日本の『先』を見越していたはずだ」

ヴォルカーは、ニクソン政権下で財務次官を務め、「ニクソン・ショック」のシナリオ作りに携わった。

その意味では、プラザ合意に向けた一連の動きにおいても、すべてを取り仕切っておかしくない人物だった。しかし、ベーカーは企画者のメンバーから彼を外した。

ヴォルカーは、ドル価値の安定のため政府が動くことに反対ではなかった。しかし、ドル切り下げを目指す介入によって、「ドルの下落が制御不能になり、坂道を転げ落ちていくこと」を懸念しており、ベーカーにとっては、邪魔になりかねない存在だったのだ。事実、「合意」から半年後に、ドルの下落率は、「合意」成立の際、内々の目標とされた「一〇〜一二%」を五割近くも上回る。ヴォルカーの懸念は半ば的中したのだ。そんなヴォルカーならばこそ、「プラザ合意」が日本に何をもたらすかをも読み切っていただろうことは、想像に難くない。

もっとも、ここまでなら、ドルを見つめ、ドルを通じて世界を見つめてきたヴォルカーであれば、当然のこととも言える。だが、彼は、ベーカーらの動きを見ながら、レーガン政権としての意図、狙いを察知し得た。いや、具体的な行動は共にしなくても、ヴォルカー自身、その中枢の一部として、「アメリカの真意」を共有し得ていたはずだ。

「今、日本は経済的に絶頂期にある。そんな日本が、本心、望んでいるのは、どこまでなのか。経済大国として、西側世界の中で、アメリカを脅かす存在であることを楽しむ、という程度のものなのか。それとも、アメリカを文字通り抜き去り、西側世界の秩序そのものを揺り動かし、『あわよくばその盟主の座をも』という地点まで、覚悟を決めて進もうとしているのか――を、見極めてやろう」

彼ヴォルカーは、政治の世界から距離をおいているだけ、客観的で、しかも鋭敏な観察者であり得た。あの傲慢な笑顔は、そんな者のみが見せ得るもの。筆者には、今もそう思えてならない。

プラザ合意の翌一九八六年五月、大蔵省（現・財務省）は閣議に、「日本が世界最大の債権国になった」との報告をあげる。

「たぶん、このころが日本経済のピークだったのではないかと思う」

元経済企画事務次官の塩谷隆英の言葉だが、重要なのは、アメリカがこの前後から以降、時には「自由世界のリーダー」の尊称などどこ吹く風、といった体で、自国の利益追求のため、日本に対し「法外」と思えるほどに「強硬に出る」場面が増えたことだ。それほどに、経済面を中心に、アメリカの内実も厳しくなっていた。が、そう振る舞いながらも、アメリカは目を凝らし、「日本の反応」を見つめていた、という側面からも目を離すべきではないように思える。

「最近、国防総省の関係者のあいだで、ゴーリズム〔ドゴール主義〕の研究が盛んだ。日本のナショナリズムの行方を見極める。これが彼らにとっての、当面の最大のテーマらしい」

アメリカに駐在する自衛隊幹部の一人が漏らしたのは、このころのことだ。ドゴールが外の勢力――中でも米英の影響力から脱し、フランスの独自性を追求したように、日本も、そういう道を突き進むつもりなのか、というわけだ。

そんな中、「プラザ合意」の「成果」は、為替レートの調整という点で、目を見張るものがあった。合意の直前、一ドル二四〇円台だったレートが、八七年末には一二〇円台にまでなる。ただその結果、「合意」成立の時から懸念されていた日本の輸出不振が現実のものになり、「円高不況」の深刻化は、政府の予想を大きく上回るようになる。

慌てた日本政府は再三、アメリカをはじめ関係国に対し、「合意」後の再調整を、と申し入れる。これに対し、時に「理解」を示されることはあっても、具体的な行動にまではほとんど進まない。いや、アメリカからは、むしろ、「さらなる内需拡大」を再三再四、求められる。「合意」によって、アメリカの国際収支はかなり改善されたものの、いまだアメリカを満足させる域には達していなかった、と言うしかない。

やむを得ず、日本は独自に国内景気の振興策――公定歩合の引き下げ、公共事業投資の増大を軸とした財政出動などを繰り返す。その結果、景気の拡大は見られたものの、問題は「その後」だった。度重なる利下げなどによって生じた「過剰流動性」の拡大は「バブル」の引き金になりかねない。それを恐れた日銀は、金利引き上げの機をうかがうものの、果たせず、時間ばかりが過ぎる。その結果の、バブルの発生→崩壊であった。

この間、「不幸」もあった。八七年一〇月、ニューヨークの株式市場で株価が暴落する。「ブラックマンデー」だ。利上げのタイミングを狙っていた政府や日銀は、ここで挫折する……といった具合。これらの総和が、日本に「失われた二〇年」を招く。

「戦略」はあれど「意志」を欠いた日本

では、なぜ、こんな道を、われわれは歩んでしまったのか。これについては、すでに多くの論者によって、さまざまな回答が示されている。

「アメリカの度重なる、強く巧みな要求の前に、『バブル』を懸念しながらも、利下げ・利上げのタイミングをつかみ損ね続けた結果だ」

「一九七〇年代末から続いていた『財政再建を急がなければ』という『強迫観念』から、思い切った財政出動ができなかったことこそが主因」

これらを総括した形で、次第に主流になりつつあるのが、日本側の「戦略の欠如」論だろう。だが、果たして、それですべてなのだろうか。

「プラザ合意」以降も、アメリカは経済的に好調さを維持する日本と西ドイツに対し、要請、あるいは、要求を繰り返した。

「ドル基軸の体制を維持するため、そして、世界経済全体を危機に陥れないために、少々の無理をしてでも、もう一仕事してほしい」

興味深いのは、このような要求を前にした日本と西ドイツの対応に少なからず「差」があったことだ。「満額回答」ではないにしても、日本は可能な限りの数字を出す。七割回答、あるいはせめて六割、といった具合に。だが、西ドイツは値切る。場合によっては、ゼロ回答をも辞さない。ブラックマンデーのあとも、日本はアメリカからの要請に応じ、当時としては「史上最低」であった公定歩合二・五％の維持を決め、しかも、その後二年以上もこれを維持し続ける。しかし、西ドイツは、一度は同じ二・五％に下げるが、その後は――

「わが国の経済は目下、順調に推移している。利下げは不要だというしかない」

西ドイツのシュトルテンベルク蔵相は、こう言って、利下げを断固拒否。「インフレ発生への懸念」を理由に、逆に一年半かけて、これを四・五％の水準にまで引き上げる。

経済記者ではない筆者は、こんな日米、あるいは独米の関係を、横から見つめ続けた。その時々の政策――例えば、公定歩合の上げ下げの成否を論じる立場にはいない。それでも、国としての姿勢、気構えのようなものは、かえって「見えた」気がする。

一口で言えば、日本にも「戦略」はあった。しかし、これを実行に移す「意志」が不足していた。それは、あるべき手段・打つべき手は見えていても、踏み出す勇気がなかった、とも言い換えられる。だが、あえて踏み込むなら、この国を、本当に「大国」に、さらには「覇権国」にまでにもしたいのか、あるいは、そこまでは望まないのか。もし、望まないなら、どの程度で満足するのか――についての確固たるビジョンを持たないまま、目の前の状況に対応し続けた結果、と言うべきなのではないか。

そして、こんな「日本の真実」を、誰よりも冷酷なまでに見抜いていたのが、アメリカだった。

九〇年代も後半に入るころ、アメリカでは、指導者や知識層の間で、急速に日本に対する関心が失せていった。その理由について、九七年、日本研究家のロナルド・モースは筆者に漏らした。

「日本と付き合おうとしても、どうもよくわからなくて……」

その直後に会った元米政府高官は、さらにストレートだった。

「われわれなら、日本ほどの経済力があれば、これをどう生かすかを、まず考える。でも、バブル経済の時期を合わせ、この一〇～二〇年の日本を見ると、いったい日本は何をやりたいのかがわからない。もっとも、日本が本心から『超大国』になることを目指したなら、われわれは身構えただろうけれど」

ＦＳＸ共同開発をめぐる暗闘

このような「格闘」が日米間で展開されたのは、経済面だけではない。同じように、アメリカが日本を試し、その真意を確かめようとした戦いが、「ＦＳＸ」（次期支援戦闘機）をめぐる衝突であり、「プラザ合意」と同じように、いや、ある面では、それ以上に深い傷跡を関係者の間に遺す。

ＦＳ（支援戦闘機）は、万一、敵に上陸されてしまった場合、その補給路などを攻撃し、味方の陸上部隊を支援する航空機の意だ。冷戦時以来、日本は、空母、長距離戦略爆撃機、偵察衛星の所有を、アメリカに禁じられてきた。加えて、「専守防衛」という、日本独自の防衛政策の原則から、主力戦闘機ほどの能力までは持たせないように〝工夫〟してあるのが、ＦＳＸの特徴だ。Ｘは「次の」「次世代の」を意味する。

防衛庁（現・防衛省）は一九八〇年代に入るや、それまでのＦ１に替わるＦＳＸの機種選定の作業を本格化させる。だが、結論は当初から決まっていた。

「Ｆ１は国産ながら、その性能の良さに高い評価が与えられている。当然のことながら、ＦＳＸも国産にする」

これこそ、自衛隊や国防産業関係者らが、長く願ってやまないことだった。「零（ゼロ）戦」の実績がある日本の航空機製造技術も、戦後長らく「冬眠を余儀なくされてきた」（防衛産業のワシントン駐在員）。だが、F1などで手慣らしを重ねてきた結果、今や、より本格的な戦闘機づくりも可能だ――。彼ら防衛産業関係者らの思いは、間違いなく、その方向に向かっていた。

しかし、八六年一月、ハワイで開かれた日米防衛事務レベル協議で、事態は一転する。アメリカ側が突然、FSXの日米共同開発案を持ち出したのだ。

「ソ連の脅威に対し、一致して備える。それが西側同盟を支える考え方だ。兵器開発にしても、各国が勝手にやれば、西側全体として資源の無駄使いになる」

これより三年前の八三年、ウイリアムズバーグ・サミット（先進国首脳会議）で、中曽根康弘首相は「西側の一員としての日本」をかつてなく明確に打ち出すとともに、「一員」としての任務遂行に積極的な姿勢を示した。アメリカによる「共同開発」の提案は、そんな日本の立場を見透かしたものとも言える。

しかも、アメリカは、搦《から》め手からも日本を攻めたてる。この年の暮れ、国防総省が日本に対し強い警告を発したのだ。

「日本の電気機器メーカー・東芝機械は密かにソ連に対し、対共産圏輸出統制委員会（ココム）違反の工作機械を売却。これがソ連の新型原子力潜水艦が航行する際に発する音を小さくした。そのため、ソ連潜水艦の位置をキャッチすることが困難になり、アメリカの対ソ戦略が大きな打撃を被ろうとしている」

警告を発した事実は翌八七年の春から、ワシントンの保守系新聞などを通じて漏れ出す。これが「東芝機械事件」であり、以来、日本批判のオクターブが高まる。米議会の公聴会で、ヘレン・ベントリー議員（メリーランド州選出）は、まくしたてた。

「日本は自ら『西側の一員』だと言いながら、マネーのためには何でもやる。その結果、西側防衛の最前線に立つアメリカの若者たちが、命の危険にさらされている」

そのような流れの中で、この年も八月に入ったあたりから、防衛庁もＦＳＸの「国産化断念」に傾く。このままでは、日米安保体制そのものを揺るがしかねない、という危機感からだった。

こんな現状を目の前に、日本国内、特に自衛隊や防衛産業関係者の間ではアメリカへの反発が強まる。それほどに「国産化」は彼らにとっての悲願であったのだ。

ワシントンの筆者のもとに、ある夜、東京の防衛庁筋から電話がかかってきたのは、その矢先だった。

「とうとう〝Ｚ指令〟が出たらしいんですよ」

Ｚとは当時、中曽根内閣きってのある実力者のこと。指令は「秘密」とされ、電話の主も、そのすべては把握しきれていなかった。しかし、その後に得たさまざまな情報をも総合すると、指令は、それから数日後、アメリカに向け出発する、民間の重機械メーカー数社の幹部たちで組織された「ＦＳＸ合同研究会」の調査団に対し発せられたのだとわかってくる。

「調査団はアメリカ滞在中、一切、外部と接触しないこと。調査報告をどう書くかは、皆さん、わかっていらっしゃるでしょうな」

後半部分はいかにも漠然としている。しかし、調査団の面々にはすでにわかっていたのだ。

「ＦＳＸについては、アメリカ製戦闘機を基礎にした共同開発が望ましい」

日本にとって、これを「妥協」と言うか「譲歩」と言うか、あるいは「全面降伏」と言うか。その解釈はいろいろあり得る。ただ、この指令が発せられた瞬間、ＦＳＸ国産化の道は閉ざされた、というしかない。

「やはり、アメリカには勝てないのですかね」

その夜、電話の主が最後に発した言葉が、今でも筆者の耳に残っている。

結局、この年の一〇月、防衛庁長官の栗原祐幸がワシントンを訪れ、ワインバーガー国防長官と会談して合意が成立する。

「FSXには、アメリカの既存機であるF15かF16の改造型を採用する」

しかも、この問題は、さらに尾を引く。

合意成立から一年後の八八年一一月、日米両政府は「共同開発に関する交換公文と細目取り決め」を交わし、一二月には日本政府が「共同開発」を決定する。だが、年が明けた八九年一月、レーガンからブッシュ（父）政権に引き継がれるや、米議会が再び騒ぎ出す。これに呼応するように、アメリカ政府も日本に対し、次々に難問を突き付ける。例えば、議会で「共同開発は、日本にアメリカの技術が流出し、日本を利するだけ」という声が高まるや、「アメリカから提供された技術を、FSX以外には応用しない」との約束を日本側に迫る――といった具合。あげくの果てに、すでに両国間で正式に取り交わされていた「交換公文と細目取り決め」の一部を一方的に破棄するまでに至る。

「FSXと聞くたびに、不快な気持ちが戻ってくる」

その後長く、防衛関係者らの間では、そんな言葉がやり取りされ続ける。

実際、この問題は取材していても、不可解、時には理不尽、と思わずにはいられないことが少なかった。一つは、純軍事的に見て、日本がFSXを国産化することが、アメリカにとって持つ意味についてだ。日本だけでなく、アメリカ側の専門家にもいろいろ聞いたが、答えの趣旨は一致していた。

「何の意味もない。日本に対し、言いがかりをつける材料にしているだけさ」

これが「東芝機械事件」となると、さらに疑問が多い。象徴的だったのは、国防総省が八八年二月、議会にそっと提示した『見解』だ。

「東芝機械が違法に輸出した工作機械が、わが国にどれほどの損害を与えたかはわからない。なぜなら、この違法輸出が行われる前の時点から、すでにソ連の潜水艦のスクリュー音は小さくなり始めていたからだ」

違法輸出の事実は消しようもない。その責任は問われるべきだろう。それにしても、「同盟」とは何なのか——を考えざるを得ない瞬間だった。すでに、東芝機械や輸出にかかわった商社の幹部は逮捕され、通産省も東芝機械に対し、共産圏諸国への輸出の一年間禁止を申し渡していた。加えて、東芝機械だけでなく東芝本体の会長までもが辞任して、アメリカに対する「恭順の意」を詳らかにした後のことなのだから。

とはいえ、ここで受け止めるべきは、その手法の是非よりも、この時期、アメリカは日本を徹底的に試そうとしていた、という事実の重みだろう。

繰り返しになるが、冷戦が大詰めに差しかかっていた当時、アメリカは自らの力の衰えに、内心おびえながら、しかし、と言うより、だからこそ覇権国としての地位を断固守る、との思いをかつてなく強める。それは、ソ連を凌駕し勝利する、との思いの一方で、足元の「西側世界」においても、「第二位の国」が一線を越えてアメリカを脅かすほどに距離を縮めることは、決して許さない。具体的には、首をもたげようとする日本を押さえ込むための手段を尽くしながら、日本の真意、また、その勢いの強さを見究めようとした。その格好の場がFSX問題だった、と言うしかない。

その後、FSXは、F1の後継機ということで、「F2」と呼ばれるようになる。そして今、「F3」の開発がいよいよ本格化しようとしている。正式名称は「NGF（次世代戦闘機）」。日本政府は二〇二〇年度予算に設計費など計二八〇億円を計上したばかりだ。

ところで、FSX問題での攻防をも経て、アメリカはどんな結論を出したのか。筆者のように、これを継続的に見ていた者には、いたって明瞭であった。

「どう見ても、日本に、超大国化、覇権国化への思いはない」

例えば、ＦＳＸの機種選定で栗原防衛庁長官は、アメリカの既存機の導入を迫るワインバーガー国防長官との対決を乗り越え、共同開発にまで押し戻した。

「栗原は本当に手ごわい、タフ・ネゴシエイターであった」

アメリカ側からもこういう声が出るぐらい、長官でありながら、自らが先頭に立って戦う栗原への評価は高かった。官僚を含め、個々の事例では、このように〝戦う姿勢〟が見られる場面も少なからずあった。しかし問題は、これを〝チーム日本〟全体として見たとき、果たして、どこまで戦う意志、体制が整っていたのか。という以上に、アメリカ側に、日本側の戦う意志は伝わっていたのか、と言うことだろう。

この点で興味深いのが、国際政治学者で一九八七〜八八年、アメリカ政治学会の会長を務めたケネス・ウォルツが、冷戦終結後まもなくに語った言葉だ。

「国際政治において積極的な役割を果たそうとしない日本は、大国の属性をすべて兼ね備えていながら孤立主義から抜け出そうとしなかった一九世紀終わりのアメリカと似ている」

「プラザ合意」の際に言及したモースや某政府高官、そして、このウォルツの言葉から読み取れるのは、冷戦が終わるか否かの時期までにはすでに、アメリカは、日本が同じ「西側圏」の中とはいえ、あくまで、アメリカに次ぐ〝ジュニア・パートナー〟であることに甘んじる存在なのを確信しつつあった、ということだろう。

日米同盟の再定義と「米欧同盟」

後の章でもあらためて触れるが、冷戦の終結をうけ、「湾岸戦争」の際の日本のありさまなどを目の当たりにしたあと、アメリカは日米同盟の再定義に奔走する。その渦中にも、さまざまな摩擦があり、「日本は日米同盟から離反していくのか」という声が、アメリカサイドからたびたび、漏れ聞こえてきたのは間違いない。

しかし、あえて踏み込むなら、この段階に差しかかるころにはすでに、アメリカは、日本についての見究めを基本的に済ましていた。そう思える。

「日本には、『日米同盟』に代わる構想、さらに言うなら戦略を打ち立てるにしては、意志、迫力が欠け、また国民的な盛り上がりもない」

これこそが、アメリカが日本について下した〝最終判決〟だったのだ。

そして、このころから、「構造協議」で日本側が感じた「理不尽さ」ほどではないにしても、冷戦下の当時以上に、随所に、アメリカ側の日本に対する「強引さ」が目につくようになる。うがった見方をするなら、アメリカが表面的にはいかに「日本大事」を装うとも、内心では、すでに日本への恐れ、あるいは畏敬ともいえる感情をほとんど消滅させていた、ということだろう。つまり、アメリカにとって日本は、今や〝安全パイ〟になったのだ。

それにつれて、いわゆる「ジャパン・ハンドラー」とも呼ばれる、アメリカにおける〝日本通〟の一群はともかく、アメリカの中枢部にいる人物たちの、日本に対する関心、知識を後退させていく速度が高まる。しかも、以降、この傾向は、今日に至るまで継続している、と言うしかない。

「日本のように、自国の安全保障を他国に頼って平気な国を、われわれは『同盟』の相手とはみなさなくなるかも」

これは二〇一八年の春先、つい最近まで米軍の最高幹部の一人だった将軍が、「日米同盟」を研究する日本人D氏に対し放った言葉だ。驚いたD氏は、日本の国防予算は、すでに世界八位にまで達していることなどを必死に説明し、理解を求めたが、それにしても受けたショックは大きかった。

「まだ、アメリカが日本についての関心・興味をもっていてくれている間は良かった。『ジャパン・ハンドラー』に何か伝えれば、その内容がワシントン中に広がった。でも、今はダメなんです。それこそシャカリキになって、相手かまわず、とにかく日本について、そして、アジアについて情報を提供し続けなければならない」

D氏はそのうえで、嘆息交じりに加えた。

「その意味で、今の日米関係は、戦後、長く見てきた中でも、一番危険な状況にあると思えてなりません」

もっとも、ここでは、もう一つ重要なことがある。アメリカにとっての「日米同盟」を見つめるだけでなく、アメリカと他の国々との同盟・連携の現実を知り、それらとの比較をしながら、世界の中での「日米」を見直し、今後を考える必要性だ。

その意味でぜひとも欠かせないのが、歴史的に深く、長く維持されてきた「米欧同盟」の解明だろう。

トランプ政権の発足以来、聞く者が思わず立ちつくしてしまうほどに、大統領の口からヨーロッパに向けて放たれる発言は激しく、また不謹慎としか言いようのないほどに感情にまかせたものが続く。「米欧」はすでに破産してしまっているのでは。そう思っても不思議ではないほどに、だ。

「NATO（北大西洋条約機構）は、敵だ」

アメリカの国防予算がGDPの三・五％近いのに対し、NATO加盟国の国防予算は、とてもこれには及ばない。そのため二〇一四年、NATOの首脳会議は、各国が「二四年までに二％以上とする」ことを目標として打ち出したが、トランプ発言は、未だ一・二％にとどまるドイツをはじめ、なかなかこれに達しそうにない国々に対する不満から発したものだ。

吠えるトランプ大統領に対し、ドイツのメルケル首相は、米軍の駐留が続くアフガニスタンに、NATO内でアメリカに次ぎ、ドイツは二番目に多く派兵していることに言及しながら、反論した。

「ドイツもまた、アメリカの国益を守っている」

それでも、トランプは止まらない。その〝毒矢〟はフランスにも向かう。マクロン大統領が通商問題について「中国問題は共通だから、一緒に対応しよう」と水を向けると、こうトランプ節を炸裂させたのだ。

「EUは中国よりも悪い」

そうなれば、〝悪い〟EUからの「強硬な離脱」でなく、「穏健な離脱」によるブレグジットを模索するイギリスのメイ首相（当時）に向け、容赦ない言葉が放たれるのは当然の道筋だったと言えよう。「アメリカにとってイギリスは、特別な中でも特上な関係だ」と前置きしながらも、トランプは言い放った。

「（穏健な離脱が実現されるなら）米英の貿易協定締結のチャンスもなくなる」

これには、イギリス国民の、「穏健離脱」支持者だけでなく、「強硬離脱」派さえも黙っていなかった。一八年七月、トランプが訪英した際、ロンドンの・トラファルガー広場に繰り出したデモ隊は、次のように大書したプラカードを掲げながら行進したのだ。

「英米は特別な関係だって？　それなら、われわれは離婚を望む」

それでも、視点を変えれば、アメリカとヨーロッパの関係の危機の度合いは、まだこの程度にとどまっている、と見られないこともない。だが――

「欧州を代表する知性」ともいわれるジャック・アタリは一八年一〇月、ブレグジットに対し、厳しい対応に踏み出しつつあったEUに関連し、「イギリスと仲たがいし、アメリカともそりが合わないEUの未来は困難に思えるが」と質問されたのに答え、つぎのように断言してみせた。

「もはやアメリカは同盟国ではなく、競争相手だ」

米欧間の絆の強さ、奥深さは計りしれないところがある。長く、そう思い続けてきたわれわれにとって、今の「米欧」を理解するのは、より困難と言うしかない。

では、これからの「米欧」を考えるための手がかりはないのか。そう考えた時、「参考になるのでは」と思える素材がないわけではない。「一九六〇年代の物語」が、それだ。

その当時、つまり「六〇年代」に、一体、何が起こったのか。米外交官から歴史学者となったロナルド・スティールは六四年に出版した『同盟の終り』で、まず二つのこと――「兵器の革命」と「強大な経済力と政治的進出性を備えたヨーロッパの建設」を挙げている。

四〇年代の末にソ連が核実験に成功したため、ヨーロッパにとっての最大の脅威は、それまでの「ソ連の直接的な侵略」から、「米ソ間の核戦争」に移る。もし、核戦争が勃発すれば、ヨーロッパ全体は死に絶える。そのため、ヨーロッパの将来は、NATO、つまりアメリカとの軍事同盟の中にとどまることではなく、米ソ間にあって「しかるべき位置を占める第三勢力になること」こそにある、という思いが強くなる。これが「兵器の革命」のもたらした意味というわけだ。

もう一つの「強大なヨーロッパの建設」とは、このように米ソ間の対立が深まるのをよそ目に、西ドイツを筆頭にした各国が、自国の経済復興に全力をあげて、経済強国にさえなりかけている事実を指す。

スティールは、その結果、生じたのが次のような現実だという。

「戦後三代の政権〔トルーマン、アイゼンハワー、ケネディ〕を通じて、アメリカの外交政策の礎石となってきた『大西洋同盟』は、ヨーロッパの新しいナショナリズムと、ソ連〔から〕の〔直接的な＝筆者注〕軍事的脅威の明らかな衰退という衝撃を受けて崩壊し始めている」

つまり二つの大変動が、「米欧同盟」を瀕死の淵に立たしめた――とアメリカは真剣に考えるようになる。そして、一挙に高まったのが、西ヨーロッパ諸国に対するアメリカの強烈な不信感だった。

「アメリカの青年が二か年の兵役に取られているというのに、たいていのヨーロッパ諸国は兵役を一年半あるいは一年に切り下げ、イギリスにいたっては徴兵制度を完全にやめてしまった」

「アメリカの調査研究上の優れた技術が原爆や広大な宇宙に注ぎ込まれている間に、ヨーロッパの人たちは自国の産業を近代化することにいそしみ、今日ではかつて我々が誇っていた分野でアメリカを追い抜きつつあるのだ」

これらは、今のトランプの対ヨーロッパ、あるいは中国批判だ、と言われても、「そうだ」と思う人間がたくさんいるのではないか。

それでも、その後五〇年以上を、何とか「米欧」は一緒にやってきた。そう考えれば、「米欧」は依然強固なのだ、と言えないこともない。ただ、その間も、アメリカのヨーロッパに対する批判、不満は収束するどころか、むしろ確実に増殖してきた。それは、〝片思い〟とさえ思われるほどに、西ヨーロッパに、そして、NATOにのめり込んできたアメリカゆえの怨念、と言えないこともないだろう。

「西ヨーロッパとの同盟に生命と財産をささげてきたわれわれ」

スティールが『同盟の終り』にそっと挟み込んだ一言は、その意味で忘れがたい。

このように「米欧」の軌跡をたどってきた時、次のような一つの構図が見えてくる。

「アメリカは、歴史的、また文化的にも親しみと郷愁を持つヨーロッパに対し、半ば当然のことのように、大いなる犠牲をも受け入れ、全力でその『守り』にはせ参じ続けてきた。が、いつしか、そんなヨーロッパからの『裏切り』に気づく。

深く傷ついたアメリカは次第に、日本に対する独特なありよう――つまり、経済面でも安全保障面でも、日本が自分の地位に、やたら近づいてくることは、絶対に許さない。しかし、相手が『従順』である限り、少々の『行き過ぎ』は大目に見て、〝友達ごっこ〟も辞さない――を自らの胸の内で育むようになる。そして、ある日、気づいてみると、アメリカにとって、日本こそが、唯一、一息つける相手になっていた」

こう考えると、冷戦の後半から冷戦終結後の二一世紀への変わり目あたりにかけて、アメリカが日本の「野望」の「先」を必死に見究めようとしたのも、実は「日本はヨーロッパのようではない」ことを確認するための手続きだったのでは、とさえ思えてくるではないか。

「トゥキディデスの罠」の現代的展開

そんなアメリカの姿勢が、思わず露出しているように見える事例がある。

「勃興する新興国が覇権国に取って代わろうとする時、国際関係に構造的なストレスが生じて、暴力的な衝突が起こる」

これが、二〇一七年に出版された、グレアム・アリソンの『米中戦争前夜』のメーン・テーマ「トゥキディデスの罠」だ。アリソンは、過去五〇〇年間に見られた『罠』一六の実例を挙げ、うち一二のケースで現に戦火に及んだ――という歴史的事実を列挙するが、われわれにとって特に注目されるのは、これら一六の実例を収めた「ケースファイル」だ。

この中で日本は二回、顔を出す。第一回は、日清戦争と日露戦争であり、一九世紀末から二〇世紀初めにかけて、覇権国である清国とロシアに対する新興国・日本の挑戦、という構図が展開される。そして二つ目が、二〇世紀半ばの覇権国・アメリカに対する新興国・日本の挑戦、というわけだ。

ところで、注目されるのは、「ファイル」の最後に掲げられているのが「英仏 vs ドイツ」であること。時期は「一九九〇年代〜現在」。冷戦の終結を受け、一挙に成し遂げられた「統一」によって誕生した

「新生ドイツ」。これに対し、イギリス、フランスが強い警戒感を持ったため、「罠」が現実のものとなりかねない状況が出現した、というわけだ。

「ドイツ人は、ヒトラーが戦争で手に入れられなかったものを、平和の中で手に入れるだろう」

当時、イギリス首相サッチャーが発した言葉が、緊迫した雰囲気を物語る。が、戦火を交えるまでに至らなかったのは、ドイツが「経済成長に応じて軍事費を増やせば紛争が起きやすくなること、そして、ライバル間の根深い不信感を克服するには、友好的な態度を示し続けるしかないことを学んできた」結果、というのがアリソンの判定だ。

しかし、見逃がせないのは、「英仏vsドイツ」と時期的にほぼ重なる「米vs日」の〝激しい対立〟が、このケースファイルには含まれていない点だ。

「英仏vsドイツ」の場合と同じように、日本も「経済成長に応じた軍事増強」にまでは踏み込まなかった、と言っていいだろう。ただ、日米両国の経済規模やその発展速度、また、その間に生じた〝摩擦〟の激しさから言うなら、にらみ合いの過激度は「英仏vsドイツ」を上回っていた、と見えなくもない。

「われわれは今、日本と戦争をしているのだ」

アメリカ側の交渉団の一人がこう言い放ったのは一九八六年、ワシントンで行われた日米半導体交渉の席でだった。

要は比較の問題だが、ここでわれわれが注目すべきは、「覇権争い」に絡む／絡まないを判断する際の、著者アリソンの視点のありようだろう。つまり、経済力は、ドイツより間違いなく大きく、まして、「経済戦争」の激しさは相当なものであったとしても、日本には、覇権国アメリカに戦いを挑む「意志」はなかった、という前提が、アリソンの中にはある。だからこそ、このケースファイルから、「米vs日」の対立が外されたのであり、そして、これこそがアメリカの標準的な捉え方なのだ、ということだろう。

はたして、覇権国の側から、このように捉えられる「関係」が、非覇権国たる国——日本にとって幸せで、歓迎されるべきことなのか。アリソンは、この点について何も触れていないが。

この章は、日本の自衛隊最高幹部のポストから退いたばかりの人物が、一八年の夏、うめくように漏らした、次のような言葉を配して、締めくくりたい。

「中国のありようを考えるなら、アメリカの方がまだマシだ。確かにアメリカと付き合っていて、頭にくることは決して少なくない。でも、われわれは『日米同盟』で行くしかないのだ」

第3章

中国を大国に育てたアメリカ

米国は騙されたのか？

九〇年代以降の中国は、
米国にとって病みつきになるほど美味な果実へと成長した

阿南友亮（政治学者）
著書『中国はなぜ軍拡を続けるのか』より

彼ら〔中国共産党〕は、
これまで私とアメリカ政府を騙していた

親中派の米政府官僚だったマイケル・ピルズベリー
著書『China2049』より

今はいいが、いつか、〔中国が〕手ごわい存在になるかもな

大平正芳
1972年9月、田中角栄首相（当時）の訪中に、外相として同行し、
「日中国交正常化」を成し遂げた帰途の機中で、森田一秘書官に漏らした言葉

その夜のことは、いまだに鮮明に筆者の網膜に残っている。それほどに印象は強烈だった。一九九二年一〇月二七日、中国・上海の目抜き通り「南京路」でのこと。主役は平成の天皇・皇后両陛下、そして多数の上海市民だ。

天皇の中国訪問の旅は、それこそ歴史上、初めてのことだった。翌二八日が六日間の旅の最終日。その前夜に、両陛下は上海市の中心部の視察に出かけられる。この旅に同行した筆者は、その総仕上げともいえる「南京路」をお二人の車が通過する際の光景を取材しようと、繁華街のほぼ中央部の歩道上に陣取り、車の到着を待っていた。

中国国民の対日感情は当時、決して「良好」とは見られていなかった。そのため、最初の訪問地・北京から、両陛下の車での移動は、常に厳重にガードされる。道路の両側には兵士が並び、サイレンを鳴らしたパトカーに先導され、車は猛スピードで駆け抜ける。われわれもそれが当然のことと思い込んでいた。

だが、これに両陛下が異議を出されたのだ。

「もっと市民と接したい」

このため、四日目の西安で、車の時速は最高でも三〇キロにまで減速される。これに相和すかのように、車の中から沿道に向かって手を振る両陛下を見ようとする人の数が、次第に増える。そのクライマックスが中国屈指の大都市・上海で、ということになる。

さすがに、減速を自重するよう求める警備担当の声も大きくなる。しかし、「ぜひに」という両陛下の思いが勝り、さらに速度は一〇キロにまで下げられた。筆者自身、ようやく見えてきたお車のあまりに悠々としたありさまに驚く。しかも、沿道の人々は、手を振る両陛下の姿を見ようと、窓をのぞき込むまでに接近する。見ている方が緊張した。

が、次の瞬間、車はすでに目の前を過ぎていた。何事もなく。

「笑顔もて迎へられつつ上海の灯ともる街を車にて行く」

のちに天皇陛下が詠まれた御製だ。この夜、沿道を埋めた人の数は三〇万人を超えた、とも言われる。

それまでにも、この旅の途次、一般市民との交歓の場面がなかったわけではない。だが、万里の長城で陛下を迎えたのは、間違いなく偽装した観光客であった。彼らの仕草はぎこちなく、しかも、その日は、長城の遥か二〇キロ以上手前の地点で交通は止められていたのだから。他も皆、同じだった。

それが三〇万人ともなると、それをすべてエキストラで満たせるものなのか。大いなる疑問が残った。しかし、帰国して、ある公安関係者に会った時だ。「まさか」と思いながら問う筆者に対し、彼はさらっと言いのけた。

「あれ、間違いなく『官製』でしたよ」

これを「あり得ない」と否定する声もある。真相はどうか、いまだに確証はない。それにしても明らかなのは、この旅行にかけた日本、中国の双方、なかんずく、中国サイドの必死の思いだろう。

これよりちょうど一四年前の七八年一〇月、鄧小平（当時は副首相）が来日、昭和天皇に会見した。その後、中国側は天皇の訪中を再三、招請する。日本側には慎重論も多かったが、八九年の代替わりを機に検討が進む。そしてようやく実現した天皇訪中に、中国側が「何としても成功させなければ」との思いで臨んだのはうなずける。

これに応えるように、天皇は訪問初日、北京市内の人民大会堂で開かれた楊尚昆国家主席主宰の晩さん会でこうあいさつされた。

「わが国が中国国民に対し多大の苦難を与えた不幸な一時期がありました。これは私の深く悲しみとするところであります」

会場からは万雷の拍手が鳴り響いた。

そんな両陛下の旅が「無事」に終了することが、中国側の至上課題であり、その総仕上げともいえる場面が「南京路の夜」だったのだ。

独自路線を演出した「南京路の夜」

もっとも、この夜の光景を忘れ得ず、いまだに鮮明に思い出すのは、「そこまでやるか!?」と思えるほどに、中国が発する「凄み《すご》」ゆえ、というだけではない。この「天皇訪中」が、戦後の日本が主体的に取り組んだ、外交史の中でもそうはない「大技」であったこと。加えて、もしや、これこそが、今や現実のものになりつつあるかに見える「米中対決時代の到来」への引き金になった可能性もあるのだろうか、と考えることが少なくないからでもある。

ことは「南京路の夜」より三年余前の一九八九年六月、北京の中心部で発生した「第二次・天安門事件」から始まる。

この年四月、中国共産党内の改革派指導者、胡耀邦元総書記の死を受け、追悼のため天安門広場に集まった学生らがデモを組織、「民主化の推進」などを叫ぶ。これが全国に拡大する気配を見せたことなどから、危機感を強めた共産党指導部は、学生らの動きを「動乱」と断定し、三日夜から四日朝にかけ人民解放軍の部隊を投入、武力制圧した。

死者は三一九人と発表されたが、実際には一万人以上との説さえある。そのあまりにすさまじい光景に世界は驚愕する。五月にゴルバチョフ・ソ連書記長の訪中があったことなどもあり、その後も北京にいた各国の報道機関を通じ、その光景が世界に流されたのだ。

「ようやく『文化大革命』の悪夢から脱出したはずの中国」

そんな世界の思いが、一挙に粉砕された瞬間だった。

「私は期待する。私が〝文字の獄〟の最後の被害者になることを」

これは、現場で学生を指導し、投獄され、二〇一〇年にノーベル平和賞の受賞者となった（中国政府の妨害で、授賞式には出席できなかった）劉暁波の言葉だ。「文字の獄」は「思想弾圧」を意味する。アメリカをはじめ西側の諸国は、これを「民主主義への挑戦」とみなし、一斉に中国に対する経済制裁に踏み切る。日本も第三次円借款の供与を中断。このため、中国の経済成長率は八八年の一一・三％から、八九年には一挙に四・一％にまで急減速し、改革・開放路線の「破綻」がちらつくほどになる。

そんな中、日本は「独自外交」を模索する。まず事件後まもなく、「中国の孤立化は望ましくない」とする姿勢を、国際社会に向かって鮮明にする。さらに、翌九〇年には、円借款交渉を再開する意向であることを、明らかにしたのだ。

プラザ合意以降の円高を背景に、生産拠点をアジア各国に移動させ始めていた日本企業にとって、労賃の安い中国は格好の対象であった。このような背景もあってか、政権を担当する自民党内閣は当時、相次いで「親中」路線を打ち出していた。

しかし、そんな経済面での考慮があったのは事実としても、「天皇訪中」実現に向け、いつになく明確な政治主導で外交が進められた点は特筆されていいだろう。そこに、折からの「冷戦終結」を受け、アジアの中で、日本としての新たな独自路線を打ち出したい、という思いがあったことは否定し得ない。

中国は、このような日本側の思い、動きを見据えたうえで、「天皇訪中の成功」という的に狙いをすまし、渾身の矢を放ったのだ。そして、それがものの見事に命中する。当時、中国の副首相（外交担当）

て余りある。

だった銭其琛が後に回顧録『外交十記』の中で記した一節は、そんな中国の高揚感を、いかんなく物語って余りある。

「日本の天皇がこの時期に訪中したことは、〔天安門事件を受けた〕西側の対中制裁を打破するうえで、積極的な作用を発揮したのであり、その意義は明らかに中日の二国間関係の範囲を超えたものだった」

果たして、あの日、上海・南京路を中心に繰り出した人間の数は、本当に三〇万にも達していたのか。また、そのすべてが「官製」であったのか——はともかく、「市民と接したい」との両陛下の思いを受け、これに最大限、応じる姿勢を示し、「天皇訪中」を成功させる。そのためとあれば、中国が、あらゆることをやる構えであったであろうことは、想像に難くない。

以来、すでに四半世紀余が過ぎた。

第1章から見てきたように、この年月は、中国のみならず、世界にとって極めて大きな意味を持つ一時代であった。「冷戦」の終焉は、世界に対し解放感を与えると同時に、「冷戦後の世界の構図は、どうあるべきか」への模索を否応なく迫る。世界の中に全くの「真空状態」ができるのは、人間の歴史の中でもあり得なかった。「ソ連」がいなくなれば、その代わりの存在が、空いたスペースを埋める必要があるのだ——とでも言わんばかりの多様な動きが交錯し、これを見る者に強い印象を残したのは間違いない。

この間に、さまざまなことが起こった。中でも最もドラスティックだったのは「9・11（アメリカ同時多発テロ）」だと言えば、これに異議を唱える向きは少ないだろう。

「多くのアメリカ人は、ナインイレブンをきっかけに能天気な楽園から、引きずり下ろされてしまった」

米現代政治を研究する前嶋和弘はこう振り返る。

アメリカが動揺すれば、その存在の大きさゆえに世界をも揺るがす。ただ、「9・11」が、サミュエル・

ハンチントンの言う〝文明の衝突〟の具現であった、との見方には疑問を呈する向きも少なくない。「9・11」を引き起こしたアルカイーダの行動を、「イスラムの総意を体現したもの」と言い切るには、傍証からしても無理が大きい。それに、現在のイスラムは、「総意」を持てるほどに、まとまってはいない。

これに比べ、劇的さでは劣るものの、はるかに持続力があり、迫力に満ちている〝事件〟があった。中国の「勃興」だ。

そう考えると、この期間は、「9・11」という変化球はあったものの、なんといっても、「冷戦後」が「米中対決」の時代に切り替わる——。そんな予感を世界に与えた時であった、と言うべきなのだろう。

「数年、行かないでいると、中国は別世界になっている」

こんな感想を、この数十年、いったい何人の友人、知人から聞いたことだろうか。筆者自身も、これに異論はない。

初めて中国を訪れたのは八〇年の末、初の日中閣僚会議の際だった。お祭り気分が溢れ、白酒の盃が交わされる人民大会堂はともかく、何よりも、われわれの目の前にあって強い印象を残したのは、「開発途上国」そのままの中国の姿だった。北京の中心部から半歩出れば、豚が農家の子どもたちと追いかけっこをしている。王府井にはネオンはおろか街灯もほとんどなく、夜でも寂しく、「繁華街」の面影は希薄だった。

だが、そんな中国がその後、瞬く間に、すさまじいまでの変貌を遂げる。街並みなどの眺望もさることながら、訪れるたびに実感するのは、何より、人の変わりようだ。

言うまでもなく、すべてではない。が、筆者自身も体験したことだが、特に世間的に地位の高い人々の、時に「後ろにひっくり返るのでは」と思えるほどの胸の張り方には、目を見張るしかない。そして、思わず考える。

「昔、中国を訪れた外国の使節は、こんな感じの皇帝の前で、叩頭《こうとう》を強いられたのだろうか」

「叩頭」とは、両手を地面に置き、額を地につける、中国古来の礼拝の一つだ。主に皇帝への謁見の際などに行われるものであり、近世に入り、ヨーロッパからの使節が「臣下の礼」として強いられ、これに従うかどうかが問題とされるようなこともあった。中国側の指示に従わなかったため、いくら交渉しても成果を挙げられない、というケースも出現した。

それほどに、中国はこの四〇年ばかりの間に、成長し、拡大し、力を備え、富を蓄えた。その配分が、どんなに偏ったものであったとしても、中国の力が上昇したことは否定しようもないだろう。

それでなくとも、ここ二〇〇年、中国が歩んできた道のりを振り返れば、その起伏の多さ、大きさは、並大抵のものでないことに、あらためて気づく。

アヘン戦争、清朝の滅亡と中華民国の成立、そして、共産革命。そのあげく、五〇年代末から数年間に、毛沢東が推し進めた「大躍進政策」だけで、処刑者、餓死者など犠牲者が七千万人に及んだ——といった推計さえあるほど、その歴史は「すさまじさ」「途方もなさ」で満ち満ちている。その結果と言うべきか、七〇年代の末でさえ、中国は「世界の最貧国の一つ」であった。

であればこそ、そこから抜け出したい、という思いが、どれほど、熱いものであるかは、推して知るべしだろう。そこから噴出し、一挙に勢いをつけたのが「豊かさ」への挑戦であり、まず何よりも経済的な利益を重視する歩み——いや〝強行軍〟であった。

「合法より合理」

この間の中国を支えた考え方のひとつが、これだ。一方で「社会主義」の看板を捨てられない以上、市場経済といっても、それにふさわしい法体系の整備は進みにくい。そのために、法や、世の中の「正義」

には、必ずしもそぐわないことも少なくない。しかし、たとえ法や道理に反することでも、それが経済の発展、そして国民を経済的に豊かにするのに役立つ――つまり「合理」と言えるなら、とにかく推し進める、というわけだ。

危機克服へ経済の進展を図った中国

そして、その行き着いた先が「天安門事件」だった。

経済的な豊かさの増進は、人々にカネやモノ以上の何かに目を向ける余裕をもたらし、敏感な若者たちが、「自由」や「民主主義」を熱く希求した結果――というわけだ。

「球籍」

事件の前から、中国の学者や学生たちの間で高まっていたのが、この言葉をめぐる論議だった。つまり、社会主義的な制度の問題点はもちろんだが、さらに、儒教などの伝統思想をも含む「中国文化」の全体が原因で、「中国は、地球上における市民権――つまり『球籍』を奪われかねない状況にある」と強調し、国際社会から永遠に取り残されないためにも、改革を急ぐ必要性がある、というのが「球籍論」だった。

だが、その後、事件の解明が進む中で、参加した者たちの関心を分析した結果として、次のような解説が増えてくる。

「事件は、民主化を求める運動というよりは、むしろ、共産党幹部の腐敗や急激なインフレに対する不満から発したもの、という様相が濃厚だ。富の分配の不公平や、これによって引き起こされる経済的地位の低下を是正し、経済的な権利回復を求める、多くの市民や学生による運動だった」

分析者の一人、評論家の葉千栄の指摘を筆者なりに要約するとこうなる。つまり、運動の矛先は、何よりも、「改革・開放」が、期待してきた経済効果を生まない点にこそ向けられていた、ということだろう。

これだけの大事件だけに解釈もさまざまだが、それら全体を通して、見えてくるものがある。民主化運動の激化に直面した中国指導部は、共産党体制の維持のためには、強権をふるうことをも辞さない構えを貫く。と同時に、「とにかく、まず経済の進展を図る」ことこそが危機克服のカギである、との認識をあらためて深めた——という構図だ。

事件後、中国では保守派の台頭で、一時的に「統制経済」復活の兆しも見られなかったわけではない。しかし、当時、事実上の最高権力者であった鄧小平は、「改革・開放」で生産性は高まったものの、輸出が伸びない限り、中国経済は飛躍できそうにないことをこそ懸念していた。そこで考え至ったのが、外国企業の進出をも受け入れながら、中国を「世界の工場」化することだった。

鄧は一九九二年の年明け早々、武漢、深圳、上海など中国南部の都市を訪れ、「天安門事件」以来、低迷していた中国経済を再活性化させるために、「改革・開放の加速」を呼びかける。いわゆる「南巡講話」であり、これによって国内の体制が整ったと考えた彼は、さらに国際的なバックアップを得るきっかけ作りに動きだす。

「天皇訪中の実現 → 絶対成功」

これこそ、くり返しになるが、そこから打ち出された最重要課題だったわけだ。

「日中関係」の難しさは世界も知っている。『中国共産党』の著者であるジャーナリストのリチャード・マクレガーは、距離的に近いだけでなく、歴史的にも交流の深い日中両国が「心理的な距離」を縮められない理由を、こう書く。

「アジアにおける二大大国の間の自然な対抗意識が、戦争の歴史と結びつき、国内政治に埋め込まれてしまった」

そんな中、もし日本が「対中融和」の姿勢を示すことになれば、「天安門事件」以来、中国への姿勢を硬化させた諸外国——中でも、冷戦に勝利し、新たな世界地図を描こうと模索する西側諸国の目も、再び中国に向くのではないか。「天皇訪中」はそのための格好の手法というわけだ。日本は、こんな中国の思いに応じた、ということになる。

鄧の戦略は、文字通り、目覚ましい結果を生む。海外からの直接投資の受け入れ額は九二年からぐっと伸び始め、この年の実行金額は初めて一〇〇億ドルを超え、契約額は前年より五倍近く伸びて六〇〇億ドルに迫る。その勢いが続き、一〇年後の二〇〇二年には、実行金額が過去最高の五二七億ドルに達し、初めてアメリカを上回り、「世界最大の投資受け入れ国」になったのだ。

いよいよ、中国の「社会主義市場経済」への疾走が始まる。経済成長率は九二年に一四・三%を記録、以来、一三年まで、七・五%を切ることのない高成長を続けることになる。

中国の「危険性」をキャッチし得なかったアメリカ

ところで注目すべきは、こんな中国の動向を見ながら、アメリカはどう動いたのか、だろう。

一九九二年から数年の間、日本、アメリカ両国の対中投資額の伸び率は、日本が上回るか、ほぼ同等だった。が、九六年あたりから、アメリカが伸び率を高め、日本の伸びが国内での経済困難などもあり停滞気味であったのをよそに、ひとり急加速。全世界平均の伸び率をも上回り、存在感を高めていく。二〇〇二年には、アメリカ系企業の売上高の総額が、中国の名目GDPの三・三%にまで達することになる。

この間のアメリカの動きには、興味深いものがある。物事の方向が決まるとは、どういうことなのかを、見事なまでに示しているように思えるからだ。

天安門事件が露わにした中国の姿は、ことのほかアメリカを困惑させる。首都・北京の中心部で、反逆者たちを血祭りにして、平然としているかに見える為政者たちと、それを支える絶対的な権力や統治機構がもたらす「専制政治」は、アメリカの対中政策を、「協調重視」から、より「中間的」なものにカジを切らせる。

そもそも、ニクソン政権から始まったアメリカの対中融和策は、冷戦下での「対ソ包囲網」の形成を第一の目標としたものだった。そのため、「冷戦の終結」を受け、「天安門事件」の以前から、アメリカ国内では、すでに対中政策の見直しが論議されていた。

実際、ブッシュ（父）のあとを継いで九三年、大統領に就任したクリントンは、大統領選挙中、特に中国の人権問題を重視し、その「改善」を、中国に対する「最恵国待遇」更新の条件にすることをさえ明言していたのだ。

「アメリカは、独裁者を甘やかさない」

クリントンの胸中に、天安門事件の記憶を安易に消し去るべきではない、との思いがあったのは確かだろう。

だが、大統領に当選後のクリントンは、次第に中国に対する姿勢を転換させる。その間のアメリカの動きについて、かつて対中軍事協力を主張し国防総省などの官僚を務めたマイケル・ピルズベリーは、著書『China 2049』（原著：二〇一五年）の中で、まず、ルービン国家経済会議委員長（後に財務長官に就任）を中心とした〝親中派〟とも呼べるグループが、クリントン政権の中に存在したことを指摘したうえで、次のように断言する。

「その背後に中国がいたことは、まず間違いない」

彼ら〝親中派〟は、中国こそが、アメリカの商品と資本のはけ口であり、アメリカ経済の繁栄に中国は欠かせない、とクリントンを説得する。これが功を奏したのだ。政権は一挙に〝親中国〟にカジを切る。「天皇訪中」から約一年後の九三年末のこと。いわゆる「クリントン・クーデター」と呼ばれるものだ。二〇〇一年、中国の世界貿易機関（WTO）への加盟をアメリカが認めたのも、その流れの中でのことと言える。

これに対し、共和党のブッシュ（子）は、二〇〇〇年の大統領選のさ中、中国を「戦略的な競争相手」として扱うことを明らかにする。このため、ブッシュ政権が正式に発足すれば、クリントン時代とは明確に違う対中政策が打ち出されるはず。そう期待、あるいは懸念する向きもあった。

しかし、現実はそう簡単なものではなかった。ブッシュ（子）は〇一年一月に大統領に就任するや、中国に関し「戦略的な競争相手」という表現をいっさい使わなくなる。

「九〇年代以降の中国は、米国にとって病みつきになるほど美味な果実へと成長した」

政治学者の阿南友亮がこう表現するように、中国相手に得られる経済的な利益にアメリカは魅了され、身動きができなくなっていった、ということだろう。

このあたりの経緯は、ジェームズ・マンの『危険な幻想』に詳しいが、マンの口調は、厳しく激しい。

「〔今後〕中国の政治体制が抑圧的な一党支配のまま続くことになれば、八九年以来の歴代アメリカ政府の対中政策は国民をあざむいていたことになるだろう」

ワシントンの一連の対中政策が、「国民をあざむく」ものであったか否かは、「香港」や「ウイグル」、「コロナ」などをもテーマに加え、今後、さらに精査されることになるだろう。ただ、そんな政策の下で進む「米中」のありようの一端を筆者も目の前にする。九六年の秋も深まるころ、サンフランシスコでのことだった。

当時、カリフォルニア州立大学バークレー校にいた筆者は、同僚の教授から、「中国の企業人がシンポジウムに出席するらしいから、サンフランシスコにまで見に行かないか」と誘われる。行ってみると、ビルの一室に設えられた会場は、五〇人ほどの人間で埋められていた。そこに現れた二人の中国人ビジネスマンは人民服という出で立ちだった。そして、コーディネーターを務めた学者も含め、アメリカ側の参加者のいずれもが、「自由貿易とは何か」を半ば教え諭すかのように、目の前の「中国」に対し、親切で穏やかな対応に終始したのだ。

なぜ、アメリカは、このように「対中融和」への道を走り続けたのか。その理由はさまざまだろう。が、ここでは、アメリカが中国の「危険性」をなかなかキャッチし得なかった、あるいは、キャッチしても、それを真正面から受け止めようとしなかった背景について見てみたい。

まず一つは、あまりに急速な中国の発展ぶりに、「常識」が働ききれず、あるいは「先入観」に惑わされ続けたこと。そして、もう一つが、中国が駆使した「韜光養晦《とうこうようかい》」戦略の〝成果〟であることは確か、と言えるだろう。

九五年二月、アメリカは冷戦後の東アジア政策を総括した形で「東アジア戦略報告」（ＥＡＳＲ＝通称「ナイ・レポート」）をまとめ、東アジアの発展のためには、米軍のプレゼンスが欠かせないとして、日米同盟重視の姿勢を明確にする。これを受けた形で、一一月に決定された日本の「新防衛大綱」は、日本が周辺地域の安全保障に積極的に関与していくことを明確に打ち出し、その後に顕在化する「日米一体化」に向け、大きな歩を進めることになる。

ところで、「大綱」が決定されて間もなくのこと、防衛庁幹部が筆者に対し漏らした言葉は印象的だった。

「現実を見れば、中国より、ロシアの方がはるかに警戒を要する対象だ。ロシアが大量の核兵器を保持しているからだけではない。ロシアが再び真の『脅威』になるまでの時間を計算するなら、二〇年。だが、中国が『脅威』になるまでには一世代、つまり三〇年はかかるだろう」

「報告」「大綱」作成に向けての作業が、日米間の連携を密にして行われてきたことは言うまでもない。であれば、このような中国への見方が、アメリカの見方でもあったことは、まず間違いないだろう。

「中国がアメリカにとって手ごわい相手になり始めている」

アメリカでも、第1章で触れたアーロン・フリードバーグ、そして、その師匠格であり、米国防総省の国防評価室長を長く務め、「帝国の参謀」の異名を奉られたアンドリュー・マーシャルのように、八〇年代にはすでに危機感を深め、中国に対する「緩んだ眼差し」を戒める声は少なくなかった。だが、アメリカの中枢は、中国よりも「イスラム」、あるいは、いまだ膨大な核兵器を保持する「ロシア」が復活することへの恐れのほうに、より的を絞り続けていたというべきだろう。

加えて、中国の歩みも、当時はまだ、遅々としたものに見えていた、という事実は見逃せない。

天安門事件が起こった八九年から九一年にかけての中国経済は、国際借款が途絶えたことなどから、成長率が一時的とはいえ、マイナスに落ち込むほど脆弱なものだった。いや、二〇〇〇年になっても、中国のＧＤＰ（一兆二二五〇万ドル）は未だ、アメリカの一二％程度だった、という言い方もできる。アメリカがなかなか、中国の危険性に気づかなかったのにも、ある意味、やむを得なかった面がある。

そして、もう一つが「韜光養晦」だ。「爪を隠し、才能を覆い隠し、時期を待つ」ことを意味するこの言葉は、中国でも日常的に使われるものではないと言われる。だが、鄧小平は、天安門事件で世界的に孤立状態に陥った中国外交を支え、乗り越えるための心構えとして、これを打ち出したのだ。

「韜光養晦をさらに何年かやって、ようやくそれなりに大きな政治勢力を築くことができるのだ」

これは、九二年四月、鄧小平が周辺に語った際の言葉だと言われる。言葉だけではない。具体的な行動でも、中国は、対外的に突出ぶりを悟られないよう、さまざまな面で腐心した形跡がある。例えば中国が公表した国防費は、八九年から一七年までの約三〇年間に、約四九倍の伸びを見せたわけだが、その増加ぶりを示すグラフを見ると、二〇〇〇年ごろまでの傾斜は、その後に比べはるかに緩やかだ。

いまだ、中国経済に、軍拡予算を急増させる力はなかったから、と言えないこともない。だが、「野菜の生産量の伸び」は、国防費とは逆に九〇年代に右肩上がりの角度が急であったのが、二〇〇〇年代に入るころから角度が穏やかになる。この間、中国は「自分を世界にどう見せるか」で大いなる苦心をした。交差する二つの屈折線は、そんな苦心を物語るもの、と言えないか。

そして、アメリカが中国に対し「緩いとき」は、まだ続く。

ここで重要なのは、「9・11」以降、アメリカの視線はもっぱら、アフガニスタン、イラクに注がれるようになり、「対中国」が疎かになった事実だろう。

「9・11」の前年であった二〇〇〇年のこと。自衛隊最高幹部の一人A氏は、この年も、米軍幹部との意見交換などのため、何度もアメリカを訪れ、米軍施設にも足を延ばした。そんな中、A氏は、ついこのあいだまでとは大きく違った雰囲気を感じる。

「米軍はついに、中国を『敵』とみなすようになったのだ」

軍の考え方は、必ずしもおおっぴらにはされない。が、翌〇一年になると、議会でも、「危険なもの、それは中国」といった趣旨の発言が出始める。この年の四月一日、情報収集中のアメリカのEP3偵察機が、中国の海岸線付近で中国のジェット戦闘機と衝突した。中国機は墜落、米偵察機は海南島に着陸する。その際、二四人の乗務員が拘束されたことで、米中間には近来にない、深刻な軍事対決の様相が深まる。議会も騒がしくなる。

「中国はアメリカの『敵対勢力』であることを自ら示した」（ダナ・ローラバッカー下院議員）
「われわれが中国と交易している間に、中国は戦争の準備をしていたのだ」（ダンカン・ハンター下院議員）
ハンター議員はさらに、中国に対する最恵国待遇の供与を問題視し、その取り消しを盛り込んだ法案まで提出する。だが、それから五か月後の「9・11」が、このような動きを根底からひっくり返したのだ。
所詮、「イフ」の話に過ぎないが……
もし「9・11」がなかったなら、最恵国待遇の取り消しを含め、〝躍進中国〟へのブレーキは相当なものになった可能性が高い。そうなれば、この間の中国の経済成長も思うようには進まなかったのではないか。つまり、中国は、アメリカからの警戒の視線が再び厳しさを増す前に、「9・11」によって、大いなる時間稼ぎをしたことになる。

専門家も「韜光養晦」の中国に騙された

だが、このような「緩い時期」も、いよいよ、終わりの時が近づく。その現実を世界に知らしめた一つが、すでに触れたピルズベリーの著書『China 2049』だった。

「そうそう、聞く言葉ではないいな」

その一瞬、筆者は正直、驚いたことを今でも覚えている。二〇一五年に世に出たこの本の中の、次のような一節に出くわした時のことだ。

「二〇〇八年の世界金融危機（リーマン・ショック）でアメリカ経済が大打撃を受けた時、中国人は、以前から予測されていたアメリカの回復不能な凋落がついに始まったと確信したのだ」

こう書いたうえで、ピルズベリーは告白する。

「それまでは『これからの多極化した世界で、われわれは限定的な指導力を持つことしか考えていない』

と断言していた人が、今では、『共産党は、中国にふさわしい世界的地位を取り戻すという長期的な目標を実現しつつある』と言うようになった。事実上、彼らは、これまで私とアメリカ政府を騙していたと明かしたわけだ」

確かなことは、リーマン・ショックを受けて、中国政府は不況対策として、一挙に四兆元（日本円にして約六四兆円）もの大規模公共事業計画を打ち出したこと。これが、単に中国経済を立ち直らせただけでなく、その効果は世界に及び、「ショック後の世界経済を、中国が支えた」とされるまでになったことだ。ついに中国は「世界に飛び出した」のだ。

それにしても、ピルズベリーの告白で筆者の目を釘付けにしたのは「騙していた」という一語だ。ピルズベリーといえば、ニクソン政権時代から中国の軍事動向などを研究してきた専門家だ。トランプ政権になってからも、国防総省顧問を務めている。そんな人物が「私は騙されていた」などと口にする。どう見ても尋常ではない。

この本が出版されるや、アメリカの外交、あるいは国防政策関係者を中心に、大きな議論を巻き起こしていることは、すでに日本にも伝わってきていた。確かに、その内容は、アメリカ政府にとってのみならず、ショッキングなものであった。

アメリカは、中国に対する「建設的関与（エンゲイジメント）」——強く豊かな国家形成を目指す中国に最大限の支援をする——を進めていけば、いずれ中国は国際社会に積極的に参加し、西側世界の一員としての役割を果たすようになる、と考えてきたはずであった。しかし、ピルズベリーは断言したのだ。

「〔われわれの政策は〕全くの間違いであった。中国は、アメリカに従うふりをしながら、実は、国力の増強にひた走り、中華人民共和国建国から百年にあたる二〇四九年までに、世界に君臨する『覇』を目指しているのだ」

それは、読む者をして、アンガス・マディソン、そして、OECD（経済協力開発機構）が描いた二一世紀半ばの未来予測図が（二五頁参照）、単なる予測ではなく、もはや事実そのものであるように思わせた、といって過言ではない。

ちなみに、この書が出た一五年、IMFは為替の影響を排除した購買力平価（PPP）ベースのGDPでは、中国が同年中にアメリカを抜いて世界一に躍り出るとの見通しをまとめる。これをうけて、経済的格差と不平等の研究で名高いトマ・ピケティらは次のように記した。

「中国が、一九七八年～二〇一五年の経済成長により、貧しい、低開発国から、世界をリードする新興経済大国に昇りつめたことは明白だ」

この年九月、中国の習近平国家主席は就任後初めての訪米を果たし、オバマ大統領と会談。その足でニューヨークに向かい、国連総会で自信タップリに演説する。

「中国は常に世界平和の建設者、世界発展の貢献者、国際秩序の維持者であり、国連憲章の趣旨と原則を核心とする国際秩序と国際体制を引き続き維持する」

『China 2049』の〝功績〟は、ほかでもない。このような状況の中で、アメリカ国民の多くが、中国に対して抱いてきた、漠然とした不安に明確な言葉を与え、対中国に関する流れを変える大きなキッカケとなったことだ。

「われわれは、騙されてきたんだ。ちくしょう!!」

以来、アメリカの、中国に対する「不信感」はジワジワと拡大する。

「米中新冷戦」を印象づけたペンス演説

そして二〇一八年秋、事態はさらに大きく進む。一〇月四日、アメリカのペンス副大統領が、ワシントン市内でこう演説したのだ。

「わが国は中国に自由なアクセスを与え、世界貿易機関（WTO）に招き入れた。経済だけでなく政治的にも、中国が自由を尊重するようになると期待したからだ。しかし、期待は裏切られた」

加えて演説は、二一世紀に入ってからの一七年間だけを見ても、中国経済は九倍に拡大、世界第二位の規模を誇るまでになったこと。だが、これらが実は「公正とは言いがたい為替操作や知的財産の窃取などを駆使してのものだった」と糾弾、「鄧小平の看板政策〔改革・開放〕も、今ではむなしく響く」となじる。

その上で、中国の軍事費がすでに他のアジア諸国のそれを合わせた額に等しいまでになり、「陸・海・空で米国の優位を侵食しようとしている」今、アメリカが中国に手を差し伸べる日々は「終わった」として、こう言い切った。

「われわれははっきりと伝えたい。『大統領は引き下がらない。米国民は惑わされない』と。〔中略〕われわれは中国に対し断固として立ち向かう」

比喩が適切かどうかはともかく、我慢に我慢を重ねた浅野内匠頭が、ついに堪忍袋の緒が切れて、江戸城松の廊下で刃傷に及んだ『忠臣蔵』を彷彿させるようなドラマを感じさせないでもない。世界中に「米中対決を核にした新たな冷戦」に突入したのでは——との見方が広がったのも当然だろう。

あえて言えば、これは「アメリカの常套手段」と言うべきなのかもしれない。建国以来、身に備わった「孤立主義」は、大きな争いや戦いを前にするたびに、アメリカを躊躇させる。第一次世界大戦で、そして第二次世界大戦でも見られたことだ。顕著なのは、「いざ出陣!!」までに、この間合いがあるからこそ、最終的に戦場に歩を進めることになった時、国民は熱くまとまる。また、これを観る諸国も、アメリカが参戦する際の「大義」を疑いにくくなる、というわけだ。

ただ、ここでアメリカとて知らぬ振りはできない事実がある。そもそも、中国をここまでに〝大きく育てた〟主要因の一つは、間違いなく、アメリカ自身が引き起こしたもの、ということだ。

「改革・開放」が鄧小平によって打ち出されて以降の、経済援助や積極投資などだけではない。阿南友亮は「改革・開放」がスタートした翌一九七九年に始まったソ連のアフガン侵攻は、ソ連を脇から牽制するのに好都合な存在として、中国の戦略的価値を高め、その結果、アメリカを筆頭とする欧米諸国では、中国への軍事技術支援の検討が開始されたのだ、と記す。

実際、次のような話が八〇年代の半ば、ワシントンの一部に流れたことがある。

「中国のロケット製作現場を訪れた日本の科学者が、思わず息をのんだ。ロケットの心臓部に、『安全保障上の理由』を盾に、日本への提供を拒否されているアメリカの高度技術が生かされていることを、見出したからだ」

当時、ワシントン駐在だった筆者は早速、アメリカ政府要人や軍事専門家を訪ねては、聞いて回った。しかし、答えは「少なくとも私は知らない」ばかり。が、その時の、どこか煮え切らない反応を振り返るにつけ、阿南の言う「軍事技術支援の検討」はすでに進んでいた可能性が高い、と思わざるを得ない。

アメリカは、このような数々を胸に抱えているためだろうか。「米中対立」のドラマを、やたらものものしく、騒々しいものにし、見る者に「過去」のことなど考えさせないようにしている、という気配を感じるのは筆者だけではないだろう。その意味では、たとえ今、トランプ以外の人物が大統領であったとしても、同じようなことが見られた可能性がある。

追随者として「冷戦の勝者」だった日本

さて、ここからは、「日本」そして「日米」に視線を移したい。

冷戦の終結に際しては、日本もまた「勝者」の立場にあった、と言える。同盟国として、共通の「敵」であるソ連と〝戦って〟きたのだから、当然と言えば当然だろう。ただ、だからと言って、この地点に至って、日本とアメリカが立ち向かおうとしている現実までが、同じであるわけでは、もちろんない。そもそも、同盟の主導国と、表現はどうあれ、それに「追随」してきた国が直面する状況が同じであるはずがない。

ところで、注目すべきは、ここにある。

この歴史的な大転換期――冷戦が終結した時に、日本は「追随者」の立場から、自らを変え、あるいは脱却しようとはしなかった。いや、第2章で追跡してみたように、少なくとも、アメリカにはそう見えたのだ。

それにしても、目の前にある「冷戦後」に立ち向かうに当たって、日本は、そしてアメリカは、世界を、なかんずくアジアをどう見て、どんな歩みを進めようと考えていたのか。

一九五〇年に始まった朝鮮戦争の際、連合国軍の総司令官、ダグラス・マッカーサーは、中国参戦の可能性について、自説を主張し続けた。

「そんな可能性は、ほとんどない」

すでに、連合軍側には、中国軍（中国はこれを、あくまで「人民志願軍」と称した）が中朝国境沿いに大部隊を配している――との情報が届いていたにもかかわらず、だ。これが、マッカーサーが後に、「愚将」とも言われるようになる一因だが、CIAも当時、「一九五〇年中の中国軍の介入はあり得ない」と結論を出していた（実際には五〇年一〇月に参戦）と言われ、アメリカが総体として判断間違いをした、というのが真実なのかもしれない。

これについて、海上自衛隊の元大幹部が次のように語ったのは、二〇一八年の秋、ペンス演説の直後のことだった。

「朝鮮戦争には、さまざまな形で旧日本軍の将兵が参加していた形跡がある。その中には、中国軍は必ず介入してくる、と警告を発する者もいたらしい。だが、マッカーサーらは聞く耳を持たなかった。やはり、アジアのことはアメリカには理解しきれない、ということですかね」

世の中には、時に「近い」がゆえに、かえって「わからない」ということも、ないではない。とはいえ、この「日本にはわかっても、アメリカにはわからないことがある」という視点は大事だろう。

七二年九月、首相の田中角栄に同行し、「日中国交正常化」を成し遂げた帰途の機中で、外相だった大平正芳がふと漏らした言葉を、秘書官を務めていた女婿の森田一（後に運輸相）は今も鮮明に覚えている。

「今はいいが、いつか、（中国が）手ごわい存在になるかもな」

戦後の世界経済秩序を揺るがした「ドル・ショック」とは別の、「もう一つのニクソン・ショック」によって七一年、アメリカの「対中国急接近」を知らされた日本は、それを追うように日中関係の回復に歩を進める。特に、佐藤栄作内閣を継いだ田中内閣の下、その作業は加速される。その中心になったのが大平だが、彼は戦前、大蔵省から出向した興亜院の一員として、中国の河北省・張家口に滞在した経験があった。「手ごわい中国」の背後には、こんな〝蓄積の重み〟が感じられる。

これに対し、ニクソンが、次のような言葉を漏らしたのは、それから六年後の七八年のことだ。

「われわれは、向こう数十年のうちに、つまり、彼らが国力の増進に奮闘している間に、中国を啓《ひら》かなければならない。さもないと、いつかわれわれは、いまだ世界が見たこともないほどに恐ろしい敵と直面するかもしれない」

もっとも、ここでわれわれが心すべきは、どちらが早かったか、ではない。重要なのは、互いに「同盟国」であることを認め合う日米であれば、まず中国に関し、またアジアについて、両国が、自分たちが持っている素材を、可能なかぎりテーブルの上にのせる。その上で、十分な意見交換を行い、共に目指す大きな方向性を模索し確認し合う、という関係が成立しているか否か——ではないか。

もちろん、両国ともに、中国の動きから目を離さないで観察、警戒し続ける必要があるのは、言うまでもない。が、あらかじめ結論めいたことを言ってしまうなら、この面で日米の「同盟」は、冷戦が終結して以来のこの時期、十分に機能してこなかったのではないか。アメリカが「ペンス演説」によって、世界に向かって中国を「敵」に仕立てあげてみせ、新たな「冷戦」の到来か——といった状況を醸成してみせなければならなかった——つまり、そこまで、アメリカは追い込まれていた——という事実は、そんな日米同盟の至らざる一面を露わにするもの。筆者には、そう思えてならない。

では、なぜこの点で、日米の「同盟」はうまく機能しきれなかったのか。

誤解を避けるために記すなら、この間であっても、日米はさまざまなレベルでの意思疎通の場を通じ、それこそ真剣な論議を尽くしてきた。これらに関わった人々の労苦を否定する者は、恐らくいないだろう。だがあえて言うなら、全体を視野に収め、しかも、世論とのキャッチ・ボールなどもいとわず、その上で責任をもって「方向性」を決め、論議を導いていく意志と行動——つまり、政治のリーダーシップが両国間で不足していた。そう見るべきなのではないか。

安全保障、あるいは、軍事戦略的な面については、さらにあとで扱うことになるが、ここでは、日本、アメリカそれぞれに存在した気になる点を挙げておきたい。

冷戦が終わるや、アメリカでは「冷戦で勝ったのはわれわれではなく、日本なのだ」といった声が上がったことはすでに書いた。

こんな思いを根底に抱きながら、当時のアメリカ側で顕著だった事実がある。日本への警戒感を高めていたのとは相反するように見えないこともないが、新たな「対アジア戦略」の構築に当たり、積極的な姿勢を見せようとしない日本への苛立ちだ。

それまでにアメリカは、日本には「力を蓄えたとはいえ、アメリカを凌駕して、覇権取りに挑む」などといった意欲はないことを、ほぼ確認していた点はすでに見てきた。ただ、だからといって、それだけでアメリカは安心したり、すべてに満足するわけにはいかなかった、ということだろう。

九六年、バークレーのジャーナリズム大学院での講座「日本報道」に、筆者は何人かのゲストを招いた。その一人が、チャルマーズ・ジョンソンだった。当時、「リビジョニスト（対日政策見直し論者）」の一人として注目されていた彼は、バークレーの卒業生でもあり、教室には、ふだん筆者の講義を受けていない学生や教師たちも押し寄せる。その前で彼はぶったのだ。

「われわれが、いまだ日本と同盟関係である必然性はどこにあるのか」

そう疑問を呈したうえで、話を進める。官僚が主導する日本経済は、あまりにも自分勝手な要素が強く、国際社会の秩序を乱す元凶だ。それで豊かになった日本に、アメリカの若き兵士たちを駐留させ、あげくの果てに「思いやりの対象だ」などと馬鹿にされねばならない理由など、どこにあるのか——といった具合だ。

学生といっても、すでにジャーナリズムの現場で働いた経験のある者も少なくなく、反論や異論も、数多く出される。彼らの真剣な表情から、この問題のアメリカ社会における重さを感じるひとときでもあった。

そのジョンソンが、二〇〇〇年に『アメリカ帝国への報復』を出版し、さらに核心に迫る。

「アメリカが冷戦を通じ、最も重要な遺産をのこしたのは、おそらく東アジアだろう。現在の東アジアの繁栄は、世界の力のバランスを根本的に変えた。日本をはじめとする東アジアの多くの国は、冷戦時代の二極体制に適応し、超大国の対立に乗じて自国の経済を発展させたのだ」

そんな国々の筆頭ともいえる日本が、どうしてもっと積極的に手を挙げ、「東アジアの繁栄、また、平和維持のため、われわれはこうします。これをやります」と言わないんだ。そんな不信、不満が透けて見えるようではないか。

といって、では当時、もし日本が積極的に「日本の考え」「日本のアイデア」を提示したら、アメリカ側は素直に、これを受け入れたのか。

正直、これに対する答えは容易でない。

「交渉はいつもソフトに始まる。だが、いざとなれば、自分たちの考えを押し付けてくるばかり」

こんな感想を、アメリカとの交渉に直接立ち会った政治家や官僚から、筆者も飽きるほど聞かされたからだ。

「日米同盟」こそ日本の戦略とする間違い

しかし、ここでは、もう一歩、踏み込む必要がありそうに思える。

確かに、アメリカは「冷戦の勝者」である日本に、「勝者なら勝者なりに、もっと役割を果たせ」と迫ってきた。これに対し日本サイドは、「だから、われわれはちゃんと『さらなる役割を果たすつもり』と言ってるじゃないですか」と応じ続ける。

だが、ここに、大きなすれ違いがあった。二つの国の間にある「表現の仕方」や「生き方」の相違もある。が、それ以上に、戦後の日本が持つ性癖、特殊性こそが問われた、と言うべきだろうか。

冷戦の終結後、アメリカが繰り返してきた、日本に対する問いがある。

「日本に戦略はあるのか？」

その際、アメリカ側は、まず、日本がどういう情勢判断をし、これに基づき描こうとしている構図と、これを実現するための戦略はどうなのか――を知ろうとする。そのうえで求めるのが、「日本自身、どんな役割を果たすのか」への回答だったことも、容易に想像がつく。

これに対し、日本側は「役割を果たすつもりがある」「われわれには、戦略がある」……などと繰り返すと同時に、アメリカからの要求に応じる姿勢、そして具体策にも言及する。ただ、肝心なのは、アメリカにしてみれば「その前」が見えないことなのだ。

アメリカの対日不信の原因は、この点にこそあった。実は、似たような疑問、不信感は冷戦時代にもくすぶってはいたが、冷戦が終結するや、そのような声が一挙に表面化する。

「湾岸戦争」が終結してから半年余後の一九九一年一〇月末、日米の関係者が共同して立ち上げたユニークなプロジェクトが、ワシントンでスタートした。

『シンクタンクを日本に』

その初会合で、ケネディ、ジョンソン両政権で国防長官を務めたロバート・マクナマラが開口一番、放った一言は、プロジェクトに共同研究者の一人として加わっていた上野真城子の耳から、今も離れない。

「もし自分が今、アメリカの大統領だったなら、まず初めに、私の日本の友人であるミヤザワ総理に電話する。そして、『総理、あなたとはいろいろ話したいことがあるけれど、何はさておき、まず明日にでも、五つほどシンクタンクを創りなさい。話はそれからですよ』とアドバイスするだろうな」

実は、その直前の自民党総裁選で、第一五代の総裁に宮沢喜一が選ばれたばかり。そんな宮沢にマクナマラが伝えたかったことは、彼がプロジェクトの趣意書に寄せた一文を見れば明瞭だ。彼はこの中で、「アメリカ国内にいるわれわれ」は「冷戦終結の効果」のうち「太平洋に及ぼされる効果については、それほど注意を払っていなかった」と〝告白〟したうえで、こう訴えていたのだ。

「日本は世界の安全保障、グローバルな経済、そして環境問題について、どのような役割を担うのかを、決定しなければならない。日本はまた、これらの役割がそれぞれに作用しあい、そして日本が他の大国、特にアメリカとヨーロッパといかに関わっていくのかを決めなければならない」

先の大戦で、マクナマラは空軍に勤務し、「東京大空襲」敢行の決定に加わった。そんな彼が半世紀近くののち、日本に向かって放ったメッセージは、「日本は、自分の進む道を、自分で決めよ」だったのだ。

このような考え方が、アメリカで決して例外的でないことは、さらに六年後、カーター政権時代の国家安全保障担当大統領特別補佐官、ズビグニュー・ブレジンスキーが世に問うた『世界はこう動く』の中の一節でも明らかだろう。

「日本の現在の位置、すなわち、世界の準大国であり、アメリカの保護国でもある状況に矛盾を感じている日本人が多い。しかし、〔彼ら日本人には〕現状を大きく変えようにも、現実的な戦略はない」

冷戦中、そしてその終結後の日本の動きを振り返ってみた時、このような言われ方に、違和感を抱く向きもあるに違いない。だが、この点について、長くワシントンのシンクタンクで、上級研究員を務めてきた磯村順二郎は言い切るのだ。

「日本では、『日米同盟』こそが日本の戦略だ、と思っている向きが少なくない。でも、それだけで、日本には戦略がある、などと言うことはできないんです」

この章の冒頭で扱った「天皇訪中」に戻りたい。

当時、宮沢政権は、世界的に「慎重さ」を求める声が多い中、あえて「訪中実現」に向け歩を進めた。だからこそ、「南京路の夜」もあった。

その後の中国が、想像を遥かに上回る速度で経済発展を実現し、あげくの果てに、「米中対決」の様相を帯びる世界が現出したからといって、「天皇訪中」という、日本外交にとっては、そうそうないほどに自主性を発揮した結果であるそれを、「間違いだった」とするのは、いかにも「結果論」に過ぎると言うべきだろう。

ただし、ここでぜひとも考えなければならないことがある。

日本は、その当時――つまり「天皇訪中」実現に向け決断を下した際、冷戦終結後の世界、そして、アジアの未来に向け、日本自身の判断として、どんな展望を抱いていたのか。また、そこで描かれた構図の中で、「天皇訪中」は、どう位置付けられ、どんな価値を付されていたのか。さらに、「天皇訪中」が、思い切った決断であったならばなおさら、その後の「中国」そして、中国をめぐる世界の動きを、どこまで注意深く監視し続けてきたのか――ということだ。

まして、「日米同盟」が日本にとっての「戦略」であると言うのなら、これらに対する「答え」は、なおさら、しっかりと用意されていなければならないはずだった。そういうことではないだろうか。

第4章

「敵」と「幻影」

レーガンの“SDI構想”とトランプの“知財防衛戦略”

私は、かつてわれわれに核兵器をもたらした科学者諸君に、
再びその偉大な才能を、人類と世界平和に向け、
それらの兵器を無効に、時代遅れなものにするよう求める

レーガン大統領
1983年3月23日夜、突如として行なった“SDI構想”に向けた演説

二一世紀は「国境なき情報戦争の世紀」と称すことができる。
この戦いでは「キャッチコピー」が銃弾であり、
「衝撃の映像」がミサイルとしての威力を発揮する

里見脩
論文『日本の対外情報発信の現状と改革』より

みなさんは、日米同盟から日本は離脱すべきだ、
と考えているのか

1994年、細川内閣が設置した「防衛問題懇談会」の報告書
「樋口レポート」の作成過程で
米国からの使者が難詰した言葉

世界の中で「超大国」であるとは、どういうことなのか。この問いに対してはさまざまな答えがあるはずだ。

ただ確かなのは、この中には必ず、世論を引っ張る、あるいは、かき回す圧倒的なアピール力、あるいは、広報力が入ることだろう。しかも、この要素の重みがますます増大しているのが現代、ということではないだろうか。

「二一世紀は『国境なき情報戦争の世紀』と称すことができる。この戦いでは『キャッチコピー』が銃弾であり、『衝撃の映像』がミサイルとしての威力を発揮する。通信衛星など高度な装備を有するアメリカが絶対優位の地歩を築いており、それは同国による情報のグローバル支配を意味している。アメリカが意図的に創り出す『敵』の幻影に我らが進んで同調してしまう事象が生じているのが、その特徴の代表例である」

これは二〇〇四年に発表された里見脩の論文『日本の対外情報発信の現状と改革』の一節だ。

それから一五年余が経った今、果たしてアメリカによる「情報のグローバル支配」は依然、維持されているのか。あるいは、より強化されているのか。その実態を把握するのは、想うほどに容易ではない。「コロナ禍」を見ても明らかなように、この種の「情報」の発信自体が「情報戦争」の一部であり、真偽の定かでない情報も溢れがちだからだ。

それにしても確かなことがある。一つは、中国がこんなアメリカを猛追していること。もう一つが、それにもかかわらず、われわれの目の前では、「幻影」か否かはともかく、あらためて、アメリカが流し続ける「敵」関連情報が、圧倒的な力をもって、世界を席巻しつつある事実だ。「中国」こそが、この場合の「敵」であるのは言うまでもない。

ソ連崩壊の成功体験と、新たな敵・中国

「敵」と「幻影」――となれば、思い出されることがある。アメリカのレーガン大統領が一九八三年に打ち出した「SDI（戦略防衛構想）」だ。冷戦下の当時、「敵」であったソ連のミサイルを、アメリカや同盟国に到達する前に、地上や宇宙に配備したミサイルで迎撃してしまおうという、その構想自体、画期的なものであった。

レーガン大統領は、計画スタートの号砲を打ち鳴らす演説で、決意を露わにする。

「これは容易ならざる企画であり、今世紀の終わりまでに実現するのは無理だろう。だが〔中略〕私は、かつてわれわれに核兵器をもたらした科学者諸君に、再びその偉大な才能を、人類と世界平和に向け、それらの兵器を無効に、時代遅れなものにするよう求めたい」

まもなく、イギリスや西ドイツはもちろん、日本にも協力要請が届く。日本の重工業や電機、自動車産業界などは、日本政府が動き出す前から、これに参加する道を探りだす。ワシントンに駐在するこれら企業の社員らは、情報収集や国防総省への働きかけなどに、目の色を変える。そんなさ中、筆者はある自動車メーカーの支社長に会った。

「わが本社はノンビリしていて……。いまだに、SDIプロジェクトへの参加を目指した工作開始の指令がこないんです。そんなことだから、わが社は国内の同業間の競争でも優位に立てないんだ」

その目には悔し涙が光っていた。生き残りをかけ、上昇を求めてやまない「日本企業の必死さ」を目にする思いがした。

とはいえ、「構想」には疑問も盛りだくさんだった。当時、筆者は、「水爆の父」と呼ばれ、SDIの提唱者でもあったエドワード・テラー博士に話を聞く機会を得た。まるで、『鉄腕アトム』のお茶の水博士が目の前にいるような感覚に襲われながら、「SDIは可能だし、必要だ」と熱弁をふるう姿に見入ったのを覚えている。それでも、疑問は解けなかった。

確かに、基礎的な技術の面では、それなりの裏付けがあるという。だが本当に「実戦配備可能」にまで進め得るのか。それに、従来の核抑止戦略との整合性は——などの難問に加え、なんとしても大きかったのが資金の問題だ。レーガン政権下のアメリカ経済は、すでに「双子の赤字」への道を歩んでいたのだから。

その後の展開は、しかし「実に鮮やかだった」というしかないだろう。

アメリカはすでに、当時のソ連のGDPについて、「アメリカのGDPの半分近く」といった、従来の見方を密かに下方修正し、その分、軍事費の負担が大きくソ連経済にのしかかっている、との確信にたどり着いていた。事実、SDIが発表されて間もなく、ソ連は、もはやアメリカを追走するのは無理、と言わんばかりに〝白旗〟を掲げる。それが冷戦の終結につながる。

その意味で、SDIは「成功だった」とするべきなのだろう。「構想」そのものは、冷戦の終結とともに消滅する。が、SDIこそ、その後のアメリカが、TMD（戦域ミサイル防衛）やNMD（全米ミサイル防衛）、さらには現在のMD（ミサイル防衛）の開発へと歩を進める際の足掛かりとなった経緯をたどるなら、冷戦後に通じる軍事戦略進展のうえでも、SDI構想が大きな意味を持ったことは間違いない。

ただ、SDIについて、その後、次第に判明したのは、「失敗」だった実験の〝成果〟を過大に報告して、「成功」であるように見せかけた……などといった数々の事実、また、財政の厳しさもあり、早々と計画の遂行は困難に直面していた状況などだった。

確かなのは、ソ連は「敵」ではあっても、アメリカが描いて見せつづけた「ソ連の脅威」はすでに、半ば「幻影」に近かったこと。その一方で、SDIの実現性についても、「幻影」の部分が少なくなかったという現実だろう。

こう見ると、SDIへの評価がいまだに大きく分かれるのも、やむを得ない気がしてくる。さらに今後の検証を待つ必要があるだろう。ただ、それから三〇年近くを経た今、われわれにとって大事なことの一つは、SDI構想を前進させる過程で、アメリカが駆使した手法や、これに相対したソ連の動きを学び、それらを、「今後」に立ち向かう際、十分に教訓として生かすことではないのか。

言うまでもなく当面、最も重要な対象は、「中国」に対するアメリカの動きをどうみるか、であるに違いない。中でも注目されるのが、次の点だろう。

「中国は、アメリカにとって、また、広く世界にとって本当に『敵』なのか？　『敵』とすることが、今後のわれわれ、そして、世界にとってベストの道なのか？」

二〇一八年一〇月のペンス演説以来、アメリカの動きは急速に勢いを増す。「敵・中国」への対応策――つまり、「封じ込め」に向けた動きは、翌一九年末からの「コロナ」でさらに加速。その渦の中で、日本のみならず、いわゆる西側諸国は戸惑いつつも日々、対応を迫られている、といった観さえある。

なるほど、さまざまな面で中国の歩みの速度は、SDI当時、あるいはそれ以前のソ連のそれの、はるか上を行っているように見える。その意味で、「敵」の実像、あるいはイメージを前面に掲げ、各国を巻き込む〝アメリカ流〟は、必要な手法と思えないでもない。

ただ、であればなおさら、各国にとって重要なのは、走りつつも、「そもそも、中国を封じ込めることは可能なのか」、さらに、「中国は敵」の妥当性についても、可能な限りの情報を集めながら、常に検討や見直しを続けることだろう。

冷戦が終結し、ソ連が消滅したあと、アメリカ、そして西側世界にとって、「敵」はいなくなった。少なくとも、そう見えた。そこに首をもたげてきたのが中国であり、これを「敵」とまではしないものの、その将来に期待しつつ警戒する人々は、アメリカ国内にも少なからず存在した。

そこで、特にブッシュ（父）政権以来、アメリカが対中政策の前面に打ち出したのが、関与（エンゲイジメント）政策だ。中国の現状には問題点があり、「危険の芽」も見えないではない。だからこそ、付き合いを続け、経済援助などを通じて成長を支えながら、中国を「まともな国」に誘導していこう、というわけだ。ブッシュ（父）後のクリントン、ブッシュ（子）、さらにオバマ政権下、アメリカの対中政策は揺れ続けるが、その中でも「関与」は基本的に維持されてきたと言える。

「封じ込め」は、この「関与」の対極にある。もはや、相手国への期待、夢を持たず、これを「敵」とみなす。だからこそ、その羽をもぎ取り、空を飛ぶことを封じる、ということになる。この戦略で、かつてアメリカはソ連を「崩壊」へと導いた。その「成功体験」に基づき、「新たな敵」である中国に立ち向かおうという発想に、新奇さはない。問題は、しかし、同じ手法が中国を倒すのにも有効なのか。いや、そもそも、その手法が妥当なのか。問われるのはここだろう。

さらに加えるなら、ソ連を倒したことや、その後の対応は正しかったのか、というテーマもあり得る。これこそが「中国を万一、倒したとして、その先、世界は本当に安泰となるのか」という命題に通じることは言うまでもない。

ハイテク覇権をめぐる争いが米中対立を決する

考えるべきことは、いろいろある。まず、現在の中国とは、どんな国なのか。

「習近平新時代の中国の特色ある社会主義思想」

　二〇一七年一〇月に開かれた第一九回・中国共産党大会は、党規約にこう明記することを決定する。鄧小平が改革・開放を進めるにあたり「中国の特色ある社会主義」を前面に打ち出した基本路線は、その詳細はともかく、習体制下でもいちおう受け継がれたかのように見える。とはいえ、社会主義国家・中国の国としての在り方は、正直、分かるようで分からない。ただ、確かなのは、まだ当面の間は、共産党が支配する国、ということなのだろう。

「社会主義国家」と聞いた時、筆者にはいつも思い浮かべる光景がある。一九九〇年の秋の夜、モスクワの中心部にある新聞社の支局から、郊外のアパートに帰るときのこと。路面電車トランバイの踏切で、車の運転席から、目の前を通過する電車を見ていた時だった。

　当時は、地下鉄でも室内灯がつかず、乗客はかすかな予備灯の光の中で不安げにいる、などということもあったモスクワ。幸い、その日のトランバイの室内は明るく、闇の広がる車外に光が漏れていた。だが、車内の客たちの表情を見たとき、ドキッとした。四人、いや五人だったか。疲れ切った顔、顔、顔の視線はいずれも、どこに焦点を合わせているのかわからない。無表情。いや、それこそ「死んだ目」と言うしかなかったからだ。

　一つの光景で、すべてを判断する愚は冒すまい。そうは思いつつ、しかし、あの時のあの人々の姿こそ、ソ連、すなわち「ソビエト社会主義共和国連邦」の死を如実に表していたと、今でも思う。実際に国が消滅したのは、それから一年後のことだ。しかし、「社会主義国家の失敗」は、すでに隠しようがなかった。

　そして、この「失敗」を誰よりも真剣に見つめていたのが、中国だった。そう思える。「われわれは断固、ソ連の失敗の真似をしてはならない」と自らに言い聞かせながら。

「改革・開放には大きな肝っ玉が必要だ。正しいと思ったら大胆に試してみよ」

「先に豊かになれる者からなれ」

毛沢東の死後、「改革・開放」の先頭に立った鄧小平が全土に向け発した〝号令〟は、そんな中国の思いを露骨なまでに映し出している。そう思えてならない。

それでも、天安門事件を経て、改革・開放推進に向け、あらためてアクセルを入れようとした「南巡講話」、その後、鄧の指導で進められた中国政府の諸施策にも、まだ「社会主義」のしっぽは付いているように見えた。だが、九三年、江沢民が国家主席に就任したあたりから、表向きの「主張」「発言」はどうあろうと、そのしっぽを思いきって捨てる作業が進む。

その際、見逃せないのが、江沢民をはじめ、歴代の政権のいずれもが、「ソ連の失敗」から学んだ教訓を、あくまで守ろうとしたことだ。「強権」を手放すな――がそれだ。

ソ連の末期、つまりゴルバチョフ政権の末期でもあるが、政治にかぎらず、あらゆる面で混迷の度が高まる中で、筆者の耳にも頻繁に届くモスクワ市民の声があった。

「こうなってしまった以上、ゴルバチョフには、もはや独裁者になって、われわれの社会を救う道しか残ってない。なのに、どうして彼は動こうとしないのか」

当時、これは「ロシアだからこその現象なのか」とも考えた。事実、ドストエフスキーのこんな言葉もある。

「ロシアでは絶対的な空気、つまり束ねる権力が強くなるほど、一人ひとりの心は自由になる」

そんなソ連の事情はともかく、中国共産党の指導者たちは、「混乱」こそが、改革の進展――その結果としての「豊かさの獲得」――には大敵であるだけでなく、自らの「城」である共産党にとっても、許してはいけない対象であることを肝に銘じた。その結果が、混乱を防止するためなら、「強権発動」をも辞さない体制の構築であり、「天安門事件」は文字通り、その実践の場になる。

とはいえ、これは繰り返しになるが、「天安門後」は間違いなく、そんな中国にとっての大きな危機であった。大掴みに言うなら、その危機から「天皇訪中」と「クリントンのクーデター」が中国を救い出した、ということになる。

そして、そこからはかなりの距離があるが、その延長線上に、一二年に習近平政権が発足して以来、一挙に強まったかに見える、さまざまな面での「引き締め」政策があることも、こう見てくれば無理からぬ展開のように見えないでもない。

九〇年代半ばから本格化した中国の経済発展に、大いなる「無理」があるであろうことは当初から明らかであり、そのため「早晩、中国は挫折するだろう」との見方が絶えなかった。日本でも、「中国衰退論の隆盛」といった様相が深まる。

その当否はともかく、それぐらい、中国経済の拡大ぶりは急激かつドラスティックで、ある意味、異常でさえあった。そこで現出した繁栄を謳歌する中国社会に「狂乱的」ともいえる雰囲気が醸成されたのは、ある意味、自然な成り行きであった、と言うべきかもしれない。

こんな状況にブレーキをかけるため、習政権が強権の発動、あるいはその可能性をちらつかせるのも、論理上は大いにあり得る道筋ではある。

このような「強権」に加え、習体制の下では、「国有企業重視」の色彩も強まる。

リーマン・ショック後に発動された大規模な財政出動など、〝習以前〟からときどきに発動される諸施策が、大いなる成果を挙げてきたことは間違いない。ただ、次第に蓄積されたこれらの施策の後遺症も顕在化し、経済の行き詰まり感が一五年ごろから深まる。国有企業重視は、その打開策の一つとして打ち出された、という側面もある。

が、ここに「社会主義・中国への回帰」↓中国経済全体の硬直化・非効率化を読み取る向きも多く、その結果、あらためて浮上してきたのが「中国衰退論」だった。

そんな中国に狙いすましたように、大いなる「災難」が降りかかる。アメリカが、「ペンス演説」を皮切りに、一挙に「対中対決姿勢」を強めたことだ。

このタイミングの選択が、トランプ政権が周到な準備を経た結果だったのか、あるいは、大統領再選を目指した窮余の一策に過ぎなかったのか――など、必ずしも明確でない点はある。が、打ちだされた政策は、標的を十分に見据えた結果なのだろう。まず、自国の政府や関係機関に対し、中国最大の通信機器メーカー「ファーウェイ(華為技術)」の製品を使用しないよう命ずる。さらに、ドイツや日本など同盟各国に対しても、その使用禁止を要請する――など、ハイテク覇権をめぐる「対中包囲網」形成の動きは急速に進む。ここに及んで、中国経済の将来を憂う悲観論は、いよいよオクターブを上げることになる。

確かなのは、ハイテク分野での優勢こそが、かつて日本に対し実践したように、中国を「永遠の二番手」の座に押し込め、自らが世界で唯一の超大国であり続ける道を確保するのだ、というアメリカの思いが、一連の「対中対決」戦略に色濃く反映されている点だろう。であればこそ、われわれが注視すべきは、まず、この「ハイテク封じ込め」に世界はどう動くのか。また、これに中国が対応しきれるのか――という点にあるのは間違いない。

「勝ち」は遅くなっても、「負け」はない中国

では、果たして、この対決は、アメリカの勝利で終わり得るのか。

ハイテク覇権をめぐる「対中包囲網」の構築を急ぐアメリカの対中戦略は、冷戦時代、「ココム(対共産圏輸出統制委員会)」を軸に、ソ連に対し先端技術の輸出を規制したそれを思い出させる。つまり、まず

「中国封じ込め」を発動し、そのあげくに、中国を打倒する。これこそ、「包囲網」形成の最大の目的であり、そのため、ハイテク封じ込めへの着手が、「新冷戦」開始のシグナルとも受け取られるわけだ。

「新冷戦」が適切な表現か否かはともかく、かつて冷戦でアメリカがソ連に勝利した事実は重く、その記憶も生々しい。それだけに、「ハイテク封じ込め」で幕が切って落とされる「新冷戦」でも、またアメリカが勝利するはず、と予想する向きが少なくないのは、ある意味、自然なことと言うべきかもしれない。

加えて大きいのが、「国有企業重視」に象徴されるように、中国で近年、特に顕著になりつつある公権力の介入への懸念だ。

「習政権によって、ますます強化される中央集権的な体制の下では、斬新で独創的なアイデアを次々に生みだすイノベーションなど、望むべくもない」

こんな声が上がるのも、公権力の関与、あるいは介入が、中国ならずとも、学問や産業の現場から創造性や活気を奪ってきた事例が多数あるからに違いない。その点で日本も大きなことは言えない。

「第五世代コンピューター・プロジェクト」

これは、日本の半導体産業が世界一を誇るようになった矢先の一九八〇年代に、通産省が主導した国策プロジェクトだった。国産のＡＩ（人工知能）開発を目指そうと、当初一〇年間に一〇〇〇億円の予算がつけられ、メーカー各社からエリート技術者を集めて進められた、まさに日本版・産業政策の一つの頂点にあったものと言える。

だが、プロジェクトは当初の目的を果たせないままに、終結を余儀なくされただけでなく、「パソコンの小型化という世界の潮流に日本のメーカーが乗り遅れた主因」との非難さえ受けることになる。わが国の産業政策の限界を示す格好の実例になった感さえある。

経済学者で評論家でもある池田信夫は指摘する。

「終戦直後の日本の製造業のように、欧米にお手本があり、それに追いつき追い越せという単純な目標が設定できた時代には、産業政策が意味を持った」

つまり、産業構造の中核が、何よりまず「規模」が問われる高度経済成長期の製造業から、技術革新がひっきりなしに起こるIT産業に移った。その結果、産業政策の有効性が低下したにもかかわらず、行政がこれを無視し、従来路線の上を突っ走ったがために、日本はITあるいはAI時代に一人取り残されてしまった、というわけだ。

こんな〝反面教師〟が隣国・日本にありながら、それでも、公権力重視を強める習政権下の「中国不利」――を唱える声が高まるのは、ある意味、当然なことだろう。

われわれが考えるべきは、しかし、その先にある。

確かに「米中対決」に向けたアメリカの意気ごみや迫力には、圧倒されるものがある。が、その一方で、対ソ連で収めたほどの「成功」が、中国を相手にしても繰り返せるのかとなると、アメリカにとって、そう容易ではないと思わせる材料が、少なからずあるからだ。

まず注目されるのは、中国の、これまで見せてきたIT産業の発展ぶりだろう。製造業を中心にした「世界の工場」化を契機に、経済の爆発的な発展を果たした段階はともかく、二一世紀へ移行するあたりから、中国でもIT産業が急速に伸びる。

その理由については、さまざまな指摘がある。

まず第一は、タイミングだ。

「先進国に追いつき追い越すこと」を悲願とする中国が、製造業における「世界の工場」から、さらに歩を先に進めようとした時、ちょうど目の前にあったのが、世界的にまだ生まれて間もないIT産業だった。

このため、中国もただちにスタートを切れば、先進国とのギャップを一挙に縮められる可能性がほの見えていた。そこに、製造業の発展で蓄積した資本を手にする起業家が飛びつき、さらに政府が強力な支援をした結果が、IT産業の急展開だったというのだ。

加えて、その中核が、それまでのものづくりと違い、知識・情報であり、だからその移動（模倣も含めて）が極めて容易でスピーディ——というIT、AI産業の性格も、追いかける立場の中国にとっては大いにプラスに働いたと言える。

第二は、自らには足りない「創造性」を、中国は、もっぱらアメリカから移入し得たことだ。

九〇年代の半ば、すでにアメリカには四万人近く（二〇一八年には三六万三千余）の中国からの留学生がいた。サンフランシスコの郊外ともいえるバークレー校のキャンパスで、筆者がこんな留学生たちに出会うことも、まれではなかった。当時、よく聞いた話がある。

「彼らのほとんどは、中国に戻る気などないらしい」

だが、それから数年がたったころ、日本にも聞こえてきたのは、かなりの中国からの留学生や研究者が、母国に戻りはじめている。中国企業などから好条件を提示された結果らしい——という話だった。彼らが皆、スパイだったと言うつもりはない。しかしその少なからぬ者が、アメリカの先端技術に接し、あるいは知識を身につけていたであろうことは、十分に想像可能だ。

「海亀」

こう呼ばれる彼らの累計は、今や三〇〇万を超えるとも言われる。そんな彼らが中心となって、中国も「独自技術の開発」に取り組み、それがファーウェイなどの躍進を支えてきたことは間違いない。

「米中対決」の勃発以降、アメリカが発動した「知財防衛戦略」は、この蛇口を締め、知的にも人的にも、最新技術が中国に流出することを阻止しようというものに違いない。これが効果をあげ出すのは時間の問題かもしれない。しかし、ペンス演説以降も、こんな声をよく聞く。

「中国のＩＴ、ＡＩ産業の進展にとって、アメリカの新戦略が大きなブレーキとなることは間違いないだろう。だが、中国には勢いがある。物量的にも、さまざまな面で不足はない。『勝ち』の時期は遅くなっても、もはや中国に『負け』はない、と見る方が自然だ」

そして続くのが、次のようなセリフだ。

「でなければ、アメリカがこれほど慌てることはないはずだ」

融通無碍な中国を封じ込める難しさ

こう見てきてつくづく感じるのは、中国流の「いい加減さ」、よく言えば「融通無碍《むげ》さ」とでも言うべきものだろう。

中国でのＩＴ、ＡＩ産業の発展にとって、恵まれたタイミングや「海亀」の存在という幸運がものを言ったことは間違いない。それにしても、中国政府の後押しは不可欠である一方、それがための弊害が産業の発展を阻害する恐れも十分にあったはずだ。そこを、中国はどう乗り越えたのか。現代中国経済を研究する梶谷懐は次のように指摘する。

「総じていえば、権力が定めたルールの『裏をかく』ようにして生じてきた、きわめて分散的かつ自由闊達な民間経済の活動と、法の支配が及ばない権威主義的な政治体制が微妙なバランスの上に共存しているのが、現在の中国の政治経済体制の最大の特徴であり、この両者の組み合わせは今後も簡単には揺るがないだろう」

そういえば、急成長した「百度《バイドゥ》」「アリババ」などネットの巨人たちが、より新興のＩＴ企業を支援したり、買収して成長を促す過程での話には興味をそそられる。その際、これを後押しする政府は、問題の発生を受け、規制に入る場合も、まず静観し、問題点をギリギリ見究めるまで介入を控えるなど、極力、慎重さを保持してきた、というのだ。

これに似たような状況について、この数十年、年に何度も中国を訪れる生活をしてきた人物は、さらに柔らかく表現してみせる。

「『政府の介入』と聞くと、中国の人々は『天安門事件』を思い出すのです。だから『限度』は決して踏み外さない。しかし、『限度内』であれば、それこそ、大概のことが許されるのも人々は知っている。そうやって、富を得られるだけ得る。その結果がどんなものかは、企業の幹部などだけでなく、一般市民の場合でも、自宅に招き入れられれば、すぐわかる。外面《そとづら》とはおよそ違う、豊かさが並でないことに驚くばかりですよ」

同じようなことは他の〝中国通〟からも聞いた。そして、これらとどこか通じ合いそうなことを、実は筆者もモスクワで体験している。

取材のため、現地の人々の自宅に向かう。すると、誰を訪ねても同じようなアパートに行き着く。一階の玄関から入ると、必ずある小広間が、これまた例外なしに薄汚い。だが、エレベーターで目的階に上がり、相手先のドアをノックし、ドアが開けられると、別世界のような小ぎれいな居間に通されるのだ。

「ここは密告社会。たとえ、社会奉仕のつもりで共同の広場の掃除をしても、『あいつ、何か企んでいるのでは』と告げ口されかねない。だから、掃除は自分の家の中だけをやるんですよ」

ある取材先が、そっと教えてくれた話だ。〝お上の目〟が厳しい社会であればこそ、人は「許される限度はどこまでなのか」に敏感だ。と同時に、その内側では、ぎりぎり羽を伸ばす。そんな中から漂い出て、いつしか社会全体に充満するのが「融通無碍」の精神であり、人々の生き方のありようなのではないのか。

次のような話もある。

中国経済の拡大によって、その動向は世界経済にも多大な影響を及ぼす。このため、中国の経済統計に世界の注目が集まるわけだが、問題はその信頼性に「?」がつけられていることだろう。この点でも、ソ連は参考になる。例えば「ダーチャ経済」だ。

ダーチャとは、訳せば「別荘」となる。が、ソ連末期のダーチャは、「別荘」が思い起こさせるそれより、はるかに質素な、「掘っ立て小屋」と呼ぶほうがふさわしいものがほとんどだった。そんなダーチャに市民が週末になると足を運ぶ。その帰り道、ダーチャで育てた野菜を、リュックなどに押し込んで背負う姿を、筆者自身、よく見かけた。経済統計には顔を出さない「ダーチャ経済」が、市民にとって食糧自給の重要な場だったのだ。

その重みが、崩壊寸前のソ連経済にとっては特に大きかった。ソ連全体のジャガイモ生産の九割近くがダーチャ発だった、という推計さえある。中国経済の「真実」を知るには欠かせない、だが正規な筋を辿ってみても、なかなか近づけない――「融通無碍《ゆうづうむげ》」「いい加減さ」の実例がここにある。

中国の真実を知ることの難しさは、経済面に限らない。中国の実際の軍事費が、公表された数字とは大きな乖離があるであろうことは、すでに「世界の常識」とさえ言える。このように、中国情報には、真偽が入りまじる。が、それらすべてが「韜光養晦《とうこうようかい》」戦略が生んだ結果、とばかりは言えそうにない。

事態を複雑にしている要素は、さらにある。

「父は子のために隠し、子は父のために隠す。これが本当の正直ということだ」

『論語』の「子路篇」の中にある一節だが、中国では「真実を隠す」ことも、それが自分のためでなく、身内、さらには国家のためであるなら、責められるよりも、むしろ「本当の正直」とみなされ、称賛される。

問題は、このような国、つまり中国という相手を「敵」として「封じ込め」、そのあげくに「倒す」ことがいかに難しいか、だ。ハイテク覇権をめぐる争いにおいては当然のこと。まして、軍事面などをも合わせた、全面的な「中国封じ込め」となると、さらに困難は増す。何せ、相手——つまり、敵の姿がはっきりと見えないのだから。

すさまじいまでに「利」に走る巨大な人口

中国を封じ込めるのが難しい理由は他にもある。まず、考えられるのが、中国の巨大さ、なかでも人口の多さだろう。

「新興勢力の台頭が、既存の大国の不安を増大させる。そこに大きな戦争が起きやすい」

これが「トゥキディデスの罠」だが、このような中で発生する国際政治における力の移行（パワー・トランジション）を理論的に明らかにしようとした政治発展論の研究者A・F・K・オーガンスキーは、国家の力を決定する要素として、「政治効率（動員力）」や「経済水準（生産性）」を差し置いて、まず第一に「人口規模」を挙げる。「力の移行論」には他にも多くの論者がいるが、「人口」が重要——という点では、ほぼ異論がない。しかも、そんな論者たちがまず想定しているのが「中国」だ。

「中国の街を歩く。その時、とにかく驚くのは人の多さだ。〝黒い頭〟の群衆が波打ちながら動く様は、われわれに恐怖感さえ与える」

あるアメリカ人の述懐だが、「一人っ子政策」を取らざるを得なかったほどに、「重荷」であった膨大な人口が、「世界の工場化」にあたっては、中国にとっての最大の武器に変身する。

ただ、その後、他のアジア諸国が「中国よりも安い人件費」を〝武器〟に参入してきたため、中国の優位は消滅するかに見えた。しかしここで、中国に大きな幸運が見舞う。「デジタル革命」を契機に台頭したＩＴ、ＡＩ関連のハイテク産業が、再び「人口」の価値を一挙に、しかも驚異的に高めたからだ。

ＩＴ、ＡＩの関連産業の発展には、人々が日頃の生活の中から発信し、あるいは交換し合う情報についてのデータの集積が欠かせない。しかも、その集積の規模が大きいほど、技術の進化には有効なのだ。そのため、世界最大級の人口から生まれる、中国の「ビッグデータ」の重要性は高まるばかり。事実、中国政府は、国民や企業による、このような情報の収集への非協力に対しては、それを「国の安全確保」を困難にするものという理由で、法により厳しく対応する姿勢を示している。

アメリカが危機感を高めた理由の一つも、ここにある。


「自前の人口、三億vs一四億」

米中間には現在、これだけの人口差がある。そんな中国の人口も、前途には「急速に進む少子化」という難問を抱えているが、少子化が中国社会全体を変えるまでには、まだ一〇年以上はかかる。この間に、膨大な人口を生かした中国は、確実にアメリカに追いつき、さらには追い越していくはず――。トランプ政権が「中国敵視」の姿勢を明確にし、「中国包囲網」形成への歩みを急ぐ背後に、こんな懸念があることも間違いない。


中国封じ込めを「困難」と考えざるを得ない理由は、まだある。中国、あるいは中国国民が内蔵する、すさまじいまでのエネルギー、それに、彼らの商業マインドのことだ。

例えば、彼らが「利」を求めて猛烈に動くありようを見て、困惑し、時に恐怖を感じる者は、われわれの中にも少なくない。筆者にも、そんな経験が何度もある。彼らが「利」を目指した時、他の何物も見えなくなるのでは、という懸念にも似た感情に襲われるのだ。

数多くの中国歴史小説を著した陳舜臣は、満州族が建てた清王朝が中国支配を開始すると、人々に辮髪《べんぱつ》を強制したが、その際、これを拒んで何万人もの漢人が殺された歴史を例に挙げながら、かつて次のように書いたことがある。

「中国人は現実的かもしれないが、決して実利的な人間ではない。肝心なところでは、むしろ実より名を取る」

　これに反論するに足る資格は筆者にない。ただ、ここではむしろ、改革・開放がスタートして以降の中国で、日本の商社員として、それこそ中国の各地を歩き続け、その後、教育の世界に転じた平塚ゆかりの言葉を紹介したい。

「彼ら中国の人々にとって『利』は、生身の人間として追い求める当然の対象なのです。だから、人間の付き合いの中でも、『理想』や『建前』ばかり言って、『利』を言わない人間を、むしろ正直でない、誠実でない人間として考える」

　そのうえで、彼女は加えた。

「ただし、『利』ばかりを追い求めるように見えるからといって、彼らの内側が『黒い』ということではない。中国人の社会規範が日本のそれとは異なっている、ということでしかない。そこが中国に向き合う場合のポイントです」

　この言葉を聞きながら、筆者は、ソ連が崩壊する直前、モスクワ市共産党の最高幹部の一人に会った時のことを思い出す。当時、ソ連経済はどん底にあり、「餓死者が出ている」との噂が流れたりもしていた。そこで、その解決策を聞くと……

「わが国には資源がある。有り余るほどにだ」

　こう言って、胸を張った。

　確かに、ロシアには石油、天然ガスをはじめ極めて豊富な天然資源が存在する。しかし、それを十分に生かせないのは社会主義体制のためか、と思ったこともある。が、「ソ連」が「ロシア」となり、体制が変わってすでに三〇年近くが経っても、資源を掘り出し、そのまま売り続けているだけ、という基本線は変わらない。もし、これが中国であったならば、と思わざるを得ない。

中国は、「改革・開放」政策の下、自らの「安い労働力」までをもギリギリ絞り出して、経済成長の階段を上り続けてきた。そしてある日、フルアクセルで世界に踏み出す。その「一途さ」が生半可ではない。「利」があると思えば、地球の果てまでも、といった勢いがある。そんな彼らが、今後、たとえ一度や二度の〝挫折〟はあるとしても、簡単にひるんでしまうようなことがあるのだろうか。

これに関連し注視すべきは、「経済成長こそが幸福の源《みなもと》」という世界の中に、すでに中国はどっぷりつかっている、という現実だ。フランスを代表する経済学者ダニエル・コーエンの『経済と人類の1万年史から、21世紀世界を考える』の一節には、こうある。

「現代社会は、経済的な豊かさよりも、経済成長に飢えているのだ。〔すでに〕経済的に豊かであるが停滞している国よりも、〔急速に〕経済的に豊かになる貧しい国で暮らすほうが幸せなのだ」

政治学者の阿南友亮も次のように書いている。

「今の中国では、『赤い億万長者』と言われるような富裕層は、人口の約三％、四千万～五千万人という。これに対し、年収が五〇万円を下回る貧困層が一〇億人以上いる。しかし、中国人に聞けば、『経済発展の恩恵を受けた』と感じている人が多い」

「経済成長神話」の時代を生きた戦後の日本を省みれば、われわれにとっても、このような中国の「今」はまったく理解不可能なこと、というわけではないだろう。

天安門事件の際、先頭をきった民主派の面々が今、中国社会の中で「孤立を深めている」と言われる。

劉暁波の「獄中死」とも言える終末はその象徴だが、それと言うのも、事件の当時、運動に加わった者でさえ、その多くが「経済成長こそが……」の流れの中に身をゆだねた結果なのだ、といった解説が少なくない。

習政権がいくら強権や国有企業重視の姿勢を強めても、「遠からず、中国は内側から瓦解するはず」などと安易に期待するのには無理が多いのでは、と思いたくなる理由もここにある。だからこそなおさら、共産党政権は「経済成長・最重視」の姿勢を変えられない、ということからなのだろう。

そういえば、「米中対決」の構えを固めるアメリカが、ウイグルなどでの人権問題、「天安門事件」、さらには「香港」などにも焦点を当て、世界に向け、その「不当性」を訴えているのも、中国の内部からの崩壊を待つだけでなく、外から圧力をかける必要がある、ということからなのだろう。

インド・太平洋構想と一帯一路構想の綱引き

ところで、これまで、中国封じ込めの困難さを中国自身の側から見てきたが、ここで視点を変え、「中国封じ込め」を困難にする理由を、アメリカ側から見てみたい。

すでに触れたように、二〇世紀の終盤から、アメリカは中国の「危険性」を知りながらも、「エンゲイジメント」政策の名の下、経済面を中心に支援を進めた。それらの結果、中国の名目GDPは、アメリカの六六％（二〇一八年現在）にまで拡大する。一方で、アメリカ向け輸出額の対GDP比は二〇〇六年から一五年の一〇年間に、七・四％から三・七％に半減、さらに二％台にまで下落している。中国経済がアメリカだけを頼りにする状態はすでに終わっている、ということだろう。

その一方で明らかなのは、アメリカの「力の低下」だ。

印象的だったことがある。一八年七月、ポンペイオ国務長官が「自由で開かれたインド・太平洋構想」

の推進を目指す一環として、域内諸国のインフラ投資などを支援するため、「一億一三〇〇万ドル（約一二五億円）を拠出」してファンドを設ける、と発表した時のこと。ただちに、中国の王毅外相が皮肉ったのだ。

「アメリカは超大国なのだから、その一〇倍くらいは出したほうがいいだろうに」

そもそも「自由で開かれたインド・太平洋構想」は、日本が一六年、太平洋からインド洋にまたがる地域で、「法の支配」や「市場経済」といった価値観を共有する国々との協力を進めるための戦略として提唱したもの。これにアメリカが参加し、「構想」に名称を変更するとともに、具体策として打ち出されたのが、ファンドの設立だった。そして、その視線の先にあるのが――

「一帯一路」

習近平が一三年に提唱した巨大経済圏構想だ。中国を起点とし、陸路で中央アジアを経由してヨーロッパに至る「一帯」、それに、海路で東南アジア、インド、中東などを経てヨーロッパに達する「一路」を加えて構成される。その沿線の諸国との経済協力関係を構築し、「中国圏」の拡大を目指す国家的戦略と言える。

だが、「構想」の具体化が進むとともに、その負の側面も目立つようになる。中国の支援で港湾整備などの事業を進めた国が、高い金利が払えず、港湾の管理権を中国に奪われる――といった「債務の罠」がその典型だ。これらを捉え、中国との「対決」姿勢を強めるアメリカが、「一帯一路」に対する疑問の声をあげ始める。

ファンド設立はその線上にある。ただ、急ぎ決定され、ポンペイオ長官が「とりあえず」発表するに至った気配が濃厚であり、後に、ファンドの総額は最大八兆円にまで引き上げられた。とはいえ、そこに〝ビジネスマン・トランプ〟のそろばん計算がどう関わったのかは不明だが、最初から一挙に中国を圧倒し得るような額を示し得ない、アメリカの腰の定まらない内実。さらに、その背後にある「力の低下」が、かえって世界に露呈された一幕だったことは否めない。

「腰が定まらない」ということではTPP（環太平洋経済連携協定）についても、似たようなことが言える。「中国封じ込め」のための〝道具〟とみなし、これに参加を表明し、協定成立に向け主導役を務めながら、政権がオバマからトランプに移るや、協定から離脱。そんなアメリカの動きを見るや、今度は、中国が「参加」の可能性をほのめかす――といった具合だ。

アメリカの非力さを示す場面はさらに続く。ポンペイオ会見の翌八月、アメリカ政府が一九年度の国防予算を決定した時のことだ。

七一七〇億ドルの予算額は、オバマ前政権にとって最後の国防予算だった一七年度の額を一六％上回る。予算決定と同時に、「中国の軍事力増強」に関する報告が発表されたことを見ても、この「国防予算増額」が、何よりもまず「対中国」を意識したものであることは確かだろう。だが、これを報じる米PBSテレビの外交・国防担当のニック・シフリン記者は、次のような国防問題専門家のコメントをも、併せ紹介してみせたのだ。

「とはいえ、トランプ氏が大統領選挙中に主張していた『軍事力の大型増強』を期待できるようなものでは、とうていない」

では、そんなアメリカが、中国を封じ込めるという戦略を現実のものにするには、どうすれば良いのか。そもそも、その可能性はあるのか。

フリードバーグは『支配への競争』で書く。

「長期的に見て、アメリカ政府は地域パートナーからの積極的な協力なしに、台頭する中国に対してバランシングすることはできない」

　要は、同盟国などに協力を仰ぐことなくして、「包囲網」の形成は無理、ということだろう。「多国間制度」を嫌い、二国間アプローチを好むトランプ政権が、あえて「自由で開かれたインド・太平洋構想」への参画を決め、ファンドの設置にまで踏み込んだ背景にも、このような認識があるはずだ。

　ただ、当然のことながら、パートナーたちの協力を得るためには、その見返りを供与しなければならない。

「アメリカによる継続した力強い関与と決意がなければ、アメリカの友人たちは、見捨てられる恐怖を抱いて意気消沈し、〔中国に対し〕融和政策をとる誘惑に屈服してしまうかもしれない」

　これはフリードバーグが、先の引用部分に続けた一節だ。だからこそ、トランプ大統領は引き続き、二〇二〇年度の国防予算でも、前年度をさらに四％上回る七五〇〇億ドルを計上する。単に自国の防衛だけでなく、同盟国への「防衛義務を果たすため」という意味を込めてのものに違いない。

　だが、そうなれば、そのしわ寄せがどこかに行かざるを得ない。国務省予算を前年度比二三％減に、環境保護局予算に至っては三一％の前年度比減――と聞いただけでも、「無理に無理を重ねて」と思わず声が出る予算編成と言える。

　それだけではない。この予算案通りに執行された場合、財政赤字は年一兆ドルを超える。この試算を前に、与党である共和党所属の上院予算委員長マイク・エンジの嘆息ぶりを見れば、アメリカ国民ならずとも、さらに不安が募るだろう。

「われわれはクレジットカード議会にいる。われわれは明らかに不吉な方向に進んでいる」

　国力の低下が、同盟国との「協調強化」を迫る。だが、協調を求めるためには、同盟国への「見返り」を用意せざるを得ず、結果的に、さらなる国力の低下を招く。アメリカの抱える、それも限りなく深いジレンマ、と言うしかない。それも、レーガン政権下での「双子の赤字」で悩んでいた頃のジレンマどころではない深さなのだ。

だが、パートナーとの協調の行方を見つめる視線は、ここでとどめておくわけにはいかない。見るべきものが、まだある。そんなパートナー候補の国々の少なからずにも、すでに〝中国の毒〟が相当なまでに回っている恐れがある、という現実だ。

「一帯一路」の負の側面が露わになるにつれ、警戒感を強め、現に進行中だった中国と共同で進めるインフラ整備計画を中止するなどの例が、受け入れ国の間に出てきているのは事実だ。マレーシアのマハティール首相も一八年五月に首相に返り咲くと、前政権が進めていた中国主導の「マレーシア東海岸鉄道建設計画」を中止、あるいは凍結する意向を表明する。

「新たな植民地主義は望まない」

首相はこう発言して、「一帯一路」への警戒感を露わにもした。

しかし、その後の動きは微妙だ。それでなくとも、マレーシアにとって、中国は最大の貿易相手国なのだが、鉄道建設計画の「中止表明」のあと、マレーシア特産のパーム油を、中国に大量輸出する契約が新たに成立する。そして、中止表明から約一年後の一九年四月、両国は「計画の再開」で合意したのだ。マレーシアはこの間、条件闘争を演じていただけではないのか。そう考えざるを得ない。

これに対し、中国との間で「国境問題」を抱え、しかも、アジアの地域覇権を争う立場にあるインドは、「一帯一路」に対しても、反対の意をより明確にしている。が、そのインドも、中国が主導するアジアインフラ投資銀行（AIIB）による融資は歓迎しているのだ。AIIBに対する警戒感を緩めないアメリカにとって、そんなインドが真に「信頼できる地域パートナー」たり得るかは、今後とも難しい課題であり続けるだろう。

似たようなことは、オーストラリアやニュージーランドについても言える。確かにオーストラリアは、次世代の通信規格「5G」の拡大が、安全保障上の危険をもたらす、と警告するアメリカに同調する形で、一八年中に、ファーウェイ製の通信機器締め出しに動いた。そもそも、オーストラリアはファーウェイの「危険性」について、アメリカより早く気づき、しかも当時、野党議員に対する中国の資金援助が暴露されたことなどから、対中警戒論の高まりが見られ、このような結果につながったとも言われる。

しかし、オーストラリアにとっても、中国は最大の貿易相手国。ニュージーランドにとっても、中国はオーストラリアに次ぐ貿易相手国――といった現状から、「いざとなれば、中国を切れないだろう」と見る関係者は少なくない。事実、オーストラリア政府はその後、国鉄の通信システムに、ファーウェイ製の通信機器が採用されるのを、「アメリカの反対にもかかわらず」許可したとの報道もあった。

実態を見つめれば見つめるほど、中国はすでに、貿易や投資、あるいは、中国文化の普及を名目にした「孔子学院」のネットワーク拡大などによって、アジア、大洋州、さらにアフリカにまで及ぶ広い範囲で、各国の懐に飛び込み、食い込んでしまっていることを思い知らされざるを得ない。そして、その矛先は、すでにヨーロッパにも及びつつある。

「コロナ」騒ぎを機に、アメリカが「中国元凶説」を声高に打ち上げたのも、「一帯一路」の輪にくさびを打ち込む戦略の一端に違いない。

それにしても、もし、本気で中国の封じ込めを考えていたのなら、もっと早く動き出しているべきだった、との見方は容易に消えそうにない。

アジア重視と多角的安保協力をめぐる「物語」

中国への対応に際し、西側諸国の側に「時間の浪費↓手遅れ」があったであろう点については第3章でも触れた。が、これに関連し、ここでは「冷戦終了後」と言われる時期に、日米間で展開された一つの「物語」を振り返って見ておきたい。

その発端は一九九三年の夏、外務省の現役局長B氏が、ある総合雑誌に発表した論文だった。これが、外交や安全保障を専門とする人々の間で大きな話題を呼んだのだ。

「ある時には、それ〔アジア〕は、ヨーロッパの自由や平等に対立する専制と服従の象徴だった」

論文はまず、アジアの過去をこう振り返ったあと、そのアジアが今、史上初めて「実体を伴った、プラス価値を持つものとして登場してきたのだ」と展開する。そのうえで、核心に踏み込む。

「やがて少しずつ、静かに世界に発信してゆく『アジア精神』なるものが、二一世紀にむけて育ってゆくであろうし、また、育てなければなるまい」

当然、いろいろな受け取り方ができる内容といえる。だが、「東アジアの繁栄は、世界の力のバランスを根本的に変えた」というチャルマーズ・ジョンソンの指摘を待つまでもなく、アジアの存在が拡大の一途をたどる今、「アジアをしっかり見つめよう」という呼びかけは、アメリカのみならず、日本でも多くの国民が受け止め、論じるに値するものであったに違いない。

だが、掲載誌が発売されるや、この論文は人々の関心を呼ぶ一方で、激しい批判も浴びる。

「対米経済交渉の責任者ともいえる政府高官の筆によるこの論文は、米国を不愉快にした。東京駐在のある米外交官は、この論文を『ナンセンス』と断じた」

ある新聞紙上に掲載されたコラムニストの文章の一節が、これだ。この他にも批判的な記事、論文が相次いだが、その大半が実は同じことを日本の読者に伝えようとしていたかに見える。

「アメリカは怒っているぞ!!」

すでにその一部に触れたように、この時期のアメリカは、冷戦後の世界の中で、自らの進路を指し示す世界戦略を描くのに全力を挙げていた。が、「湾岸戦争」は乗り切ったものの、明確な戦略の図柄を描き切るには至っていなかった。

ただ、だからこそなおさら、と言うべきか。この時期のアメリカは、当面の目標として、第二次世界大戦後、養い育ててきた「西側同盟」の維持を傘下の諸国との間で再確認すると同時に、その発展、拡大に向け、体制固めを進めることを、外交・安全保障政策の前面に掲げ、その具体化に向け必死となっていた。より正確には、「焦っていた」と言うべきかもしれない。

そんなさなか、この論文は「アジア重視」を強調することで、結果的に「アメリカ離れ」を、日本のみならず、アジアの諸国民に対し促しているようにアメリカには映った。そういうことだろう。


そして、物語は第二段階に進む。問題の論文が世に出た翌年の九四年二月、細川護煕内閣が設置した安全保障に関する諮問機関が、その舞台となる。

「防衛問題懇談会」

戦後長く、公的に防衛問題を論議することを、「政治的に難しい」という理由で遠ざけてきたわが国にあって、内閣レベルで安全保障問題を扱う諮問機関が設置されるのは、きわめて画期的なことであった。細川内閣として、冷戦の終結が、日本を取り巻く環境を大きく変えるに違いない、という前提の下、日本の安全保障はどうあるべきか――を詰めてもらいたい、というわけだ。

報告書の内容は次第に煮詰まっていく。その核心部分は、次のようなものだった。

「冷戦後の安全保障環境は不透明で不確実。その下では、①多角的安全保障協力、②日米安全保障関係の機能充実、③信頼性の高い効率的な防衛力の維持及び運用――の三本柱による、整合性のある総合的な安全保障政策の構築こそが不可欠である」

残念なのは、こんな論議の進行に向けられた政治からの視線が、熱を帯びたものとは言い難かったことだ。実質的な議論が進められたのは約半年間だが、その間に二度の首脳交代があるという異常事態が生んだ結果ともいえる。

ただ、そんな日本の状況をよそに、アメリカはこの懇談会の論議を、強い関心、さらには、懸念を持って見つめていた。最大の理由は、この三本柱の「順序」――つまり、「日米安保の充実」が「多角的安全保障協力」よりも後にされていた点にある。

懇談会の座長が、当時のアサヒビール会長、樋口廣太郎であったため、報告書はその後、「樋口レポート」と呼ばれるようになるが、その草稿の取りまとめ役である渡邉昭夫のもとに、アメリカから二人の使者が訪れたのは、報告書作成も大詰めに差し掛かったころだった。

「みなさんは、日米同盟から日本は離脱すべきだ、と考えているのか」

二人の問いかけはきつく、難詰に近いものだったという。

それでも、最終報告書は原案通りの線でまとめられ、村山富市首相に提出される。だが、報告書を受けて作成されたはずの「平成八年度以降に係る防衛計画の大綱」の中に、「多角的安全保障協力」の文字はどこにも見られなかった。

これら一連の動きの背後に、使者を送ってきたジョセフ・ナイらの存在があったことは間違いない。ナイは翌九五年の二月、「東アジア戦略報告」を発表するとともに、日本の「防衛大綱」（九五年一一月、閣議決定）の行方を〝注視〟し続けていた。

もっとも、これには後日談がある。のちに完成版の「樋口レポート」を読んだナイは、思わずこう漏らしたというのだ。

「こんな内容なら、問題視する必要もなかったのではないか」

なぜなのか。これについては、さまざまな憶測が飛び交って、いまだ定説はない。

それにしても確かなことがある。日本は、ナイの「牽制」に象徴されるアメリカ側の意向に、「同盟国とはそもそも、こういうものなのか」との思いを周囲に抱かせるほどに、過敏に反応したこと。そして、政界はもちろん、学界でさえ、〝樋口レポート事件〟の後、多国間主義、集団安全保障などを口にする向きが急速に減少した事実だ。

その後も、「冷戦後」あるいは「21世紀」を論じるため、政府の下に設置された審議会などがなかったわけではない。しかし、その中で「日米同盟」が、真正面から、それも熱く論じられることは極めてまれとなる。筆者が、この点について聞いた際、ある政治学者が、そっと漏らした言葉は、今になっても忘れ得ない。

「安全保障を専門とする学者たちなども、今は、その問題には触れないようにしているんですよ」

振り返って考えることがある。

駐豪大使や国連大使を務めた佐藤行雄が指摘するように、確かに「樋口レポート」の内容は、中国をはじめ、依然、共産党独裁下にある国も少なくなかった当時の東アジアの現実を考えれば、「理想的に過ぎる」という見方があっても、不思議なことではない。それらを含め、さまざまな論議があって当然だし、「樋口レポートは完全」などとは、そもそも懇談会のメンバーたちも言わなかっただろう。

事実、中国情勢について「レポート」は、「最近の歴史に例を見ないほど安定した国際環境に恵まれて」いるとしながらも、一方で、「台湾海峡の不安定さ」や「内陸部と沿岸部との経済格差拡大」などを取り上げ、「政治的・軍事的に十分に安定した状況が、まだ、この地域には存在しない」との認識をも示している。

「多国間主義」についても同様だ。

アメリカでも冷戦後、多国間主義に議論が傾斜した時期があった。その後、「圧倒的な軍事力を背にした、国連軽視、多国間主義排除」の方向に次第に収束していった経緯は、アメリカが熟慮の末に選んだはずの道であればこそ、そのこと自体、われわれがとやかく言うべきことではない。ただ、だからといって、この国がこぞって、「多角的安全保障協力」について、あえて論議することを避けるというのは、どうだったのだろうか。

確かに思えるのは、日米が歩調を合わせ、今、懸命に取り組んでいる「インド・太平洋構想」、さらに、すでにアメリカは離脱してしまったとはいえ、TPPも、もし当時、「多角的安全保障協力」の論議を排除していなければ、論議の先にたどり着き得た発想の一つだった可能性もないではない。また、これに早くから取り組んでいれば、その後の「中国膨張」という現実をもよほど冷静に見つめ、かつ、受け止め得たのではないか、ということだ。

「歴史のIF《イフ》には意味がない。いや、有害でさえあり得る」。そんな思いを噛み締めつつ、それにしてもつい、IFを口にしたくなる理由が、ここにある。

第５章

やせ我慢

70年間、「理想・理念の国」を自称した米国

「オモイヨ……、オモイヤ……」

ワインバーガー国防長官が発した言葉。
1987年１月、著者らがインタビューした際、
「思いやり予算」を日本語で言おうとして

**われわれが脅威を想定する必要は、もはやない。
にもかかわらず、軍備を整えなければならないのは、
わが国が超大国であるからだ。
アメリカは自分の家の玄関の外側に、
「超大国は健在だ」という看板を掲げておかねばならない**

コリン・パウエル統合参謀本部議長
米ソ首脳会談で「冷戦終結」が宣言されてから１年後1990年の発言

わが軍隊は“傭兵”ということなのか？

『ウォールストリート・ジャーナル』社説（2018年３月13日付）

『ディア・ハンター』。一九七八年に製作された、ベトナム戦争と、その戦場に赴いた若きアメリカ人たち、そして、彼らを見送り、迎えた人々を描いたアメリカ映画だ。「鹿狩りびと」という題名は、彼らが故郷の山での鹿狩りに熱中する者たちであったことに由来する。が、狩りの相手が人間に替わり、彼ら自身も、「敵」であるベトナムのゲリラ兵らの狩りの対象にされる。そこで彼ら米兵たちは何を見、何を考え、何を失ったのか。映画のテーマは、これだった。

戦場で敵の捕虜にもなり、身体的に、また精神的に大いなる傷を負った彼らは、それぞれ故郷に帰る。だが、一人、帰って来ない親友ニック。が、偶然、彼がまだ生きているらしいと知った主人公マイケルは、ベトナムに向かう。しかし、ようやく見つけたニックは、すでに廃人同様で、ロシアン・ルーレットでわが身をその標的にする日々。マイケルの説得もむなしく、サイゴン（現在のホーチミン市）の賭場で自らが放った銃弾により死亡する。マイケルの目の前でだ。

公開された当時、映画の中に登場するベトナム兵たちが、あまりに異様な姿に描かれている点などへの批判も少なくはなかった。だが、共産主義圏のドミノ的な拡大を阻止しようと、「正義の戦い」に踏み切ったアメリカ。その中で、普通のアメリカ人たちは、どう生きたのか。これを語ってあまりある画面が、日本でも多くの観衆を集めたことは間違いない。翌七九年には、アカデミー作品賞などを受賞する。

ところで、この映画、ロシアン・ルーレットの刺激的な場面が大きな注目を集めたが、もう一つ、忘れられない数分間があった。エンディング・ロールの直前、故郷に帰ったニックの棺の埋葬を終えたあと、仲間たちが彼の家に集まった場面だ。誰がというのでもなく、皆がつぶやくように、あるいは、自分たちに言い聞かすかのように、歌い始めたのだ。
「ゴッド・ブレス・アメリカ（アメリカに神の祝福を）
マイ・ホーム・スイート・ホーム（我が愛する祖国）」
アメリカ愛国歌だった。

トランプのアメリカで何が変わったか

アメリカは南ベトナム解放民族戦線（通称・ベトコン）がゲリラ活動を開始してまもなくの一九六一年、ケネディ大統領が南ベトナム政府軍に向け軍事顧問団を派遣。さらに六五年、ジョンソン大統領が、共産主義勢力である北ベトナムに対する空爆を命じたことで、一挙に本格化する。

「共産主義勢力の拡大阻止」

西側世界の盟主として、この役割を全うすることこそ、その目的であり大義だった。

すでにふれたが、アメリカの派兵数は延べ二六〇万、投じた戦費は現在の価値で五〇〇〇億ドル（約六〇兆円）を超える。その圧倒的な戦力を前に、世界はアメリカの勝利を疑わなかった。しかし、北ベトナムが背後で支えるベトコンのゲリラたち、そして、北ベトナム軍の抵抗は予想をはるかに超え、戦況は次第に膠着状態に。さらに、「北優勢」という雰囲気が広がるまでに、そう時間はかからなかった。

と同時に、戦争の正当性に疑問を投げかける声が、世界中に拡散する。日本でも、「ベトナム戦争反対」の声が高まり、筆者が通う東京の高校でも、作家の小田実らが結成したべ平連（ベトナムに平和を！市民連合）の活動に共感した同級生らが、ちょくちょく学内で抗議の集会を開いたりするほどになる。

ついに、北ベトナム軍らがサイゴンに無血入城したのは七五年四月三〇日。その直前、追い詰められたアメリカ人たちがヘリコプターなどに乗り込み、まさに「ベトナムから逃げ去っていく」映像が、世界中に流れる。終戦。

結局、民間人も含めたベトナム人の犠牲者数（行方不明を含む）は南北合わせ八〇〇万を超えたとの推計に加え、韓国兵四〇〇〇、オーストラリア兵五〇〇、アメリカ兵の死者数も五万八〇〇〇を超えた。果たして、アメリカの「正義」とはなんだったのか。世界が、そして、アメリカ自身が考え込んだのは当然だったろう。

しかし、アメリカはそれでも、「国際共産主義との戦い」の前線に立つことをやめようとはしなかった。そんなさ中に登場した映画『ディア・ハンター』が、「アメリカ愛国歌」で締めを飾ったのは、そんな「やめないアメリカ」の象徴だと筆者には思えた。と同時に、考え込んだ。

「『やめない』という〝やせ我慢〟を、アメリカはいつまで続けられるのだろうか」

そして、年月が過ぎる。アメリカのテレビ・ニュースで、次のようなコメントが流れたのは、映画が上映されてからちょうど四〇年後、二〇一八年の一〇月のことだった。

「わがトランプ大統領はいかにも満足気な様子で、人権侵害に対する懸念を無視し、アメリカが世界に向け誇ってきた、道徳面でのリーダーシップをもないがしろにする。かつての不動産王は今や、経済的利益こそ、すべての価値の最上位にあると言わんばかりだ」

その直前、サウジアラビアの政権批判を繰り返すジャーナリストが、トルコにある母国の総領事館内で斬殺された。それが、サウジの皇太子の指示によるものとの嫌疑が高まる中、トランプ大統領はとくとくと語り続けた。

「サウジは一一〇〇万ドルものアメリカ製の武器を買ってくれようとしている。その代金で、この国では多くの人間が職にありつけるんだ。このマネーを諦めようなんて、そうそうできることじゃあない」

先のニュースのコメントは、そんな大統領の映像に重ねられるように語られたものだ。「アメリカは変わった」という声は、何も「トランプのアメリカ」の中でだけ、あふれているのではない。世界中で、と言うべきか。

確かに、この四〇年間を隔てた二つの「アメリカ」を並べて見れば、「変化」を感じるのは難しくない。それにしても、この一世紀、いや、建国以来、約二世紀半の間に、アメリカに何があり、何が変わったのか。あるいは、変わらなかったのか。世界が戸惑いつつ、その答えをさぐろうとするのは、無理からぬことだろう。

今、世界は、そしてわれわれは、こんなアメリカと中国が「新冷戦」とも言われるほどに「対決」の姿勢を強めている現実を前に、いかに対応すべきかに頭を悩ましている。理由の一つは、アメリカの、そして世界の今後が、きわめて読みにくいからだ。

とはいえ、手掛かりがないわけではない。ここに至る「変化」の過程の中にも、そのいくつかがある。とりわけ、筆者が重要なポイントと考えてきたことがある。

「ベトナム戦争後、なぜ、アメリカはただちに、その本性ともいえる『孤立主義』に回帰しなかったのか」

七一年の春、筆者がバスによるアメリカ一周旅行をしたことはすでに触れたが、その途中のシカゴでのことだった、宿泊先のYMCAのロビーで、目の前のソファに座っていた年配の紳士が「君は日本からきて、この国を見て回っているんだろう。ならば、ここを読んでみるといい」と言って、その日の地元紙に載った寄稿を指さしながら手渡してくれたのだ。

その直前、アメリカ軍は南ベトナム政府軍と共同で、北ベトナムがベトコンに向け、武器や物資を迂回して輸送するため、隣国ラオスの領内などに作られた「ホーチミン・ルート」の粉砕を目指し、「ラオス作戦」を展開した。だが、ベトコンなどの逆襲を受けて大敗。アメリカ国内には陰鬱なムードが垂れこめていた。この事実をうけて書かれた寄稿だった。

「私は子供のころから、自分の国アメリカは『理想の国』だと教わってきた。私たちはそれを何の疑いもなく信じ、ヒトラー、ムッソリーニ、トージョーを悪魔だと思ってきた。ところが、今や私は自分の国を根本より否定せざるを得ない。

私たちは今まで、戦争行為を否定しながらも、戦闘があるたびに、もし今度勝てば、やはり私たちのほうが正しいのでは、と思えるような気がしていた。が、今はもはやそれもできない」

それから二年後の七三年一月、アメリカ軍は「和平協定」の調印を機に撤退を開始する。事実上、「アメリカがもはや勝利することはない」ことを認めた瞬間だ。

ここに至る理由についてはいろいろ言われてきた。アメリカが支援した南ベトナム政府の「目に余る腐敗」はその代表例だが、米軍部を中心にその後長く抱き続けられたのが、「核」の使用も含めた「アメリカの軍事力のすべて」を投入し得なかったことこそが敗北の主因、という思いだ。

この敗北を機に、アメリカにとって大きかったのは、「自由と民主主義」を前面に掲げる「理想・理念の国　アメリカ」の正当性に疑問の声が寄せられるようになった事実。加えて、重要なことがもう一つあった。第1章で触れたロバート・ゴードンの『アメリカ経済　成長の終焉』邦訳に付した解説の中で、マクロ経済学者の齊藤誠は次のように表現する。

「ベトナム戦争は、米国経済が成長していたからこそ可能であったともいえるし、成長の果実をひどく浪費した機会ともいえる。非常に複雑な思いにさせるのは、ベトナム戦争がなければ本国で経済成長の果実を享受できたであろう多くの若者たちが戦場で命を失ってしまったことである」

つまり、ベトナム戦争は、ゴードンの言う、アメリカの「経済成長の特別の世紀」の最末期に戦われ、「繁栄するアメリカ」に大きな影を投げかけたのだ。戦争終結への見通しがまだ立たない七一年、当時のニクソン政権は、一方的にドルと金の交換停止に踏み切る。さらに、中国との国交正常化にも乗り出す。いずれも、苦境からの脱却を目指した窮余の策とも言え、世界はこの二つが引き起こした衝撃の大きさから、「ニクソン・ショック」と呼ぶようになる。

繰り返しになるが、まさにアメリカの〝やせ我慢〟も限度に近づいていた、と言えようか。『ディア・ハンター』の若者たちは、そんな中で生き、苦闘したことになる。

では、なぜ、ここまで追い詰められたアメリカが、ただちに孤立主義に立ち戻らなかったのか。

一八世紀後半に独立を達成後、アメリカは「不干渉主義」を標榜し、具体的には、ヨーロッパとのあいだで相互不干渉であることを求める一方、ラテン・アメリカなど西半球については、自らに優先権があると主張した。国造りを急ぐため、ヨーロッパ諸国の対立には巻き込まれまい、という戦略的な計算に加え、「豊かさ」ゆえに孤立しても生きられるという「環境」。さらに根底には、「信仰の自由がなく、汚辱にまみれた旧世界」から距離を置く、という「理念重視」の姿勢もあったとみられる。

だが、不干渉主義や、その裏面とも言える孤立主義をめぐり、その後のアメリカは揺れに揺れる。

一九世紀の半ばからスペインと戦った米西戦争は、ヨーロッパ勢力の排除を目指したという点で、「孤立主義の範囲内」といえないこともない。しかし、世界の構図の中で、アメリカの存在はドンドン大きくなっていく。西暦一九〇〇年、アメリカのGDPは、世界の一五%を突破。その結果、アメリカ自身の思いがどうあろうと、「孤立主義」の維持には難しさが増す。

それでも、アメリカの「孤立主義」は踏ん張る。

第一次世界大戦の際、「参戦」だけでなく、戦後の「国際連盟」加盟をめぐっても、アメリカ国内で激しい攻防が繰り広げられ、ウィルソン大統領は苦闘する。

第二次世界大戦の前には、「参戦」の可否をめぐる、議会、そして、これを支える世論の抵抗はさらに強まる。当時のギャラップ調査で、「参戦に賛成五％、反対九五％」だったという事実も残されている。このため、F・ルーズベルト大統領も当初は「中立」を守る姿勢を示さざるを得なかったほどにだ。

「理想・理念の国」を掲げたNSC68

そして舞台は回り、第二次世界大戦後。注目すべき一つの政策文書が作成される。

「NSC68（米国家安全保障会議報告　第六八号）」

ソ連「封じ込め」を軸に据えた冷戦政策は一九四七年、「トルーマン・ドクトリン」として確立するが、その後、事態は大きく変わる。四九年八月にソ連が原爆実験を行い、アメリカによる「核の独占」が崩れ、さらに一〇月、中国の共産革命が成り、米政権はそれまでの政策の抜本的な書き直しを迫られる。その結果、まとめられたのが「NSC68」であり、五〇年四月に大統領に提出されたのだ。

単に「封じ込め」を唱えるだけでは、ソ連の攻撃性を抑えることはできない——という考えのもと、NSC68は、圧倒的な核報復能力の拡充を中心にした急速な軍備拡張への決意を示すとともに、西側諸国の経済面での充実の重要性にも言及している。

「今や原爆を保有するにいたったソ連を封じ込め、抑止するという方針が、実現可能な基本政策として提案されたのである」

政治動態学を専門とする石田正治はNSC68について、こう記している。

注目されるのは、五一年に大統領がこの文書を承認するや、トルーマン政権が直ちに、その内容の具体化に対する国民の支持を取り付けるため、アメリカ全土にまたがる大規模なキャンペーンを展開したことだ。それは、第二次世界大戦で連合国を勝利に導く立役者になったとはいえ、アメリカの総意は必ずしも、さらなる戦い――「冷戦」の先頭に立つことをよしとはしていなかった事実、つまり、あらためて孤立主義が台頭しつつあったことを示唆する。だからこそその、キャンペーン作戦だったと言える。

そんな米政府にとって幸いだったのは、第二次世界大戦の終了から時を置かずして「冷戦」本格化への兆候が露わになったことだろう。四六年三月、チャーチルが「冷戦」の幕開け宣言ともいえる「鉄のカーテン演説」をアメリカ訪問中に行う。さらに四八年六月には、ソ連が西ベルリンに通じる鉄道や道路を封鎖する「ベルリン封鎖」を敢行。大戦の勝利の美酒も冷めやらぬアメリカ国民に、新たな「敵」に備える必要性を思い知らせたことは、いくぶんなりとも〝ねじの巻き直し〟を容易にしたはずだからだ。

確かなことは、NSC68によって、アメリカとしての対冷戦戦略が固まり、五〇年に始まった朝鮮戦争への参戦、そして、ベトナム戦争に臨む際も、その根拠が無理ない形で与えられたこと。加えて、アメリカの世論が、「孤立主義」に揺れ戻しを見せる可能性に、この文書の存在が歯止めをかけたことだろう。

もっとも、ベトナム戦争終結後、ただちにアメリカが孤立主義に戻らなかった理由は、もう一つあるように思える。それは理想と現実が絡んだ、いかにもアメリカらしいありようの発露とも言える。つまり、「自由と民主主義」を世界に広げる――という看板を下ろさないことで、西側世界のリーダーの立場を維持すると同時に、それを、自らの国をまとめ上げるテコにもする。と同時に、「冷戦」を継続することで得られる実利も失いたくない、という発想だ。

岡崎久彦は、『二十一世紀をいかに生き抜くか』の中で、アメリカを「理念の上に」建てられた「従来の国際政治の常識では理解できない不思議な国」としたうえで、こう記す。

「〔そのようなアメリカを〕どう扱うかは、〔中略〕二十世紀を通じて、各民族が直面した最大の問題だった」

これに関連し、キッシンジャーは九四年に著した『外交』の中で、この不思議さ＝特異性はアメリカが建国以来、引きずってきた「アメリカ的な理想主義」に由来するものだとし、それがアメリカ外交に次のような相反する二つの性格をもたらした、と言う。

①孤立主義者＝自国内の民主主義を完璧なものにすることによって、世界全体へ〝理念〟の発信源となることを目指す。

②宣教師＝自国の価値観は、国民に対し、世界の人々のために自らが十字軍戦士として働くことを課す。

冷戦下、NSC68を掲げるアメリカは、「孤立主義」の看板を下ろし、宣教師然として、世界に向かって「理想」を謳い続ける。そのために、西ヨーロッパ復興を目的とする「マーシャル・プラン」に総額一〇二億ドル（うち、九一億ドルは贈与）を予算計上するなど莫大な資源を投入する一方、朝鮮戦争、そしてベトナム戦争では、若きアメリカ兵らを動員し、戦場にはせ参じることを辞さなかった。

だが、それらは、アメリカを西側のリーダーとしてふさわしく見せただけではない。そもそも、多様な人々の混合体であるアメリカを、一つの国家としてまとめるには、鮮明で強力な「旗印」が欠かせない。「理想」は、そのための求心力を育む重要な道具立てともなる。つまり、もし孤立主義に戻るとすれば、それは「世界のリーダー」の座を失うだけでなく、国内のまとまりを難しくする恐れをも意味したのだ。

そして、もう一つ、「孤立主義」への回帰を避けた重要な側面があった。アメリカの軍事戦略を研究していた国際政治学者の桃井真は生前、「冷戦」の意味を問う筆者に語ったことがある。

「『冷戦』は文字通り、米ソ間の激しい戦いだった。ただ、こうも言えるんだと思う。『冷戦』は第二次世界大戦の戦勝国――中でもアメリカにとってはまことにありがたい枠組みだった。『冷戦を西側の先頭に立って戦っている』と主張することで、アメリカは戦後の世界、少なくとも西側世界を支配してきた。武器も売れたし、経済的な繁栄をも手にした。この点では、東側でのソ連も同じような立場にいたはずだ」

こう見た時、NSC68がアメリカにとって持った意味の重さが、より鮮明になる。

つまり、この文書は、アメリカに対し、孤立主義への回帰を容易には許さない枠組みを作り、しかも七〇年余もの間、アメリカに「理想・理念の国」という生き方を取らせる。そして、この生き方こそが、結果的に「アメリカ」固有のありようを明示しているかのように、世界の多くに思わせたのだ。「理想・理念の国」として生きることは、アメリカにとって、「ベトナム」はもちろん、まして、「ベトナム後」にも、〝やせ我慢〟を強いるものであった。だが、その結果、アメリカは実に多くのものを得た、ということでもある。

「明白なる定め」の終着点としての中国

今、「七〇年余もの間」と書いた。とはいえ、それ以前も、「理想・理念の国」という風情が、アメリカになかったわけではない。それが、アレクシ・ド・トクヴィルを引き合いに出すまでもなく、人々を魅了する要因となる。

一七世紀の初め、イギリスの宗教弾圧から逃れ、信仰の自由を求め、「メイフラワー号」でアメリカに到達した「ピルグリム・ファーザーズ」。このような人々が創った国だから、「理想・理念」が堅持されたのか、あるいは、未開の大地に新たな国造りをするうえで、人々のまとまりを生むための必要性が「理想・理念」を創り出したのか――判然としない部分がある。そもそも、「ピルグリム・ファーザーズ」は、作られた神話的なものなのだ、という研究者の指摘さえある。

ただ、明らかなことは、NSC68以前の、つまり、冷戦開始より前のアメリカは「自由」や「民主主義」を、国の原理として保持していたとはいえ、揺れの多い「普通の国」――つまり、ときに「欲望」をも遠慮なく存分に露わにする国であった、という事実だろう。

そんなアメリカを振り返るうえで重要なのが、「孤立主義」と「明白なる定め（Manifest Destiny）」という二つの原理の絡み具合だ。

一九世紀に入り、アメリカは米大陸の西に向かって領土の拡張を加速するが、それは「神の意思」に基づくのだ、というのが「明白なる定め」の意味だ。そして、二〇世紀を目前に、自国の領土がカリフォルニアにまで及ぶのを見届けたアメリカは、いよいよ海洋に乗り出す。キューバやフィリピンを「スペインの帝国主義支配から解放」し、「自由の領域を拡大する」ことを大義として掲げ、米西戦争に突入したのだ。

だが、アメリカもまた、帝国主義の世界で「支配者」の側にいることが、間もなく明白となる。アメリカ軍とともに戦ったキューバやフィリピンの独立運動の兵士たちが、戦争終結とともに「反アメリカ」に回った事実を見れば明らかだろう。

アメリカ国内からも異論が出る。作家マーク・トゥエインは、戦争終結後のフィリピンのありさまを知って嘆く。

「その目的が征服だったとは!?」

だが、アメリカ国民も大勢は「海外進出支持」に向かう。実際、ここでアメリカはひるむわけにはいかなかった。この点で、米外交問題評議会のマックス・ブーツの指摘は明確だ。

「アメリカ人は、アジアのマーケットから締め出されるかもしれない、という恐怖に駆られていたのだ」

そんなアメリカが中国に向かったのは、当然の道筋だったと言うべきか。

アメリカはそれでも、「理想の国」「理念の国」であることをアピールし続ける。その実態を綿密な取材をもとに描き出したのが、通信社の記者として、特にアメリカ取材の経験豊富だった松尾文夫の『アメリカと中国』だ。この中に、印象的なエピソードが記されている。

一八三九年六月、広東（現在の広州市）の郊外・虎門で、後に「虎門銷煙」と呼ばれる事件が発生する。当時、アヘンの密輸入に悩んでいた清朝・中国が、イギリス船から没収したアヘン二万箱を海に流して「廃棄」したのだ。これが、二年後に勃発するアヘン戦争への引き金になるのだが、廃棄作業を指揮した欽差大臣・林則徐のかたわらに、実は三人のアメリカ人宣教師らがいた。アメリカが、国として「アヘン貿易反対」の立場を明確にするため、彼らに役割をふったのだ。

アメリカ政府は、欧米諸国の中で唯一、中国にアヘン密輸の取り締まりを認めていただけでなく、アヘン戦争では中立の立場をとる。だが、見逃せないのは、そんなアメリカの商人たちもまた、イギリスの手法を見習いながら、アヘン密輸で莫大な利益を上げていた事実だろう。

そして極め付きは、九九年、ジョン・ヘイ国務長官が発した「門戸開放宣言」だった。中国市場への各国の機会均等なアクセスを求めるものであり、「自由」や「平等」といった理念が前面に出されているだけに、中国としても拒否しづらい。だが、その真意が、イギリスなど中国進出で先を行く列強と足並みをそろえることであったのも間違いない。

松尾はこれを、「明白なる定め」路線の「終着点であった」とするとともに、ここに至る一連の動きを眺めながら、こう記す。

「建前と本音、理想主義と現実主義の巧みな共存という建国以来のアメリカ外交の二枚腰の実像を中国との関係でもさらし始めたということである」

ベトナム戦争後、余裕をなくしていったアメリカ

こう見てくると、アメリカがＮＳＣ68以後に「変わった」と言うのは、正確さを欠くかもしれない。ＮＳＣ68制定から三〇年余を経て、日米間の経済戦争華やかりし頃、アメリカは「自由貿易」を押し出しながら、いざとなれば、「保護主義」そのものとも言える自主規制の実施を強引に求めるなど、さまざまな局面で、日本打倒のための〝牙をむいた〟。ＦＳＸ問題はすでに見たが、目の前で進む「米中経済戦争」の象徴とも言える「ファーウェイ問題」の展開を見るにつけ、思い出すのは、「トロン騒動」だ。

一九八四年、コンピューター科学者の坂村健が開発したＯＳ（コンピューター用の基本ソフト）が、「トロン」だった。安定性があり使いやすく、しかも、無償で公開されるとあって、日本はもちろん、世界標準となる可能性もあった。が、これにアメリカ政府がストップをかける。八九年、トロンを「不公正貿易障壁の候補」に指定し、これを使ったパソコンを製造すれば「相応の制裁を科す」と宣言したのだ。

それでなくとも当時、自動車問題をはじめ、日米間では経済面での摩擦が激化しており、日本政府も企業も、「これ以上の混乱は……」との思いから、トロン利用を軸とする「トロン・プロジェクト」から撤退。結局、八〇年代には「トロンより一〇年は遅れている」と見られていた「Windows」が、その後、世界市場を席巻することになる。

果たしてトロン活用によって、日本がＩＴ覇権を手中に収め得たのか――については、疑問視する向きもないではない。が、「いざ」となれば、「自由貿易」の看板など、かなぐり捨てる。そんなアメリカの姿を、現場近くでたっぷりと見せつけられてきた身にすれば、松尾の言う「二枚腰」は「二枚舌」の間違いだったのでは、とさえ思いたくなる。ＮＳＣ68以後も、アメリカは「理想の国」「理念の国」にいつも徹

しきっていたわけではない、と言うしかない。

ただ、実は、ここにこそ、アメリカを考え、対峙するうえでの難しさがある――。これが、筆者の偽らざる思いでもある。つまり、こんな「理不尽さをも省みないで、自己の利益追求に邁進する」アメリカが、その一方で、必死に〝やせ我慢〟をやり続けた。何はともあれ、われわれは「理想の国」「理念の国」なのだ、という姿を取り続けるため、やれる限りをやろうとした――というのもまた、アメリカの重要な「真実」だからだ。

では、何が、アメリカの「やせ我慢」を可能にさせたのか。

思い当たる第一は、間違いなく、アメリカの豊かさだ、と言えよう。

アメリカの東海岸を筆者が旅したのは一九八〇年代半ば、まさに「日米経済戦争」真っ盛りのころ。かつて駐日アメリカ大使館に勤務したこともあるアメリカ人外交官が同行し、こう語ってくれた。

「日本の樹木をこのあたりに移植する。すると日本でよりも、一・五倍にはなるんですよ」

豊かさにもいろいろある。が、これは、アメリカの豊かさを実感させてくれるに十分な話だった。

そして、アメリカ自身も、自らの豊かさを十分に意識している。F・ルーズベルト大統領は四〇年の末、ラジオ放送の炉辺談話でこう述べたのだ。

「〔われわれアメリカ国民が〕注意しなくてはならないのは、わが国の資源と富の存在である。これをナチスは狙っている」

これほどの富が、アメリカに「孤立主義」を貫くことを可能にさせた。一方、これがまた、冷戦下、西側の盟主として、同盟国に対し、アメリカが鷹揚さを示し得た基盤であった。ベトナム戦争の際の膨大な戦費調達も、このような豊かさによって可能となった。

と同時に、「西側第一の国」の座にあるがために得られる実利もまた、やせ我慢を支える重要な柱となり、これが冷戦の終結後も続く。

「二十一世紀の初頭である今日的な文脈でいえば、アメリカが世界最大の債務国でありながら、依然として国際通貨界で紛れもない覇権国であるのは、ドルの持つ支配的な地位とそれに起因する様々な特権によるところが大きい」

国際政治を専攻する田所昌幸の『「アメリカ」を超えたドル』の一節は、「西側第一の国」であればこそ確保し得た「国際通貨界の覇権国」としての地位、また、これに伴う特権こそが、アメリカをして「偉大」であり続けさせた事実を詳らかにする。

だが、そんなアメリカも冷戦下、時間が経つとともに、特にベトナム戦争後は、確実に余裕をなくしていく。

例えば、西側世界をソ連などの攻撃から守るための米軍の海外駐留は、その「リーダー」としての最重要任務であったはずだ。しかし、これがアメリカにとっては、次第に〝重荷〟になる。七八年、日本が駐留米軍に対する費用負担として始めた「思いやり予算」は、そんなアメリカの内実を見つめたあげくの、いかにも日本らしい配慮の結果だったと言える。だが――

八七年一月、ワインバーガー国防長官にインタビューした際、「思いやり予算」に話題が及んだ時のことだ。

「オモイヨ……、オモイヤ……」

長官はこう言いかけたものの、舌がうまく回らず、苦笑いしてやめた。そこには確かに、自国の軍隊の駐留費さえ賄いきれなくなっている――そんなアメリカのありように対する自嘲の響きがあった。

そして、その背後には、じっと耐えるアメリカ国民がい続けた。

筆者が、あの『ディア・ハンター』の主人公たちが生きた故郷、ペンシルベニア州クレアトンから約二五〇キロ離れたウィコニスコを訪ねたのは、シカゴであの老紳士に会う一週間ほど前だった。アメリカに向かう大型旅客船の中で出会った、米海軍の砲兵マークとその妻メアリーの自宅のあるウィコニスコは、アパラチアの炭坑地帯の一角にある小寒村。サンフランシスコに到着した際、バスでアメリカを一周するという筆者の計画を聞いて、「バス旅行は疲れるはず。その時は、ウチに来い」と言われたのに甘えてのことだった。

人口二〇〇〇余。「肉を食べたい」という筆者の言葉を聞くと、家の前を通る引き売りから肉を買って、ステーキを食べさせてくれる。そんな村に、ベトナムでの任期を終えた職業軍人のマークは帰ってきたのだ。彼らは帰国の際、家族とともに客船に乗せてもらえる規則があった。それで筆者との出会いがあったわけだが、村人たちは彼を「ベトナム帰りの英雄」というより、「出稼ぎ先で苦労したが、なんとか無事に戻って来た同胞」といった目で見ているふうがあった。と同時に、「ベトナム」についてはあえて聞くまい、という雰囲気も。すでに、徴兵されていった何人もの村人が「帰らぬ人」となっていたのだ。

村には珍しい日本人の来訪とあって、メアリーの姪っ子で、興味津々のミリーが、早速、筆者を小学校に連れていき、彼女の所属するクラスで「日本」について語れと言う。リクエストに応じると、大柄で朗らかな、クラスのリーダー的な存在だった彼女は得意げだった。

そんな思い出深いウィコニスコ再訪を筆者が実現したのは、それから一五年後の八六年。ワシントンでの勤務の合間をぬってのこと。懐かしそうに迎えてくれたマーク夫妻は、「今日はパーティが開かれているから」と言って、すぐさま村の集会場に筆者を連れていく。

大人になったミリーがいた。相変わらず、仲間たちの動きを仕切っている。近づいてきた彼女は、一五年ぶりの再会を喜んでくれた。ただ、どこかやつれた感じがする。帰り道、美容院を開いているメアリーが言った。

「このあたりはどこも同じ。若い者に良い仕事が無くて。ミリーはそれでも村に残った。親の面倒をみるために。でも、幸せそうではないの」

『ディア・ハンター』の主人公たちが生きた鉄鋼の街・クレアトンも、炭坑の街・ウィコニスコも、その後、「ラストベルト」と呼ばれるようになる地域の中に位置する。それは「白人貧困層が集積する所」の代名詞でもあるが、実は三〇年余前の当時でさえ、辺りの現実は、すでに「余裕を失いつつあるアメリカ」の姿を鮮明にしていたと言える。それでもアメリカは、やせ我慢をし続けていたのだが。

民主主義を機能させるための共感の欠如

しかし、そんなアメリカのやせ我慢にも、ついに限界がきたように見える。それを象徴するのが、二〇一六年の大統領選挙における二人の主役、ドナルド・トランプとバーニー・サンダースだったろう。

筆者の率直な感想を明かせば、サンダースの活躍にこそ、大きなショックを受けた。トランプ的な発想や生き方は、決してアメリカで珍しいものではない。「総・やせ我慢の時代」には、表立った動きを抑制していたにすぎない。だが、自ら「民主社会主義者」と名乗るサンダースが、民主党の大統領予備選で、本命中の本命だったヒラリー・クリントンと堂々の戦う姿を見てしまっては、冷戦が終わり、アメリカも変わったのだ、と思うしかなかった。

では、ここまで来たアメリカは、今後、どうなっていくのか。

考えを進めていくに当たって、一つ、確認しておくべきことがある。

すでに明らかになっているように、日本が、そして世界の多くの国民たちが「われわれのアメリカ」と考えてきたそれ——「理想・理念」を掲げ、鷹揚で、時に「荒々しい本音」を露わにすることもあるとはいえ、あえて「孤立主義」から距離を置き、余裕がなくなりつつあっても、「必死にやせ我慢をするアメリカ」という存在は、第二次世界大戦後、より具体的には「NSC68」の策定以来、たかだか七〇年間のもの。二世紀半ほどのアメリカの歴史を考えるなら、「そうではないアメリカ」の歴史の方がはるかに長い。つまり、「アメリカは変わった」と言っても、それは昔あったアメリカ、あるいは、それに近い存在に戻るだけなのだ、と言えるかもしれない点だ。

この事実を踏まえ、「アメリカの今後」を語る人々を見ると、大きく二つに分かれるように思える。

まず見られるのは、アメリカは理念重視の「特殊な国」であり、現在、目の前にある、騒がしいトランプのアメリカは、あくまで一時的なもの。だから、「われわれのアメリカ」像の復活を待とうという人々だろう。英『エコノミスト』誌は書く。

「〔目の前で、アメリカは荒廃しているかに見えるが〕それでも希望はある。何にもまして、アメリカの政治的な伝統は、これまでルールを破る有力者がいる中でも生き延びてきたからだ」

これを「われわれのアメリカ・復活待望論」とするなら、もう一つは、「アメリカの価値・見直し論」と言うべきか。そもそも、アメリカの「理想や理念」は絶対と言われるほどに、完璧で唯一なものなどではなかった。そのことをこそ、今、世界は見つめるべきなのだ——という人々だ。

「アメリカは世界を良くしようと必死に尽くしてきたのに、なぜこんな仕打ちを受けなければならないの？」

二〇〇一年、「9・11」の現場で泣き叫ぶ女性が発した言葉だが、これに対しアリエル・ドーフマンは語った。

「アメリカが世界で何をしてきたかを、彼女は知らないのだ。〔中略〕アメリカはチリに干渉し、ピノチェトのクーデターを助け、選挙で民主的に選ばれたアジェンデ大統領を倒させた。ピノチェトは、合法的にはできないことを暴力でやったテロリストだった。〔中略〕強者は忘れるが、敗者は忘れない」

冷戦中、共産主義圏の拡大を抑えようというアメリカの動きは、キューバから南米にも及ぶ。その一つが、チリだった。劇作家のドーフマンは、アジェンデ政権（一九七〇〜七三年）の文化顧問を務めていただけに、アメリカへの追及には厳しいものがある。これこそ、「アメリカの価値・見直し論」の中でも最も厳しい部類に属するもの、と言えるだろう。

それにしても、このようにさまざまな「見直し論」にどう対峙していくか――が、アメリカの、そして世界の今後にとって、重要なことであるのは間違いない。

その意味で、今のアメリカについて目を離せないのが、民主主義、そして報道の現状だろう。

「私は、アメリカの中にアメリカ以上のものを見た」

トクヴィルは、フランス革命で家族からも処刑者が出た貴族の家に生まれた。そのためだろうか、民主主義には、多数派が少数派を抑圧する「多数派の専制」に陥る危険性が高い――という思いの強い人物だったのだろう。だが、一九世紀の前半、アメリカ各地を見て回った彼は、人間の平等、また個人の自由度が高いアメリカでは、この危険性がきわめて低い事実を確認し、『アメリカにおけるデモクラシーについて』を書いた。

そんなトクヴィルが、しかし他方では、アメリカで「平等」や「自由」が確保できるのは、ものごとの決定に参加できる人間たちが、インディアンや奴隷を排除した白人の、それも中間層以上の者に限られているからである、と見抜く。だから、もしこの前提が崩れれば、アメリカもまた「多数派の専制」がありえる国になりかねない、との不安も抱いた。

では、今のアメリカの民主主義をどう見るべきなのか。

オバマ政権が〇九年に誕生して以来のアメリカ議会は、ほとんど有名無実化しているのでは、と思えるような様相を、しばしば示す。オバマ政権が提出した法案は、共和党が多数を獲得した議会で次々と廃案とされる。毎年度の予算が、年度初めまでに成立することはほとんどなし。このため大統領令が連発される。トランプ政権になると、今度はオバマ政権時代の大統領令が軒並み停止される、というありさまだ。

その主因が「人種の多様化や白人中間層の窮乏化」の進行であるなら、トクヴィルの予言はおおむね正しかった、ということになる。だが、今のアメリカの現状は「専制」が社会を覆っているというより、「空回り」している、という表現がふさわしいようにも思える。あるアメリカのジャーナリストは、このような状況をシニカルに表現する。

「今のアメリカは、民主主義が十分すぎるほど、機能している。いや、機能し過ぎているのだ」

その根底にあるのが、「共感の欠如」とでもいえるものだろう。つまり、どんなに意見・主張に相違はあっても、国を構成する国民の大多数の視線は、同じ方向を向いている。これこそが民主主義を成り立たせるものとするなら、今のアメリカには、その基本がなくなってしまっている。あるいは、大きく傷ついている。

そして、同じようなことが、報道についても言えるような気がする。

アメリカが建国以来、重視してきた「報道の自由」は、キッシンジャー流に表現するなら、アメリカが自らをバラバラに引き裂き、しかし、最後はまとまるための手法として維持されてきたようにも思える。国内はもとより、世界に向け、アメリカの恥部でさえさらけ出す。これに対する反応を探りながら、自らを客観的に見つめ直し、「偏向」や「誤り」を正す。ベトナム戦争報道は、まさにそれであり、これこそが、自らに失望した多くのアメリカ国民に、「それでもわれわれは、すべてを失ったわけではない」と思わせる一因となった。

そんなアメリカで近年、報道の自由がないがしろにされる傾向が強まっているように見える。イラク戦争の際、アメリカのメディアの報道が政府や軍に操作されていたことは、メディア自身が認めた、否定しようのない事実。トランプが「フェイク・ニュース」と大騒ぎするのも、そんな流れの先にある現実であるように見える。そして、その背後にもやはり見え隠れするのが、アメリカ社会における「共感の欠如」だろう。

新たな「敵」探しが生んだ「分断された国民」

問題は、このような「共感の欠如」が、何によって、またどのような経路で生じ、そして深まったかにある。

そう考えたとき、突き当たるのが、これまでもその一部を見てきた、アメリカが進めた冷戦後の「敵」探しの、ありようだ。

「冷戦」を勝利で終わらせたアメリカは、新たな時代の到来を前に、自らの身の振り方――つまり、「冷戦後」を生きる「道筋」を模索する必要があった。普通の国であれば、「生き残り、勝利した」ことを喜べば、それでよい。だが、「理想や理念」を前面に掲げてきたアメリカにしてみれば、これから先、何を目標にし、その実現をどう図っていくのか――言ってみれば、〝自分探し〟を、あらためて行う必要があった。

当時、ワシントンで研究生活をしていた日本の学者が、国務省に日本担当の責任者を訪ねた際、漏らされた言葉がある。

「ソ連という〝敵〟がいなくなった今、私たちは、太陽がない空を、日々、眺めて生きている。そんな感覚なんです」

唯一の超大国となったアメリカにしてみれば、本来、ここでさまざまな選択肢があり得たはずだろう。例えば、「NATO（北大西洋条約機構）の今後」一つをとってみても、さまざまな考え方があり得たように思える。しかし、複雑な現実がそれを妨げた、と言うべきだろう。

在留米軍の総引き揚げ、あるいは縮小論が取りざたされる一方、統一ドイツへの警戒感から、イギリスやフランスなどは、ドイツに対する監視役として、米軍の駐留継続を強く望む。また、ロシアの再強大化への恐れを払拭しきれない東欧諸国からは、自分たちもNATOに加わることで、その拡大を……といった具合だ。

こんな動きにロシアが反発するのも、また当然であった。自らの周りに、常に「分厚い防護壁」を作ろうというのは、ロシアの本能とさえいえる。まして、冷戦での敗北で自らの非力さを知らされ、その思いはかつてなく切実なものになっていたのだから。

その意味で、結論はともかく、NATO、そして、その傘下にある在欧米軍の将来は、やはり大いに議論されてしかるべき題材だったろう。そこから、新たな「冷戦後の新秩序」像が生まれる可能性もあったはずだ。

だが、結局、アメリカが選んだのは、あえて厳しく言うなら、何よりも、冷戦の「勝利」で味わった感激の思いを噛み締める〝儀式〟だったように見える。その第一弾が、ソ連（ロシア）の弱体化を名実ともに明らかにすること。具体的には、まず、「旧東欧圏」に属する諸国を中心に、NATO内に取り込んでしまおう、という動きだ。

ジョージ・ケナンを引き合いに出すまでもなく、ロシアについてのアメリカの理解は決して浅いものではない。それゆえ、と言うべきか。当初、アメリカ内部にも、慎重な動きを求める声があったと言われる。

しかし、クリントン政権になったあたりから、アメリカは「NATO拡大」路線に大きく舵を切る。

もし、この時、アメリカが、いささかなりとも「大国風」の対応――つまり、敗者・ソ連（ロシア）への「配慮」を強調しながら、ことを進めていれば、「我も大国たらん」とするロシアの野望に変わりようはないとしても、その後の「クリミア併合」に象徴される「国粋主義的なプーチンのロシア」出現に至る道筋が、かなり違ったものになった、との想定はあり得るはず。プーチンが当初、「同等の立場からNATOに加盟する可能性を排除しない」と口にしていたことなどを考えるなら、この時のアメリカの浅慮を惜しむ声があったとしても当然と言えるだろう。


当時のアメリカの動きを振り返って、重要に思えるのは、やはり「敵」探しに熱中するあまり、「冷戦後」を総体として見つめる姿勢を貫ききれなかった事実。また、そのような事態を招く原因であり、かつ、結果ともいえる、「唯一の超大国にふさわしい強大な軍事力」の保持、さらには拡大に、「過剰」と思えるほどに重みを持たせたことだろう。

この点で、特記すべき言葉がある。一九八九年一二月の冷戦終結宣言や、一九九一年一～二月の湾岸戦争を、統合参謀本部議長として迎えたコリン・パウエルが発したそれだ。

「ソ連の出方がどうであろうとも、また、ソ連が東ヨーロッパから軍事力を引き揚げようとも、アメリカは自分の家の玄関の外側に、『超大国は健在だ』という看板を掲げておかねばならない」

これは、ブッシュ（父）とゴルバチョフによる米ソ首脳会談で「冷戦終結」が宣言されてから、一年が経とうかという九〇年一一月の言葉だ。冷戦の終結を契機に高まりつつあった「平和の配当論」が勢いを得つつある状況への強い警戒感が、透けて見えるようではないか。

そして、九一年に湾岸戦争が終了すると……

「悪魔の在庫はもう尽きた。悪党は、もはやゼロ同然だ」

としながら、それから一か月半後、パウエルはあらためて次のように断言する。

「われわれが脅威を想定する必要は、もはやない。にもかかわらず、軍備を整えなければならないのは、わが国が超大国であるからだ。われわれは全世界の責任や利益について世界という舞台で主役であるからだ」

こうなって、浮上してくる構図がある。つまり、「敵」は必ずしも「ある」ものではない。しかし、「敵」はぜがひでも必要なものであり、「もしないならば、作ってでも存在させるもの」だというそれだ。であればこそ、軍事力を増強し続けることも可能となる。

事実、九〇年度にアメリカの国防予算は前年比一・五％ほどの減となり、その後も、二〇〇〇年度までは八九年度の予算額以下であり続ける。しかし、最大でも、その下げ幅は一〇％強まで。「9・11」があった〇一年に元の水準に戻すと、その後は急速に伸び率を高める。

アメリカ国内でさえ、このような考え方には反対が少なくなかった。だが、パウエル的な発想が押し切った。ベトナム戦争の「失敗」は軍事力への信頼感を大きく損なった。にもかかわらず、冷戦に勝った大きな理由が、ＳＤＩに象徴される「敵を圧倒する軍事力の備え」であった――という認識が、冷戦後も「唯一の超大国」であり続けるには、「何としても力だ」との考えをよみがえらせた、ということだろう。「新たな敵探し」は、こんな思いを政策に昇華させるための必須条件ではあった。が、実は、注視すべき点がここにある。

冷戦がスタートして以来、特にベトナム戦争後のアメリカが、次第に〝やせ我慢〟の色彩を強めていったことは、すでに見てきた。それでも、なんとか「まとまり」――つまり「共感」を維持できたのは、「自由と民主主義の旗手」という「看板」、そして、それに相伴う「実利」の重みだった。

しかし、冷戦後、「新たな敵探し」が進む中で露呈した、「力の確保」に向けた、あまりに〝前のめり〟なありようが、アメリカ国民の中に、「理想」「理念」に対する、かつて見られなかったほどの〝しらけ〟を生む。また一方では、「理想」「理念」を掲げ続ける代償ともいえる「実利」が、はたして十分なものなのか、との意識を高める層も拡大する。金融経済に加え、折からのIT産業の進展が、国民の間の格差を拡大し、「利」にシビアな人びとを増やしたのも、その一因だろう。それに伴い、「共感」の維持がどんどんと難しくなり、そこに顕著になったのが、「分断されたアメリカ」という現実ではないか。

「世界の警察官」というより傭兵化する米軍

さて、トランプ政権だ。その政策の基本的な発想は、前任者オバマのそれをすべて否定することにある。すでに、アメリカ自身が「そうらしい」と認めているトランプ的発想が、軍事予算にも及ぶ。「勃興する中国への対応」など、理由はいろいろ挙げられている。が、何より大事なのは、オバマ時代に抑制された分を取り返すことにある、というわけだ。

「われわれの軍は、アメリカを守るためにあらゆる手を講じなければならない。他の国家が、われわれを軍事力で上回ることなど、とうてい黙認できない」

大統領に就任直後、トランプはこう述べたが、気になるのはその先だ。

「私にとっては、財政均衡よりも軍（事力の増強）の方が重要だ」

大統領が、いわゆる軍事産業との太いパイプを重視している事実はさておいても、「財政よりも軍備増強」とする言葉の端々に、実は、経済・財政に余裕のない現実を隠しおおせないアメリカの今が、顔をのぞかせている。そんな状況下でいくら軍事予算を積み上げても、パウエルの言った「『超大国は健在だ』という看板」になり得るのか。

と同時に目を離せないのが、トランプ大統領が同盟国に対して、盛んに米軍の駐留経費の負担増を要求していること。突然に「これまでの五倍出せ」といった要求を突きつける法外さにもあきれるが、中でもすさまじいのが、「全経費の一五〇％を支払え」という要求だろう。実際の費用に上乗せした分担要求もさることながら、〝請求書の送付〟を見つめる同盟国、いや、それ以上に、そんな「わが大統領」の背中を見るアメリカ国民の視線の行方、あるいは、その揺らぎが気にならざるを得ない。

兆候は、すでに出ている。

「トランプ大統領の〔駐留米軍経費に関する〕同盟国への金銭的な要求は、わが国の同盟国に対する支援が、交渉次第の、いつでも打ち切り可能なものなのだ、というメッセージを送るに等しい。つまり、支援はマネーの問題であり、安全保障の責任分担とは関係ないということだ。わが軍隊は〝傭兵〟ということなのか？」

大統領が「一五〇％要求」の意向を表明した直後の二〇一八年三月、『ウォールストリート・ジャーナル』紙が掲載した社説の一節だ。トランプ政権に対し好意的な論調が少なくないことで知られる新聞だけに、この社説は「一五〇％」への危惧が、アメリカ国内でも広く、そして深く共有されていることの証しとも見える。キーワードは「傭兵」だ。

「アメリカは世界の警察官ではない」

オバマ大統領の言葉として有名なこのセリフ、そもそもは一九九三年に大統領に就任したクリントンが、選挙戦中に繰り返したものだ。もっとも、ここでは、それよりさらに五年ほど前の八八年、『ニューズ・ウィーク』のワシントン支局長、エバン・トーマスが同誌に書いた「アメリカは衰退しつつあるのか」の一節にまで遡りたい。この中でトーマスは、アメリカの強みとして、自らの「衰退」を世界注視の中で論議して見せる「オープンさ」、それに「気前の良さ」「変化や自己改造への躊躇のなさ」などを列挙したうえで、次のように断言したのだ。

「もし、アメリカ外交が今後、賢明な道を選択していくとするなら、二一世紀、アメリカはより強力な『世界の警察官』として生き続けるだろう」

いまだ冷戦が終了していなかった当時、レーガン軍拡も途上であった。とはいえその後、世界情勢がどう展開していこうと、すでに膨大に積みあがった軍事力を一挙に放棄する、などというのはもちろん、縮小することとさえ容易でない。とすれば、「世界の警察官」は、この軍事力を〝有効利用〟する道、すなわち、実質的な「傭兵」を意味するものと受け取る向きが、アメリカ国内でも少なくなかったように見えた。

とはいえ、当時、アメリカの中で、「傭兵」という言葉は、まず聞かなかった。まして、政府の要人ともなれば、それらしいことに触れるのにさえ躊躇する風が顕著だった。日本の「思いやり予算」を口にする際、言いよどんだワインバーガーは、その好例だろう。

この点、冷戦後のソ連ではよほど軽く、「そのこと」は扱われていた。

「ソ連はNATOに加盟すべきだわ。それで、紛争があれば、世界のどこにでもわが軍隊を派遣するの。費用をNATOに負担してもらえば、巨大なソ連軍を潰さないでいいし、しかも、経済の立て直しにも有効よ」

湾岸戦争の終了後間もなくの九一年三月、当時のモスクワで最も人気のあった大衆紙『モスコフスキー・コムソモーレツ』の女性記者、ユリヤ・ハイチナがあっけらかんと口にした言葉だ。「冷戦敗北」の屈辱が軽口を叩かせた、とでも言うべきか。

それが今、アメリカでも、主要新聞の、しかも社説の中で「傭兵」という言葉が使われる。確かなのは、アメリカの中の一つの「壁」が崩れかけているということ。つまり、「敵」とは、自国が掲げる「理想・

理念」に反する存在ではなく、それによって、軍事力を持ち続け得るため、そして、これを手段に、生活の資を得るための「小道具」に過ぎない――といった思いさえもが、平然と語られかねない状況が現出しつつある、ということだ。

アメリカは損得で動く「普通の国」になってしまうのか

少なくとも、トランプ政権は、アメリカが「理想・理念の国」であるよりも、「普通の国」であることを明確にする道にハンドルを切りつつある。そう言うべきだろう。その際、口にするのは、損得の話だ。「アメリカが攻撃された時、日本は助けに来ないのに、日本が攻撃されれば、アメリカは助けに行かねばならない。不公平じゃないか」

こんな思いが、アメリカの中で長く密かに、抱かれてきたことは否定しようもない。しかし、それを公の場で口にすることは、慎まれてきた。その意味で「トランプのアメリカ」は、「正直になっただけ」なのかもしれない。

明らかなのは、その途端、人の心は楽になることだ。大統領の演説会で、壇上から投げかけられる「言いたい放題」に拍手喝采する聴衆の姿は、まさに心のわだかまりを解いた――つまり、苦しい中でも〝やせ我慢〟をし続けてきた人々が、ようやく自分のありのままを吐き出し、リラックスしている姿に見えてならない。

問題は、やせ我慢をやめたアメリカ、つまり、余裕をなくし、「普通の国」のありようをあからさまにしたアメリカを、世界は、まして同盟国はどう見るのか。加えて、「トランプのアメリカ」に同調せず、いまだに〝やせ我慢〟を続けようとする、少なからぬアメリカ国民が、どう考えているのか――だろう。

冷戦下、あくまでもフランス独自の外交を追求したドゴールは、『ドゴール大戦回顧録』の中で、次のように書いた。

「米国は自国の資源に驚嘆し、もう国内だけでは自国のダイナミズムにとって十分の活動の場が得られないのを感じ、世界中の悲惨であったり従属したりしている人たちを助けたいと思って、〔中略〕干渉への傾斜に身をまかせた」

第二次世界大戦後、弱体化したヨーロッパに手を差し伸べてくるアメリカへの、複雑な思いの表明ともいえる。が、そこにはまた、国土の豊かさなど、条件に恵まれたアメリカであればこその「余裕」から発した行為だとすれば、それがいかに「善」的なものに見えたとしても、高く評価する気にはなれない――。そんな、誇り高きドゴールの思いが、そっと、しかし確実に顔をのぞかせているように感じる。

そして、これに似たような感情を共有していたのでは、と思いたくなる人物が日本にもいる。岸信介だ。

岸は商工省の少壮若手官僚であった一九二六年、初めてアメリカを旅する。アメリカ独立一五〇周年記念の世界博覧会に出席するための出張だった。が、商工省としては、有能な若手である岸に世界を見せておこう、という配慮もあったのだろう。岸はその後、ヨーロッパにも足を延ばし、イギリス、ドイツをも訪れるチャンスを与えられる。

この旅で岸は、ドイツの「日本と同じように資源がないのに、発達した技術と経営の科学的管理によって経済の発展を図ろうとする」姿を見て、日本もこれを見習うべきだ、との思いに目ざめる。これに対しアメリカは、岸にとってむしろ「憎しみの対象」になった。戦後、岸自身、その時の思いをこう語っている。

「石炭や鉄鋼石その他の資源の産出量を比べるとわかるが、日本がアメリカを目標にして経済政策を考えたって、どだいスケールが違っていた。アメリカの偉大さに圧倒され、一種の反感すらもった」

特筆すべきは、そんな岸にとって、アメリカの「理想を追い求める国」といった側面は、ほとんど意味を持たなかったかのように見える点だ。

岸が「自由と民主主義」の価値を、政治家として評価していなかったわけではない。

「（日本は今、）個人の自由と尊厳を基礎とする民主主義の高遠な原則を信奉し、国を挙げてこの使命達成に全力を傾倒している」

五七年、首相として訪米した岸がアメリカ連邦議会で行った演説は、社交辞令とばかりは言えないだろう。ただ、二八年に始まったソ連の第一次五か年計画に強い関心を寄せ、後に首相として国民皆保険（医療）の実現に全力を挙げるなど、「民生の安定」をも重視する政治家となる若き岸にとって、「最初に見たアメリカ」は、大恐慌の前の、異常なほどの経済ブームとその陰で広がる格差がミックスするアメリカであり、それ以上でも以下でもない存在に思えた。

つまり、アメリカが「理想を謳う」のは、「豊かさ」から来る「余裕」があればこそのこと。余裕がはぎ取られれば、しょせん「利を追うに忙しい普通の国」になるのでは――ということだったのではないだろうか。

戦後の岸が、アメリカとの〝浅からぬ関係〟の中で生きたにもかかわらず、どこか、アメリカに対し、クールに見える対応を貫いた姿に、そんな岸の本心が顔をのぞかせているように思えてならない。

はたして、ドゴール、あるいは岸が想ったであろうように、余裕を失ったアメリカはこのまま「普通の国」への道を進むのか。あるいは、われわれが戦後長く思ってきた「アメリカらしいアメリカ」を、あくまでも堅持しようとするのか――。とりあえず、われわれは、その行方を見つめるしかない。

ただ確かなのは、アメリカがどちらの道をとるにしても、日本を含む多くの国々、いや、世界は間違いなく、その歩みの中に巻き込まれていくであろう、ということだ。

その際、大きくものを言うのが、「普通の国」の要素をたっぷりと持ったアメリカの実像を「見てしまった」国々の人々の思いであり、また、そんな自らの本性を、世界に「見せてしまった」ことを忘れようにも忘れられない、そんなアメリカ自身の思いであり、悔しさである可能性がある。

というのも、ドゴールや岸と違い、今や、世界のほとんどは、NSC68以降に生まれ、「やせ我慢をしながら、理想を忘れまいとしてきたアメリカ」の姿しか知らない人間たちによって構成されている。そんな世界に対し、「普通で、当たり前の国かもしれないアメリカ」の姿は、すでに、取り返しもつかないほどに大きな衝撃を与えてしまった可能性が高いからだ。

トランプ大統領を誕生させた二〇一六年の米大統領選挙が終わってから間もなく、あのウィコニスコの村からの便りが、久しぶりに筆者のもとに届いた。七一年には二〇〇〇を優に超えていた人口が、九〇〇そこそこまでになってしまいました、と。

映画『ディア・ハンター』の主人公たちと同じ、アパラチアの山並みを眺めながら、ウィコニスコの村人たちは、はたして今、愛国歌「ゴッド・ブレス・アメリカ」を口にしているのだろうか。思わず、そんなことを考えた。

第6章

「歴史の終り」から「新冷戦」へ

問われる“民主主義の同盟”

〔周恩来首相は〕

かつて出会った中で最も感銘を受けた人物〔であり〕、

上品で忍耐強く、並外れた知性を備えた繊細な人物

ヘンリー・キッシンジャー

1972年、ニクソン訪中の前年、大統領補佐官として、

密かに周恩来首相と会談した際の感想。

『キッシンジャー回想録 中国』より

私は、私たちの孫たちが、

中国の支配下にある世界で暮らすことを望まない

ヒラリー・クリントンが、私的な場で漏らした、

とされる言葉

アサミさん、そこ、

お互いうまく切り抜けましょうよ

20世紀末に、人民解放軍の現役の将軍が、著者に語った言葉

「冷戦」の終焉から約三〇年が経つ。そして今、中国の台頭を受け、これにアメリカが挑戦状――いまだ米中の力比較の現状からいえば、表現として適当ではないかもしれないが――を突き付けたかに見える今、世界では一つの言葉が飛び交う。

「新冷戦に突入か」

それにしても、「冷戦」の中を四〇年近く過ごした筆者などには、いささかの戸惑いがある。冷戦とは、「イデオロギーの対決」を軸に、グローバルな規模で展開された闘争の歴史。そう考えてきたからだ。

フランシス・フクヤマは『歴史の終わり』の中で、「自由主義と民主主義が共産主義に勝利した」事実こそが「歴史の終わり」を意味するとした。その後、本当に「終わった」か否か――などを含め、さまざまな論議を呼んできたわけだが、確かなことは、「冷戦」下では、まず第一に、戦った双方ともに、自陣営こそに「正義」があると考えていたこと。しかも、「西」と「東」の双方ともに、陣営の内部では、まがりなりにも「正義」について基本的に足並みがそろっていた――ということだ。

「アメリカとソ連を、各陣営のトップに据えた『冷戦』であっても、詰まるところ覇権争いであり、己の版図、そして勢力圏の拡大こそが最大の目的であり、イデオロギーは付け足しであった」

そんな声もないわけではない。確かに、その要素は排除できないし、各陣営の中でさえ、奉ずるイデオロギーに関し、異論・反論が全くなかったわけではない。いや、「中ソ論争」に見られるように大いにあった。

まして、冷戦が終わるや、それぞれの陣営が「正義」としていたもの自体が、客観的に、その名に値したものだったのか否かが、改めて論議されたし、今後とも論議され続ける質のものだろう。

それにしても――

一九九〇年の夏、新聞社のモスクワ支局員だった筆者は、旧ソ連内のイスラム諸国の旅に出た。その中の一つ、ウズベク共和国（現ウズベキスタン）でのことだ。夜、ある民家を訪ねると、日本からの客人が来るということで、地元の共産党の幹部が顔を見せていた。で、夕食の席に着くや、彼がやおら立ち上がり、声を上げた。

「世界に向けた、わがソビエト社会主義共和国連邦の使命は……」

延々三〇分あまりに及ぶ大演説であったそれは、ある意味、共産党政権下では、よく見られる「儀式」といえる。もっとも、それから半月後には保守派のクーデターが発生し、翌年の末のソ連崩壊へとつながるこの時期、すでに、モスクワなどでは、見られなくなりつつあった光景が、しかし、この地方都市では依然、躊躇なく繰り広げられている現実を目の前に、あらためて「イデオロギーの時代＝冷戦」を感じたのを忘れない。

「正義」か否かが冷戦のようには明確でない

この章を、こんな書き出しで始めたのには理由がある。「新冷戦」とも言われる現下の「米中対決」が、はたして「冷戦」の名を冠するに相当するものなのか、を考えてみたいからだ。

まず、それぞれの陣営のトップであるアメリカと中国は、自らの「正義」を疑わず、その反映として、相手陣営のありようを「悪」と断じて揺るがない確信をもっているのか。また、その結果として、自分の陣営内を「悪」と戦う「正義の同盟」として固め得ているか――を見つめてみたい、ということでもある。

その意味で、あらかじめ断っておかねばならないことがある。

これまでの章では、例えば、中国の「危険性」に気づきながら、宥和路線を取り続け、結果的に今、アメリカが直面している「困難さ」は、アメリカ自身が犯した「手遅れ」が招いたものと言えないこともない――としてきた。それは、この本が、基本的に「中国」を「悪」とする立場から書かれているもの、と受け取られても仕方がない表現法といえる。

だが、筆者の真意はそこにはない。このような書き方をしたのは、あくまで、各章で展開される物語の構図を、明確に示したいからであることを明らかにしておきたい。

さらに言うなら、筆者は、目下の「米中対決」では、「正義」と「悪」が、かつての「冷戦」下であったようには明確でない。また、各陣営ともに、「共通の敵」に向け、結束を固めるには、その内部にあまりにも多くの困難を抱えている。そして、それこそが、「新冷戦」とも呼ばれる現象を見る時の難しさであること。また、この事実がアメリカ、あるいは中国から「対決への関与」を迫られる諸国家に大いなる難題を投げかけていることを、示したいと思っているのだ。「まえがき」にも記したように、この「諸国家」の中に、日本が含まれることは言うまでもない。

なぜ、長い「ためらい」の時を経たアメリカが、二〇一八年秋の「ペンス副大統領の演説」を機に、一挙に「対中対決」の姿勢を明確にせざるを得なかったのか。すでに触れてきたことでもあるが、それが、トランプという大統領自身の意図によるものか否かについては、不明な点もある。「反中国」の意識は間違いなく、それ以前からアメリカ国内で確実に高まってきていたし、それは何も、共和党陣営だけの話ではないからだ。

ただ、このようなアメリカ側の事情に加え、目が離せないことがある。「対決」の剣の穂先を突き付けられた中国のありよう、また、アメリカ以外でも少なからぬ国々が、中国に対しファイティングポーズを取るに至った原因。加えて、そんな国々の根底に渦巻く中国に対する「思い」などだ。

われわれの周囲に目を向ければ、それこそ、中国に関しては、さまざまな声がある。

「とにかく自分勝手。無理を承知で平気で押し込んでくる。『中国だぞ』といえば、相手は皆、ひれ伏す、とでも思っているんだろうか？」

「平気で嘘を言う。己の利のためには、何をやってもいいのだ、といわんばかりに」

「まるで自分たちが、世界の中心であるかのように、何事においても傲慢。それでいて、いざとなると、自分たちは〝弱者〟なのだといったポーズをとる」

言うまでもなく、これですべて、というわけではない。が、筆者の経験からすると、特に外交やビジネスで中国との接触を持った人々に、反感を露わにする例が多い。

マイケル・ピルズベリーの言葉は、これらを総括して見せた感がある。

「相手の戦略の要になっているのが『欺き』であることを知らずに、このゲームをしているところを思い浮かべれば、アメリカが中国にどのように弄ばれているかが少しはわかるだろう」

ここで言う「ゲーム」は囲碁のことのようだが、ピルズベリーが個人的な体験に基づく感想を述べながら、それによって中国全体のありようを説明しようとしていることは明らかだろう。他に挙げたものも、それぞれの個人的な経験を通じて得たスケッチ的な反応だ。ただ、こんな感想をいくつも聞いているうちに、今、世界の少なからぬ人々が、中国について抱く意識が見えてくる気がする。

「われわれとはどこか違う。独特というか、なんだか異質なものの前で戸惑ってしまう」

中国の「らしさ」については、これまでも書いてきた。そして、今、中国と対峙する国や人々が感じている「異質さ」の多くは、そんな「らしさ」の別の表現、あるいは、その裏面であることも少なくない。

当然、それらは、中国の社会のありよう、あるいは歴史の反映でもあるはずだ。

ただ、世界の中での中国の存在が急膨張した結果、こんな「らしさ」「異質さ」が原因で、経済活動や外交の場で衝突が発生するケースが急増している。それが時に、中国そのものへの不信感や警戒感を深め、結果的に、米中対決を生む遠因になっている。そういう側面があることは否定できないだろう。

例えば……

「盗まれた」——。当面の米中対決の軸ともいえる「ハイテク覇権」をめぐる争いの中で、この言葉ほど強い敵意を込めたものはないように思える。アメリカが育んだ高度な知識や技術を、中国は不当に取得——つまり盗んでいる、という指摘は、そのまま、中国は「目的」を果たすためには何でもやる、「われわれとは異質な国なのだ」との思いを拡散させる。と同時に、そんな国は、親しい友、あるいは仲間として、国際社会で共存できる相手ではない、という告発につながる。

といっても、本当に「盗み」があったのか、これを証明するのは相当に難しい。そもそもハイテクをめぐる「詐欺」「窃取」は、自らが「やった」経験があればこそ、他者のそれに気づくことも可能になる——という側面が強い。つまり、安易に他者の「不正」をあげつらえば、己の「不正」を〝自供〟することにもなりかねない、といった側面もあるからだ。

実際、われわれは、一三年に発せられた『スノーデン文書』、また、一八年に出版されたデービッド・サンガーの『世界の覇権が一気に変わる　サイバー完全兵器』（邦訳は二〇一九年）などで、今や世界は、米中双方によって個人情報までもがその監視の下にあることを、思い知らされたばかり。

まして、中国が実際に不正を働いたとして、中国自身の自供によって明らかにされることなど、まずは望み得ない。

「何事にせよ、真の理由を中国人から知ることはほとんど期待できないし、真の理由を聞けたとしても、それを信用することはできない。中国人はほとんどすべて、〔中略〕生まれつきいくらでも濃い墨を吐き出すことのできる一種のイカである。追及されても、吐き出した墨の中に逃げればきわめて安全なのだ」

これは一九世紀後半から二〇世紀にかけて、中国でキリスト教の伝道に携わったアメリカ人宣教師、アーサー・スミスの著書『中国人的性格』の一節だ。なぜ、そうなのか。スミス自身は書いていないが、世間には「日本よりもはるかに激烈な競争社会の中で、人々が自ずから身につけた性格」など、さまざまな解説がある。が、巨大で奥深い中国を、これらの一つや二つで言い表し尽くす、などということは不可能、というしかないだろう。

ただ、ここに挙げた「目的のためにはなんでもやる」「決して本当のことを言わない」といった思いが、ピルズベリーの「われわれは中国に騙されていたのだ」などとも共鳴して、ますます大きな響きを立てる。と同時に、世界は、そんな中国の「異質さ」の奥に、起源をたどればその歴史に行き着く中国の怨念の存在を見ることになる。

アンガス・マディソンの世界経済史に戻るまでもなく（二五頁参照）、三〇〇年前、中国は世界最強の、また最も豊かな国であった。それが、アヘン戦争を経て、帝国主義の荒波の中で翻弄され、屈辱の時代を過ごす。「弱国」であるがゆえに、あらゆる屈辱も「耐える」しかなかった時代を乗り超えた今、一つの濃厚な思いが、中国社会では共有されているように思える。これを一言で表現するなら……

「われわれには、既存の先進国に対してよりも、はるかに多くのことが許されてしかるべきなのだ」とでもなるだろうか。それは、多くの先進国が、かつて犯した「悪事」は「過去のもの」として不問にされる一方で、どうして、遅れてきた者ばかりが、同じようなことをやっているのに、責められねばならないのか、という思いにも通じる。

こんな中国にとって、開発経済学などに強い関心をもつダニ・ロドリックの次のような指摘は「わが意を得たり」の思いを抱かせるものであるはずだ。

「一九世紀、米国は技術大国だった英国に対し、現在の中国のような立場にあっただろう。〔中略〕米東部ニューイングランド地方の新しい繊維工場は、技術を入手しようと英国のデザインを盗み、技能の高い英職人を引き抜くため最大限の努力をしたという。ある米経済史家の言葉を借りれば、米国もかつて『海賊だった』」

トルコ生まれで、現在はアメリカの大学で教鞭をとるロドリックは、だから、中国に対しなんでも許せ、と言っているわけではない。ただ、各国には、それぞれの開発レベルや価値観、歴史的な経緯がある。それらを踏まえながら、「狭量な重商主義」に陥らないで、世界全体がトータルとして発展し得る道を、特に先進国は取るべきだ、というのが主張の核心であることは押さえておきたい。

世界経済を支えたリーマン・ショック後の中国の財政出動

ところで、世界が認識する「中国の異質さ」への違和感が、このあたりで収まるなら、米中間の「対立」も、「新冷戦」と言うまでには、なかなか進みにくいのかもしれない。ロドリック説でも明らかなように、「とかく、急速に伸びようとする国にはつきものでは」といった感じですまされる、その程度のものと思えるからだ。

問題は、しかし、ここでとどまらない。中国の「異質さ」を感じさせる要素には、これを上回る、さらに大きく、深いものがあるように思えるためだろう。しかも、これが中国の本質に根差すものであるなら、その深刻度はより高まらざるを得ない。

「尊大な中国」「傲慢な中国」

中国の、あるいは中国人の振る舞い、あるいは、それらが醸し出す、このような雰囲気こそが、それらにあたる。中でも、「叩頭」が象徴する「中華思想」への違和感、さらに不快感は、その代表格と言えるだろう。

中国史の研究者、檀上寛の説を筆者なりに解釈するなら、元来、中国では、皇帝（天子）の治める帝国あるいはその朝廷を「天朝」と言い、その統治下にある空間を「天下」と称したという。ただ、「天下」には、帝国が実際に支配する「中華」を意味する狭義の「天下」と、中華に、その周辺の諸国・諸民族を意味する「夷」をも含めた広義の「天下」があった。

そして、ハンチントンが『文明の衝突』の中で指摘したように、アジア人には、国際関係においても階層性を受け入れようとする性向があるとするなら、広義の「天下」の範囲にある国に対し、中国が叩頭を強いたとして、必ずしも抵抗を受けなかった可能性はあり得る。事実、李《イ》氏朝鮮《チョソン》や琉球王朝は、中国からの勅使を叩頭礼によって出迎えた――など、さまざまな記録がある。

問題はしかし、広義の「天下」の限界が明確ではなく、このため、いつのまにかヨーロッパ、アメリカまでもがその領域に含まれるかのような意識が、中国内で広がっていたらしいところにある。遠来の使節に対し「叩頭」を求める発想は、その延長線上にあった、ということだろう。

もとより、今、外交の場で中国が、これをあからさまに求めるようなことはない。米中和解に向け、歴史的な会談に臨んだキッシンジャーは、相手方である周恩来首相について「かつて出会った中で最も感銘を受けた人物」としたうえで、さらにこう述べている。

「上品で忍耐強く、並外れた知性を備えた繊細な人物」

当時の中国にあって「皇帝」は毛沢東であり、周恩来ではない。しかし、周、キッシンジャーともに、それぞれの国を代表して会談に臨んだ。事実、会談記録には、「和解」に向けた探り合いをしつつも、互いの原則をあくまで守りきろうという二人の〝知的格闘〟が描かれており、そこに、立場の上下はなく、

「叩頭」の気配を見出すことなど不可能、と言うしかない。

だが、こうも言えるかもしれない。当時（一九七一年）の世界の中での米中両国の力、また存在感の大きさの差を考えるならば、キッシンジャーを相手に、中国側の原則を崩すことなく堂々と渡り合った周の姿こそ、むしろ「尋常なことではない」こと。そこに、「わが中国こそが、世界の中心であるはずなのだ」という、正真正銘の「中華」意識を見出すべきなのでは——と。

われわれが通例、出会う「中国の人々」が、必ずしも周恩来ほどの人物ではないとしても、それはやむを得ないことだろう。となれば、「われこそは」との思いをあえて水面下に潜ませる技はもとより、その裏付けとなる知性も十分とはいいにくいかもしれない。ここに「叩頭」の雰囲気がにじみ出てしまう余地があり、いつしか、「傲慢」「独りよがり」「自分本位」などといった形容詞が「中国」に付着し、世界に広がっていく、というわけだ。

これに、二一世紀になって速度を高めた経済のグローバル化の波の中、一挙に存在感を高めようという中国の、せわし気な「足音」が加わる。これを聞く側が、不安感、そして、警戒感を高めたとしても、無理からぬことだろう。

アメリカで戦略論を説くエドワード・ルトワックによる〝反中国宣言〟は、そんな意識の素直な表明のように聞こえる。

「これはビジネスの問題ではない。中国が支配する世界、中国に牛耳られた経済の中で生きていくのか、それとも複数の極がある世界で生きていくのか、という問題だ」

表現は違うが、ヒラリー・クリントンが私的な場で漏らした、といわれる言葉も、またきつい。

「私は、私たちの孫たちが、中国の支配下にある世界で暮らすことを望まない」

二つのコメントに共通するのは、「異質」な中国の放つ「不気味さ」への警戒感に加え、それこそ、上から見下ろされ、あるいは、覆いかぶさってこられるような「圧迫感」に対する反発、と言えようか。なぜ、このような雰囲気が中国社会において醸成され、定着し、しかも延々と消えることなく、現代にまで引き継がれているのか。

この点で、アーサー・スミスは明快だ。

「西洋諸国に対する中国人の行動を考える時、次のことは常に念頭に置かねばならない。それは、中国を長年にわたって取り囲んできた国々は弱小国ばかりだったということ、そして周辺の弱小国は、中国の信頼を得るがために常に中国に媚びてきたということだ」

ただ、スミスは、そんな中国人にも、ある時を境に、「外国の文明と外国人とを真価通りに認める」るという大きな変化が起こった、と認める。それが、アロー戦争（第二次アヘン戦争）の敗北によって、一八六〇年、北京までもが英仏軍によって占領された時だった、というのだ。

しかし、それでもすべてが変わったわけではない。スミスは続ける。

「たとえ中国人が、われわれに対して軽蔑した態度を示そうとしなくても、彼らには目下のものを見下す気持ちがあり、それをしばしばうっかりと表してしまう」

その後の中国は、長く、このような「無意識の意識」が露わになることを必死に抑えようとしてきた。露呈すれば、かえって自分たちが侮蔑の対象になりかねない。そんな時代を生きてきたからだ。まさしく「鬱屈した時代」を過ごしたことになる。

欧米型民主主義vs中国型独裁的統治

こんな状況が一挙に崩れる時が来た。「北京占領」から約一世紀半がすぎた二〇〇八年、リーマン・

ショックがその引き金になる。

すでに触れたように、四兆元に上る財政出動が功を奏し、中国経済は大躍進をとげる。一〇年には、国内総生産（GDP）が前年比一〇・三％増を記録、ドル換算で約五兆八八九五億ドルとなり、日本の五兆四七七八億ドルを抜いて世界第二位に躍り出る。

それだけではない。欧米や日本が決定的な手を打てないでいる中で、中国経済が世界を牽引し、「リーマン・ショック後の世界経済を支えた」といわれるまでになる。

振り返れば、この時の対応、踏み込みに、行き過ぎがあった。その結果、中国は自分で、その後の「米中対決」を招いた、と言えないこともない。

「あの四兆元は、何も世界を意識したものではなかった。〇八年の北京オリンピックを終えたころから、中国経済は変調をきたし、これに『リーマン』のショックが加わり、苦境に立たされた。それを乗り越えようと必死の思いでやったのが、四兆元だったにすぎない」

かつて中国社会科学院世界経済政治研究所に勤務したこともある凌星光は、こう説明する。が、これが世界に称賛されたことで、中国は驚き、かつてない熱気に包まれる。

「わが中国が世界経済の牽引力なのだとは⁉」

それは、日本が戦後、高度経済成長への道を歩み始めた矢先の一九六〇年代初め、英誌『エコノミスト』に次のように書かれ、日本国中が興奮した時に似ている。

「日本は世界的な経済大国にまで成長するだろう」

この点で、日本と中国は、同じような道を歩んだ観がある。だが、その高揚感の強度、また、その後の行動のありようにおいて、中国は遥かに日本を上回った、と言うしかない。それこそ時を置かずして、「世界一の大国」への道を歩もうという野心を、露わにし始めたのだから。

二〇〇八年一二月、北京の釣魚台で開かれた米中戦略経済対話の冒頭でのこと。王岐山副首相が、「リーマン」後、中国政府が打ち出した一連の経済振興策に触れたうえで、言い放つ。

「アメリカ政府が世界経済と金融市場安定などのため、早急に必要な措置を取るように求めたい」

相手方のヘンリー・ポールソン財務長官が一瞬、たじろぐような表情を見せた、との報道さえあった。それほどに、王の口調が厳しく、そこに、米中の力関係の「逆転」、さらには、「叩頭」を強いる雰囲気さえ感じ取ったとしても、やむを得ないことだろう。

さらに〇九年秋、中国政府は新方針を打ち出す。

「韜光養晦を堅持し、積極的に為すところにある（有所作為）」

韜光養晦で進みながら、「いざ、という時が来たら、一挙に踏み出せ」というのが「有所作為」の意味するところだという。ながらく、韜光養晦路線を進んできた中国が、ついに「世界に向けて踏みだす」意を明らかにしたのだ。

まもなく、中国外交が強硬に、あるいは、高飛車になってきた、という声が世界的に聞かれるようになる。これが、すでにささやかれ始めていた「異質な中国」「傲慢な中国」への懸念を、さらに高めた。

「私たちは異質な中国と共存するのか、中国に同化を求めるのか、決断すべき時に来ている」

かつて世界貿易機関（WTO）の事務局長を務めたパスカル・ラミーの述懐は、そんな事態のありようを象徴するものと言える。

ここで状況は大きく展開を始める。

リーマン・ショック後の一連の動きの中で、アメリカが、どれほどプライドを傷つけられたかは、想像に難くない。とはいえ、「異質さ」だけでは「対中対決」の構図を描き出すには不十分だ。いかに中国の振る舞いが、不快感、あるいは圧迫感を与えるとはいえ、しょせんは、感情、あるいは好悪の問題にすぎない。これだけで、世界を二分させ、その上で、自陣営を「反・中国」の旗印で結束させるのは、いかにも無理がある。

そこで、より説得力のある対決理由が、持ち出される。

「中国には、民主主義が定着しないだけでなく、『中国独自の道』を謳い文句に、むしろ、民主主義とは反対の方向に進みつつある」

これならば、反・中国陣営を形成するうえで、確かな旗印に成り得る。これに「強権政治」、さらには、「少数民族弾圧」などを加えることで、かつての「冷戦」さながらの「善vs悪」の構図が出来上がる。アメリカ・サイドに、そんな計算があることは明らかであり、「コロナ禍」は、そのための絶好の場を提供したのだ、と言える。

中国にとっても、ここは勝負どころに違いない。

二〇世紀の初め、北京の知識人らが中心となって起こした「新文化運動」は、「民主制と法治」の実現を訴えた。さらに、中国共産党が「中華人民共和国」の建国に向けて進む段階で、毛沢東は「新民主主義」の実現を目指す、と謳う。このように、中国も、その内実はともかく、「民主主義」を否定することはなく、一時的にしろ、それを目指すべき指標にした経緯がある。鄧小平による改革・開放路線がとられて以降も、政治面の改革項目の中に「民主化」が含まれてはいた。この間、中国に選挙制度を定着させるための支援が、アメリカによって実施されたりもする。

このような流れを頓挫させた直接的な原因が、一九八九年に発生した「天安門事件」であった。しかし、この危機を「西側」による支援再開をテコに乗り切る一方、さらなる経済発展に欠かせない膨大な投資を、海外から呼び込むために、中国はあらためて、世界に向け「民主制度建設」への積極姿勢を示す必要があった。そこで、〇二年に発足した胡錦濤政権の下で注目されるようになった概念が「協商民主（deliberative democracy）」だ。

「限定的とはいえ、それまでも一部で実施されてきた『選挙民主（electoral democracy）』と並立させる形で、協議や対話によって利害調整をし、社会に秩序をもたらそうという仕組み」

こんな「協商民主」について、現代中国政治の研究者、江口伸吾は書く。

「『協商民主』の試みは、民主化そのものを推進すると言うよりは、むしろ国家ガバナンスの能力を高める手段として機能する側面が強い」

そのため、遠からず、深刻な社会問題が増加して、「選挙民主」へのさらなる改革が求められる事態が生じる可能性もある、というわけだ。

当然のことながら、「協商民主」とは所詮、中国共産党が権力を維持するため、自国民に、そして、世界に向かって、「われわれの民主化への努力は続いている」と言い訳するための「疑似民主主義」――と一刀両断に切り捨てる向きもあった。

ただ、それからしばらくは、アメリカ側にも「もう少し成り行きを見てみよう」という雰囲気が少なからずみられた。

その意味で、「その日の中南海の夜」は示唆的だった。

一四年一一月、アジア太平洋経済協力会議（APEC）の非公式首脳会議が開催された北京は、さながら〝新生・中国〟が世界に向けて、自らのお披露目をする場であった。オバマ米大統領、プーチン露大統領、日本からは安倍晋三首相らが駆け付け、そんな首脳たちの前で、アジアインフラ投資銀行（AIIB）や「一帯一路構想」を資金面で支える「シルクロード基金」の創設などが、高らかに謳われたのだ。

そして、最終日一一日の会議が終了後、「中国政治の奥座敷」とも言える中南海で、習近平－オバマ会談が行われる。夕刻六時過ぎ、通訳の二人だけを伴い、散歩を始めた両首脳は、予定時間を大きくオーバーして午後一一時過ぎまで語り続ける。その場を取り仕切ったのは、習だった。

「われわれ中国人民が今、どのような理想と目標を抱いているかを理解するには、近代以来の中国の歴史を知っていただく必要がある」

そう切り出した習は、さらに続ける。

「われわれの民主へのこだわりは、〝一人一票〟に限らない。われわれの民意に対する追求心は西側国家に比べても遜色ないどころか、それよりも強いだろう」

まさに、「協商民主」こそが、民主主義の王道と言わんばかりではないか。

別れ際、オバマは「今晩、私は、中国共産党の歴史や政治運営上の理念、そして、あなたの思想を深く理解した」と述べるにとどめる。が、翌日の記者会見で大統領は、「中国独自の民主」を強調してやまない習に対し、アメリカが決して肯定的でないことをあからさまにした。

「私は習主席に対し、すべての人間が持つ基本的人権の保護こそ、わが国が中国との関係をマネージするうえでのポイントであり続けるであろうことを、今一度伝えました」

ただ、オバマはそれ以上、踏み込まなかった。

習の中国は、こんなアメリカの真意を知ってか知らずか、さらに「中国流」を推し進めようとする。

しかし、「探り合い」の季節は、間もなく終わりを迎える。

実は、「中南海の夜」のさ中、香港では「雨傘運動」が大詰めを迎えていた。この年の八月末、中国全人代常務委員会は一七年に実施される香港行政長官普通選挙の枠組みを決定する。一八歳以上の全有権者・約五百万人に投票権を与える。その限りでは「普通選挙」だが、出馬できる候補者を、事実上、共産党が支持する三名程度に限定する――としていたため、これに抗議して九月末に始まったのが「運動」だった。

運動がスタートして、まもなく、警察隊はデモ隊に対し催涙スプレーを浴びせるようになる。これにデモ隊が傘を開いて応戦したことから、「雨傘運動」と呼ばれ、その映像は世界に広がる。だが中南海の夜から約三か月後、延べ五〇万人が参加したと言われるデモ隊は強制排除され、運動は終止符を打たれる。

「中国政府に十分な自信と知恵があるなら、香港で民主主義を実践し、将来的に中国全体で民主化を推進する際の参考にするという選択肢もあり得るのに」

これは、運動に参加した香港の政治学者、周保松が一八年、東京で行った講演の一節だが、習近平の中国にその余裕はなかった、ということか。

そして、同じ一八年三月の全国人民代表大会（全人代）は、それまで「二期一〇年」とされていた国家主席の任期を撤廃し、事実上、周主席に終身主席への道を拓く。

しかし、これによって自らが〝最後の一線〟を越えたことを、中国が思い知るのに時間はかからなかった。全人代の直後、米誌『ニューズウィーク』が掲載した記事は、まさにその核心を突いたものだった。

「習近平の終身統治が、第二次世界大戦後の世界秩序を葬り去る可能性がある。個人より国家を優先する『中国モデル』の独裁的統治が、過去七五年近く各国の統治の模範として、また国際的な枠組みを作るうえでも、重要な役割を果たしてきた欧米型民主主義にとって代わろうとしている」

このあたりから、アメリカを観察し続ける面々が異口同音に語り出す。

「今や、『反・中国』は、トランプ政権が、ただ先走っているのではない。ワシントンの、そして、アメリカの総意になってしまったようだ」

ペンス副大統領の「新冷戦」への宣戦布告ともいえる演説が行われたのは、その年の一〇月のことだった。

ここで打ち出された「欧米型民主主義vs中国型独裁的統治」という対決の構図が、米中間の覇権争いで優位を得るため、有効で使い勝手のいい〝旗印〟として持ち出されたものであることは、明らかだった。いわゆるハイテク覇権の争奪戦開始が、同時に発動された事実は、これを雄弁に物語る。世界もこれに気づく。「民主主義か否か」が正面に据えられたことで、これまで「西側」に属していた国々が、あらためてアメリカに逆らいにくくなったのは間違いない。

どのような皇帝の統治下でも生き抜くのが中国人

いよいよ、「反・民主主義中国」との戦いの火ぶたが切られたのだ。

緒戦は、〝喧嘩上手・トランプ〟の指揮棒が勢いよく宙を舞い、アメリカ優勢に見える。折から中国サイドでは、「四兆元」に象徴されるリーマン・ショック後の大盤振る舞いの〝後遺症〟が顕在化。これに、トランプ政権が連発する関税引き上げなど〝対中攻撃〟の影響が覆いかぶさり、「立ち往生する中国経済」といった情報が相次ぐ。

事態は、さらに進む。「雨傘運動」以来、静まっていたかに見えた香港が、二〇一九年五月、犯罪容疑者を、要請があれば中国本土にでも引き渡せるようにする「逃亡犯条例の改正」の強行を香港政府が目論んだのを契機に、ふたたび不穏になる。立ち上がった民主派と、これを抑えようとする政府、警察との間の「力の対決」が激化して、「大騒動」へと発展。しかも、いつしか焦点は、中国式の「民主」を香港が受け入れるのか否か――に移っていく。江口の描いた予想図が、まさに現実のものになってきた、と言うしかない。

そして迎えた一一月の香港・区議会議員選挙で、習政権の期待・予想を覆し、民主派が圧勝。これを見たトランプ米大統領も、「民主派支持を謳わないことで、貿易交渉での中国の譲歩を引き出そう」という当初の腹積もりを急ぎ変更し、米議会が可決した「香港人権・民主主義法」に署名、その成立を図ることを余儀なくされる。

明らかなのは、これを機に、改めて「非民主主義国家・中国」が、世界に印象づけられてしまったことだ。

と同時に、それまでは幾たびも浮上しては消える繰り返しだった「中国の将来・悲観論」が、あらためて勢いを増す。

生物学者ジャレド・ダイアモンドの発言は、その典型と言えるだろう。

「中国はさらに強大になるだろう。だが、アメリカのような軍事的、経済的、政治的権力を獲得する見込みがあるかというと、そうは思わない。〔中略〕彼らは歴史上、一度も民主主義を経験していない。それは中国にとって致命的だ」

確かに、いわゆる欧米流の民主主義を中国が採用したことはない。それが、中国をして、より確固とした超大国になるのを妨げるのだとしたら、「米中対決」の帰趨に大きな影響を及ぼすのは十分に予想されることだ。

もっとも、「香港」をふりかざすことにより、「民主主義」の存否を軸に、「アメリカ＝善vs中国＝悪」の構図を鮮明にしてみせたとはいえ、これでアメリカの「優勢」は揺るがないものになったのか――となると、ことはそう単純ではないように思える。特に大きいのが、次の二つの課題だ。

一つは、そもそも、「民主主義」に近づけない中国を「悪」とする論理が、諸国をして心底、受け入れ得るものなのかどうか。そして、もう一つは、たとえこれを「悪」と認めるにしても、それによって他の国々が、対中国との戦いに積極的に〝参戦〟できるのか――という疑問、あるいは懸念は、そうそう簡単に解けるようには思えないことだ。

中国にとっての民主主義、という命題を考える時、筆者には一つの光景が記憶の中から蘇ってくる。一九八〇年一二月のことだった。第一回の日中閣僚会議を取材するため、筆者は伊東正義外相らに同行して北京入りし、駆けずり回る。

その二日目、取材が終わり、真夜中過ぎに宿舎のホテル「北京飯店」の部屋に戻る。初めての海外取材の興奮もあってか眠れず、午前三時頃、窓を開けて下に視線を向けたときだった。一種異様ともいえる光景が、視界に飛び込んできたのだ。

目の前は天安門に通じる長安街。当時の北京に車は少なかった。だから、昼間でも、だだっ広い路面は閑散としていた、という印象が強い。なのに……

真夜中とはいえ、広い路面いっぱいに自転車があふれている。その数、それこそ何万、いや、もう一つ桁が上、とさえ感じられた。ライトもつけない自転車が、双方向に進んでいくのだ。サワサワ、サワサワと静かな音をたてながら。

時を忘れたかのように、いつまでも、その光景を眺め続ける筆者に、一つの言葉が思い浮かんできた。

「中国民衆にとって、皇帝は『いつも居《い》る』存在なのだ。その良し悪しについては、彼らとて、思いはあるだろう。だが、そんなこと、まるでお構いなしかのように、彼らは、どのような皇帝の統治下でも生き抜くのだ。共産党の書記長だって、彼らにとっては皇帝の一人に過ぎない」

かつて、日本社会党の副委員長だった北山愛郎から聞いた言葉だった。心魅かれて中国に渡り、戦前・戦中、長く日本側の貿易統制機関に働いた北山による、体験と実感に基づいた、他ではなかなか聞けない中国話だった。

もっとも、聞いた時、その意味するところを、明確に理解できたわけではない。しかし、今、限りない自転車の流れを見つめながら、なんだか話の核心に少しは近づけているような気がしたのだ。

そして、その後に続いた中国の旅が、さらにこんな思いを補強した。

翌日、会議はすべての日程を経て、終了する。それを見究めて、われわれ記者は閣僚らとともに、河北省・唐山、山西省・大同、そして上海への旅に出た。「文化大革命」の終結が正式に宣言されてから、まだ三年余。それに加え、宣言より一年前に唐山を襲い、死者六五万五千人を数えた大地震の傷跡もいまだ生々しく、唐山のみならず、中国全体が平静を取り戻していた、とは言えない状態だった。

だが、目にする人々は皆、生きるために、ひと時も動きを止めない。「皇帝・毛沢東」時代から「皇帝・鄧小平」時代へと移行が進み、「改革・開放」への動きがいよいよ本格化しようという時とはいえ、人々は一見、そんなこと自分には関係ないかのように生きている。

それだけではない。圧倒されたのは、上海はもちろん、石炭と雲崗石仏の街・大同にしても、街にあふれる人間の数が、われわれから見れば尋常ではないこと。しかも、「自分勝手に」と言いたくなるほどに、個々がさまざまな動きをする。

これを見たとき、北山が「リーダー」でも「宰相」でもない、「皇帝」という言葉を使った意味が理解できるような気がした。なまじっかな執行権ぐらいで、中国は統治できない。「われらのリーダー」などといった範疇を突き抜けた、それこそ強権的要素をも兼ね備えた指導者でなくては、そうそう容易に治まらないであろう、ということをだ。

さて、ここでまず注目されるのは、「皇帝体制」を必要とする国がその後、「改革・開放」をどのように進めていったのか——だろう。そしてこれは、今後の中国、さらには「米中確執」の行方を考えるうえでも大きな意味を持つはず。そう思える。

その際、まず前提に置くべきは、鄧小平以来の政権のいずれもが、それ以前の長い間、抑えられてきた人々のエネルギーを思い切って解放することなしに、中国の将来はない、と考えてきた事実だろう。言うまでもなく、これはきわめて危険性の高い道ではある。放たれたエネルギーが〝暴走〟を始めれば、共産党政権にとって、そして国家・中国にとっても、収拾のつかない状況を招きかねないからだ。

しかし、『戦争の世紀（*A Century of War*）』（未邦訳）の著者、ウィリアム・エンダールが一八年、オンライン誌『ニュー・イースタン・アウトルック』に書いた記事には、こうある

「（中国の）の特徴的な資質の一つは、一たび、国家戦略に関して意思統一が成るや、さまざまな組織や国民が、その実現に向かって発揮する、とてつもなく強固な意志だ」

「皇帝」はここで、エンダールの言う「統一された意志」の形成に全力を挙げる決意を固める。と同時に、万一「危険」の徴候を察知するようなことがあれば、ただちにこれを抑え込む、という覚悟を決めて踏み出したことは、すでに触れた。主役はもちろん、「皇帝・鄧小平」だ。

「西側的な発想」からいえば、その過程で引き出し得たエネルギー、それにより発揮された創造性は、決して十分なものではなかったかもしれない。だが、人々が一挙に動き始めたのは確かであり、それゆえの危うさも並ではなかった。だからこそ、「これ以上は危ない」と見究めをつけるや、ただちに皇帝にのみ許される超法規的な力の行使に踏み切るのに躊躇しないのだ。

もっとも「皇帝」であればこそ、いったん引き締めたシステムに「緩み」を与えるのも、また自在と言える。

筆者が出版社の編集担当として、中国の経済情報を専門に扱うネット・システムの開設を企画し、北京

へその下調べに向かったのは、間もなく二一世紀、という時期だった。驚いたことに、仲介者によって紹介されたのが、人民解放軍の現役の将軍の一人であり、しかも、以来、何度も交渉したその人物から、「軍人」の香りをかいだことは全くない。

「アサミさん、そこ、お互い、何とかうまく切り抜けましょうよ」

そんな彼が幾度となく発した言葉は、起業家あるいは商人のそれそのものなのだ。「天安門事件」のあと、時を経て「皇帝」はあらためて開放策に転じる。その結果、皇帝の"衛視"たちでさえもが、どれほど野心いっぱいに、己が目標の達成に向けてエネルギーを注いでいることか。その将軍が身をもって示してくれているように思えた。

こう見てくれれば、そこに展開されていたのは「開発独裁」そのもの——確かにそうも思える。ただ、それにしても、掌握すべき人口、そして、渦巻くエネルギーの巨大さゆえ、ここには、単なる「独裁者」では足らない、まさしく「皇帝」が必要、ということだろう。

「反中国陣営」にはせ参じる国がどれだけあるか

ところで問題は、このような「中国」を、世界の中のどれだけの国が、アメリカの指摘するような「許されない非民主主義国家」として認識し、これを理由に排除し、あるいは「敵」とみなして、自らを「反中国陣営」に投じることになるか——にある。

アジアやアフリカなどの低開発国にとって、この陣営に参加することの難しさは、「中国包囲網」の形成について考えたときにも、ある程度は理解できた。「一帯一路」に伴う"悲劇"が示すように、中国に寄り添っていると、そのあげくに、主権を侵される危険がある、といった警戒感は高まりつつある。ただ一方で、これらの国にとっては、常に「民主化推進」という前提なしでは成り立ちにくい西側先進国との

「関係」はわずらわしく、時に、それによって、自らの主権を侵されているような気持ちになりかねないのも、また事実だからだ。

また、ついこないだまで、「開発独裁国家」そのものであった国々などにしてみれば、「反中国陣営」への参加には、心情的に抵抗があるというのも、想像に難くない。

それだけではない。先進国といえども、脛に全く傷のない国などほとんど存在しない。

「〔われわれは〕かつては〔アメリカを〕心から信頼できたが、今は疑問符が付く。〔中略〕ただ、トランプ政権を選んだ米国民の選択にあれこれ言いたくない。ドイツは第一次世界大戦後に民主主義に移行したが、わずか一四年後に〔ヒトラーの登場により〕破綻した。アメリカに注文をつける立場にはないのだ」

これは、元ドイツ大統領のクリスティアン・ウルフの言葉だ。「トランプのアメリカ」への正面切った批判は抑えざるを得ない自分たちの立場を告白することで、暗に、アメリカもまた「自らを省み、中国に対しても性急さは慎むべきだ」と諭しているような気配を感じないだろうか。

ハンガリーをはじめ、東ヨーロッパの旧ソ連圏に属していた諸国に「一帯一路」への参加を表明した国々が少なくないのも、故なきことではないだろう。

そして、これら「反中」への消極論を背後から支えるのが、必ずしも、今回の「米中対決」を機に生まれたものではないが、民主主義とか人権の扱いについて「より慎重な対応」を求める文明論、あるいは文明史的な立場からの考え方だろう。

「中国は欧州やアメリカとは全く別の高度な文明であり、むやみに欧州における人権の観念を中国に強要すべきではない」

ドイツの元首相ヘルムート・シュミットの言葉だ。一方、元アメリカ大統領のニクソンも、次のように釘をさしたことがある。

「それぞれの国にはそれなりの近代化のスピードがあり、姦通した王女がイスラム法に従って石打ちの刑で殺されようとも、それをもってサウジアラビアを野蛮な国と決めつけてはいけない」

こう見たとき、目下のアメリカの議論には、「超大国」として、世界のさまざまな現実に対峙してきたにしては、いささか落ち着きが足らないのでは、という思いを抱く向きがあったとしても、そう不思議ではないだろう。

さらに今、われわれの目の前には、大きな問題がもう一つ、横たわっている。

「中国とは、民主主義を中核とする価値観の問題で、共存できないことが明白になった。である以上、もはや対決はやむを得ない」

これが、アメリカが今、打ち出しつつある「米中対決」に臨む論理と言える。問題は、ここで言う「共存」の条件であるはずの「民主主義を中核とする価値観」の保持という点で、アメリカ自身にもまた、大きな疑問符がつけられかねない現実があることだろう。

トランプ大統領就任から半年後、『フォーリン・アフェアーズ』誌に掲載されたロバート・ミッキーらアメリカ、カナダの三人の学者の論文は、まず次のように強調する。

「『数世紀におよぶ民主的伝統のあるアメリカであれば、民主体制を骨抜きにさせようとする動きなど、はねつけることが可能なはず』との考えにわれわれは傾きがちだ。しかし、そうした自信は、かえって間違いを犯しかねない。実際に、普通選挙権、市民権の保護、政治的自由を伴うリベラルな民主主義がアメリカに定着したのは、ようやく一九七〇年代だったのだ」

それから半世紀が経ったとはいえ、いまだ理想的とは言いかねるアメリカの民主主義。これが今、トランプとそれを支える勢力によって、厳しい挑戦を受けている、としたうえで論文は危機感を露わにする。

「支配的な人種集団が多数派を失おうという時、それでも民主主義を堅持できた国は、歴史的にほとんどない。もし、アメリカの民主主義がこれに成功するならば、きわめて稀有な実例になる」

つまり、白人が多数派の座から滑り落ちそう――という事実それ自体が、アメリカの民主主義の存続を危ういものにしている。その結果、登場しかねないのが、制度としての「民主主義」は存在するものの、政府に与えられた権力は、もっぱら反対派を追い込むために使われるような政治システムになりかねないというのだ。論文はこれを次のように命名している。

「競争的な権威主義（competitive authoritarianism）」

目をヨーロッパに向けると、フランスの歴史人口学者エマニュエル・トッドはさらに辛辣だ。

「長期持続して、民主主義国として安定した勢力にアメリカがなっていくと私は見ていない」

この二つの主張に共通するのは、そもそもアメリカが、第二次世界大戦後の世界をリードするうえで、常に看板として掲げてきた「アメリカ的民主主義」が、実は意外に底の浅いものなのだ、という認識だろう。だから、それが内外の情勢によって揺れるのもやむを得ず、その結果、「民主主義」と並立しながら唱えられてきた幾つかの理念の訴求力にも陰りが出る、というわけだ。

そう考えると、「雨傘運動」が終焉し、結局、二〇一七年に行われた従来通りの「間接選挙」で、香港の行政長官に親中派の林鄭月娥が選ばれた際、現代中国政治を専門とする倉田徹が発した言葉に説得力があるように思える。

「西側諸国では、米トランプ政権がメキシコ国境での壁の建設を掲げ、欧州が移民排斥に傾いている。そうした中、中国は自らの体制に自信を持ち、普通選挙の実施や法治といった香港社会が求める価値に対し、ますます鈍感になってきている」

二〇一九年の「香港・大騒動」を受け、習・中国政権は、翌二〇年五月、「コロナ禍」への対応に忙殺される米欧諸国をよそに、香港での反体制活動を取り締まる国家安全法制度の導入方針を決める。拡大する民主派勢力への危機感があったのは間違いない。が、さらにその根底には、「西側陣営」内の「民主主義の揺らぎ」を前に、「ひるむ必要なし」という習らの打算があるように思えてならない。

ハンガリーのオルバン首相は、司法やメディアを抑圧しながら政策遂行を目指す自らの政治手法を、こう表現してはばからない。ここまで行かなくとも、「アングロサクソン的な民主主義」「東欧の民主主義」……などと冠詞のついた民主主義が盛んに論議されるように、〝民主主義の相対化〟が進み、それらを横目に、「アメリカ的な民主主義」の価値は確実に低下していくかのように見える。

だから、中国が希求する「われわれの民主」もまた「民主主義」の一形態として受け入れるべきだ、などと言い募るのは、いかにも性急過ぎるだろう。ただ明らかなのは、「米中対決」の時代、各国は、どのような「正義」を選ぶにしても、「冷戦」時代よりもよほど厄介な状況の中を歩むであろう、ということだ。

日本は国益より上位の大義を選べるのか

そこで、日本が進むべき道を考えなければならない。

「まえがき」にも書いたが、近年、海外からは、「日本は今や、民主主義の先進国」といった類の声が、少なからず伝わってくる。幸か不幸か、わが国では、本格的な難民問題や移民問題にいまだ直面していないのに加え、経済面の格差も、アメリカなどに比較すれば小さく、その結果、国内には「民主主義の危機」を叫ぶ声もなくはないとは言え、アメリカ、ヨーロッパなど「民主主義の先進地域」での、あまりにもドラスティックな展開の前では、日本の「危機」は所詮、「安全圏内でのさざ波」程度と見なされている結果だ。

だが、ジョン・ダワーは、第二次大戦後の日本に「定着」した民主主義について、次のように記した。
「マッカーサーには、戦後の日本に民主主義を定着させようとするなら、それは『天皇制民主主義』――つまり、天皇の命令によって、民主主義の導入をめざす――以外には、ありえないと思えた。そもそも日本国民には、真の民主主義、真の国民主権はどうすれば我がものになり得るのか、理解不能だったからだ」

そんな日本が今、享受している「民主主義」をどう評価するかは、本来、他に任すべきものかもしれない。それにしても、「民主国家」になった日本は、当然のことのように「西側＝アメリカ陣営」に属して冷戦の一端を担う時を経て、今日に至っている。

すでに見た、今、日本人の多くが抱く、中国の「異質さ」への「戸惑い」や「違和感」も、そんな「アメリカ的環境」の中で育まれたライフ・スタイルが、われわれの間に浸透した結果なのでは――と考えたくなるほどに、マッカーサーが目論んだ「天皇制民主主義」は見事な成果を挙げた、と言うべきなのかも。

そんなマッカーサーの母国・アメリカの民主主義が今、揺れている。でありながら、そのアメリカが、中国の「民主主義の欠如」に異議を申し立て、自らの覇権の維持に汲々としている。そのような現実を眺めたとき、世界の中で、どこよりも戸惑い、悩むのは、日本ではないのか。そう思えないでもない。

高坂正尭が、亡くなる半年前の一九九五年一一月、世に問うた著書の中に、次のような一節がある。
「中国の将来を考えるとき、それが民主化するのか否かを中心的な問題にする傾向が、一部にありますが、私にはそれが問題の立て方として適切だとは思わない」
高坂の年来の主張から想像するに、ここに込められているのは、「民主主義・絶対」という発想にどこか馴染めない感覚、それに、とかく自らの主張が「唯一の善」となりがちなアメリカ外交に対する、批判的な思いであるように思える。

ただ、戦後日本を考えたとき、われわれは、高坂のように、民主主義と世界のありようを、真正面から見据え、自分の考え方を詰めてきたのだろうか。そう考えると、いろいろな思いが浮かんでくる。

戦後の日本は、「民主主義」を国の軸に置きながらも、一方で、アメリカの巨大な経済力、そして軍事力の下にいれば「とにかく、わが身の安全は守られる」という思いを胸に、「日米同盟」の下で生きてきた。

その間、「正義」や「理念」を疎かにしてきたわけではない。その価値について、常に口にもしてきた。にもかかわらず、否定し得ないのは、「わが身の安全」の前で、これら「正義」や「理念」の重さについて、われわれがどこか鈍感になっていた、という事実。そう思えてならない。

それでも、今後とも、これまでと同じような生き方が許されるなら、それはそれで一つの道だろう。だが、現実はそう簡単ではなさそうだ。

繰り返しになるが、アメリカは「新冷戦」を、「非民主国家・中国」に対する「民主主義国家・アメリカとその仲間たち」の戦い——と定義しようとしている。一見、「冷戦」の構図の中の「ソ連」を「中国」に入れ替えただけ、とも映る。が、忘れてならないのは、冷戦期のいつの時点の「米ソ」に比べても、これから先、「米中」の間に存在するであろう力の差は、よほど小さい、と予想されることだ。

つまり、「アメリカ陣営」に余裕はない。となれば、陣営として力の総和の拡大はもちろんだが、もう一つ欠かせないものがある。陣営内の結束の強化だ。その意味で、加藤典洋が『戦後入門』の中で記した次の言葉は、「新冷戦」の到来が予想される今、従来以上に意味を持つと言える。

「同盟とは、その国の国益でつながる連合です。しかし、世界を二分する形で複数のグループをまとめるには、国益よりも上位の概念、大義〔理念、イデオロギー〕といったものがなくてはならないのです」

問題はその先にある。

本来であれば「アメリカ陣営」にとっての大義は、「自由と民主主義」であるはず。アメリカ自身、そのつもりでいるように見える。だが、そんなアメリカの思いがどうあろうと、厳然たる事実は、第一に、アメリカの民主主義そのものに、不具合が生じているということ。そして、第二は、「まえがき」でも触れたことだが、アメリカ自身から、民主主義を「理念」や「大義」として持ちだすにふさわしい、真摯さ、寛大さなどが欠け、これを世界に見透かされてしまっている、ということ。しかも、こんな現状をアメリカが修正するとしても、そのためには、多大なエネルギーと時間がかかるだろうということだ。

そんな状況下、「日本が選択すべき道」は――

あくまで、アメリカとの同盟に生きる覚悟を決め、欠陥が目立つアメリカ流の民主主義にも身を寄せながら、「アンチ中国陣営」の結束維持のため、最大限の力とエネルギーを投入する。これが第一の道とするなら、第二は、「日本流の民主主義」を確立し、あわよくば、アメリカ流のそれと置き換え、これを、陣営結束のための「理念」「大義」に引き上げるべく格闘する道。そしてもう一つは、それによって、アメリカ陣営と袂を分かつか、その枠内に止まるかは別にして、「自由と民主主義」に代わる理念を打ち立てる、あるいはどこからか借用してきて、新たな旗印にする道……ということになるだろうか。

それ以外の道もないではない。理念や大義に頼むのをやめることだ。それは、加藤が言う、陣営を「まとめる」ための根拠を失うことを意味し、きわめて困難多き道であろうことは、想像に難くないが。

こんな話をし続けると、「理屈が通るようでいて、いざとなれば、およそ、それとは違う展開を見せるに躊躇しない『国際社会』という舞台を前に、これほどに理屈っぽい、あるいは、空想めいた話は無駄なだけ」といった異論が出されるに違いない。だから、もう止めるべきなのだろう。

　ただ、それにしても、一つだけは書いておかなければならない。われわれは、世界の秩序が大転換を起こそうという今、なんとしても、「民主主義とわれわれ」を見つめ直す必要がある、ということだ。「民主主義は最悪の政治形態らしい。ただし、これまでに試された全ての形態を別にすればの話であるが」――このチャーチルの言葉が、この国で幾千の民主主義擁護論より好まれるのは、議論が苦手で、できることならこれを避けたいわれわれに、口実を与えてくれるからではないのか――。そう思うことがある。

　だが、今は、その形式はどうあろうと、とにかく、互いに思いの交換をしなければならない。課題の中心には、まず「民主主義」がある。が、それにこだわらず、この国の将来、社会のあるべき姿、また、それに到達するための道筋について、幅広く意見の交換をするべき時なのではないか。

　そこで、ここでは、かつて山本七平が唱えた「辺境文化論」を引き合いに出したい。そこに、日本社会を見詰める上で、味わい深いことばがあるからだ。

「さまざまな文化的蓄積がわれわれ〔日本〕の履歴の中にあるが、その基本となっているものは、日本人は自らを辺境文化と規定し、文化の中心を日本の外に置いて、この方を見つめ、それから積極的に学びとろうとした伝統をもっていたことである」

　その上で、山本は畳みかける。

「〔われわれ日本人は〕外に絶対性を置いていたがゆえに、目を転じて他から学ぶことも可能であった。徳川時代は中国が、そしてその象徴としての朱子学が絶対であった。その伝統があるがゆえに、明治は目を転じて西欧を見、これを絶対化してそれから学ぶことを当然とすることができたわけである」

　われわれ日本人は、自分たちを、中国のように「中心文化」の担い手としないで、常に「中心」は他にあるとしてきた、という論は、どこか自虐的な響きがしないでもない。が、そうであるがゆえに、一旦、「良い」と思うものがあれば、崇める対象を柔軟に替えられる。結果的に、日本文化は、世界中から「より良きもの」を集積し、自らを高めてきた、という点を肯定的に評価しているところに山本説の肝がある。

その伝でいくなら、江戸時代の「中国絶対」の時代から、「欧米の帝国主義追随」、さらには「アメリカ羨望」とたどってきた「われら旅人」が、今ふたたび「他」に目を転じる時が来ると考えても、それ自体は決して奇異なものとは言えないだろう。

といって、われわれはただちに「民主主義」を捨てるべきだ、と言いたいわけではない。アメリカ的な民主主義が不全に陥った現実を受け止めたうえで、「それでも、中国的な統治の下で生きるのに比べれば……」といった比較論の世界に入っていく道筋など、選択肢はいろいろあるはずである。

それにしても、大事なのは、対象からしっかりと距離を置いて、改めて「民主主義とは、われわれにとって何なのか?」を考えてみる。そして、さらに視野を広げ、さまざまな選択肢を見詰め、検討する。その際の視点は、言うまでもなく「何がより良いか」ということになる。

その結果、われわれは最終的に、どんな道を選ぼうとするのか。予想するのは難しい。「依然、アメリカを」なのか、「生まれ変わったアメリカに」なのか、はたまた、「中国こそを」なのか、あるいは……。

ただ、言えることは、その結論がどうあろうと、今ここで一度、立ち止まって考えることは、「なにより、その時の状況の中で、良きもの」を選び続けてきた日本には、相応しい。また、であればこそ、結論がどうあろうと、それに基づき、われわれは自信を持って歩みを進められるのではないか。そう思えるのだが。

第7章

韓国と西ドイツ

冷戦に翻弄された国の“我慢強さ”と“強烈な意志”

われわれに今、「統一」なんてできる力はない。
しかし、将来のそれに向けて力を高めるためにも、
今、南北間で経済面での協力関係を深める必要がある、
ということだ

文在寅・韓国大統領の側近筋の言葉

西ドイツが〔東西統一に〕成功したから、
日本も〔北方領土返還を〕ということなのでしょう。
その気持ち、わからないではない。
でも、そこに至るまでに、
西ドイツがどれほどの努力を積み重ねてきたのかを
理解しようという日本の方は、あまりいないようですね

ドイツ通のソ連外務省の高官が、漏らした言葉。
1991年、自民党幹事長だった小沢一郎がゴルバチョフと会談し、
280億ドルの経済援助と引き換えに
北方領土返還を交渉したが、失敗したことについて

世の中、公平になどできていないのだ——。われわれ少なからぬ人間が、噛み締めながら生きる「格言」、いや「現実」と言えようか。これを、どんな時に感じるのか。それこそ、人それぞれなのだろうが。

それにしても、二一世紀に入り、世界規模で一挙に噴出した感のある「難民」問題を考えるにつけ、「どの国、どんな国に生まれたのか」が、われわれの多くに、人の世の「不公平」について考えさせる一因になっていることは、間違いない。

「苦難の中で生きる子供たちほど、きれいな瞳をしている。難民を報ずる映像を見るたびに、そうだな、と思う」

一度ならず聞いた言葉だ。が、「きれいな瞳」が、そんな子供の親たちにとって、精神的にどれほど大きな〝重荷〟であるかは想像に難くない。生まれた国による「不公平」を、せめて子供、そして孫たちには、これ以上、味わわせたくない——。ヨーロッパやアメリカのみならず、世界各地に出来上がった「壁」の前でたたずむ難民の姿を観るたびに、われわれは、その心中を想う時を過ごしているわけだ。

ところで、人間たちにとって、「生まれた国による不公平」があるのは、そもそも「国」についても「不公平」があるからではないか。つまり、その国が存在する位置、生い立ちなどによって、国としての幸・不幸があるのでは——。筆者に、これを特に感じさせた本がある。

井上靖の歴史小説、『風濤』。

新羅《しらぎ》による三国統一についで一〇世紀の初め、朝鮮（韓）半島で統一王朝を開いた後の高麗《コリョ》の物語。一三世紀、勃興したモンゴル＝蒙古（元王朝）に振り回されて高麗は艱難辛苦する。特に元の初代皇帝フビライ（世祖）が企図する日本侵攻の先兵とされ、兵だけでなく、食料から船までのすべての準備を担わされた。その結果、疲弊しきった国土、国民ともども、高麗はもはや国家の体をなさないまでになる。
「どの街道を目に浮かべても、そこには兵が屯《たむろ》し兵が移動していた。どの聚落を瞼に思い描いても、そこには男という男の姿はなかった。老人と女たちだけが地に伏し天を仰いでいた。哭声は天を震わし地に満ちている」

これは、最初の日本遠征（一二七四年の文永の役）への準備に追われる中、病を得た第二四代・高麗王の元宗《ウォンジョン》が、病床で想った国土のありさまだ。大陸に地続きで、しかも、そこには強大国が存在する――そのために味わう「半島国家の悲劇」と言えようか。一方で、フビライが日本に対し、「属国としての礼」を迫る構えであることを知り、いぶかる元宗の心の内は、次のように描かれている。
「殺伐好戦、しかも大海に護られている国〔日本〕が、いかに相手が強大であるとは言え、唯々諾々として異国からの最初の詔を奉ずる筈はなかった」

日本と対比しながら、それと同じようには振る舞えない元宗自らが率いる「半島国家の悲劇」をこそ強調しようという、作者・井上靖の意図は明らかだろう。

大国・元と対峙した高麗の悲哀

実際、半島国家である高麗が、隣り合わせの大国・元と対峙するありようは、これが創作をも含めた小説であるとしても、読んでいても気分が滅入る。

侵略が始まるや、蒙古軍は毎年秋にやって来て、実った穀物を刈り尽くし、反抗する者を殺し、おびただしい数の男女を拉致していく。半島は文字通り「蹂躙」され尽くす。それが一二六〇年、フビライが元の皇帝に即位するや、事態は一変する。高麗に駐屯する全蒙古軍の引き揚げが始まるに及び、「解放」の時が訪れたと見えたのだ。

が、それもつかの間のことだった。日本遠征の方針が決まるや、事態はそれまで以上に厳しいものになる。何かがあれば、そのたびにフビライの意向を探り、指示を仰ぐために、元宗あるいは重臣が、はるばる万里の長城を越えて、燕京（北京）あるいはフビライの遠征地先にまで駆けつけなければならない。あげくに、いったんフビライの意志が決するや、その後は何をどう陳情しても一切が拒否される。ただただ、指示に従うしかないのだ。

ひときわ印象的なのは、元宗とフビライが、ともに国家のトップ、つまり高麗王、そして蒙古の合罕《ハハン》に就く直前に出会った場面だ。

「干戈《かんか》を交えたきのうまでの古い時代は既に終わった。これから両国は友好関係を持して、長く一家の如く睦《むつみ》合って行くことであろう」

元宗を前にしたフビライは、微笑を湛え、柔和な人物然として見える。元宗はこれに気を良くし、それ以降、高麗─蒙古の関係進展に強い期待を抱き、フビライに信を置こうとし続ける。しかし、そのフビライが、元宗の高麗に対し過酷な要求を突きつけ続けるのだ。

そして──

高麗は一四世紀の末に滅び、李《イ》氏朝鮮《チョソン》に取って代わられる。が、「半島国家の悲劇」はそれからも延々と続く。実際、新羅が朝鮮半島で初めての統一国家を創って以降だけを見ても、蒙古の支配下にあった時期の高麗を含め、朝鮮民族が、事実上の「異民族支配」の下にいなかったのは、中国で唐が倒れて以降の約三〇〇年間しかない。つまり、半島は「強大国」の影響下にあって、「属国的な国」であり続けたのだ。一九世紀の後半、清の力の衰えとともに、半島内で独立を目指す動きもないではなかった。だが、二〇世紀に入るや、今度は、大陸ならぬ日本の支配を受けることになる。

そんな朝鮮半島にあって、一九四五年、第二次世界大戦が終結するとともに、真の独立への期待が高まりを見せたのは当然のことだろう。日本の統治下から解放される半島の扱いについては、終戦を前に、連合国のなかで合意らしいものも形成される。だが、いざ終戦となるや、ソ連軍が、次いで、これに対抗する形でアメリカ軍が進出。これらに現地勢力が絡み、内戦状況が現出する。

結局、四八年に入り、李承晩《イスンマン》を大統領に選出した南部は「大韓民国」として独立、北部では、金日成《キムイルソン》を首相に据えた「朝鮮民主主義人民共和国」の建国が宣言される。「独立」は果たされたものの、半島全体を統一した独立国家の誕生にはならなかった。

問題はさらに、その先にもあった。

戦中から、すでに始まっていた世界規模での「東西対立」の最前線に、朝鮮半島が位置づけられてしまったことだ。それに、常に内部対立を強めがちな民族性なども加わり、「独立」は果たしたものの、その後も、両国は外部の大国の影響に左右されがちな時を長く生きざるを得なくなる。

「時に、大国の首脳は穏やかな笑顔も見せる。しかし、常にその意向に注意を向けるために、〝御用聞き〟を怠ってはならない。しかも、これに逆らうことは極めて困難。結局、大国の思いに揺さぶられ続けるのだ」

フビライの微笑に振り回された元宗の高麗の姿は、現代に至っても少なからず続いたと言うしかない。その実態を、第二次世界大戦後に韓国、そして朝鮮半島に起こった〝事件〟の連鎖、すなわち、「アチソン・ライン」→核開発問題→軍事政権の退陣――を見ながら再確認したい。

トルーマン米政権の国務長官であったディーン・アチソンは五〇年一月、ワシントンのプレスクラブで演説。アメリカが西太平洋で責任を持つ防衛ラインを、「フィリピン－沖縄－日本本土－アリューシャン列島」を結ぶ線までとしたうえで、強調した。

「〔それ以外の地域では〕軍事攻撃を受けた際の保障など、できるものではない」

これに、北朝鮮は鋭く反応する。「アメリカの防衛範囲に韓国は含まれない」と判断したのだ。この年の六月、ついに韓国侵攻を開始、朝鮮戦争の火ぶたが切られる。

その後のアメリカ軍の動きを見れば、アメリカ政府の、そして、アチソン演説の真意は何だったのか、不明な点がないではない。それにしても確かなのは、アメリカの一存で、韓国の生死が決まりかねない、という現実。であればこそ韓国としては、アメリカの本心を常に探ると同時に、そこに大きな変化を察知した場合は、それを修正しようという努力はともかく、まず「変化」への対応策を考え、準備を進めるしかない、と言うことになる。

それ以降も、アメリカが「韓国への関与」を見直し、弱めようという動きは、間欠泉のように噴き出し続ける。カーター政権時代の在韓米軍撤退への動きは、その典型だろう。トランプ政権が発足してまもなくの二〇一七年三月、ティラーソン国務長官が日本、韓国、中国の三か国を訪問した際に発した二つの言葉が、韓国を慌てさせたのも無理はない。

「日本はその経済規模によって、この地域におけるアメリカの最も重要な同盟国だ」

「韓国も同じように、北東アジアの安定に関わる重要なパートナーだ」

その途端、韓国内では、同盟国とパートナーの相違に関心が集まり、「われわれは日本より〝一段格下〟なのか」と反発する声が噴出する。と同時に、「ベトナム戦争後、米軍は二度とベトナムに戻ろうとしなかった」との歴史的事実を振り返り、アメリカにとって「同盟国はしょせん、その程度の意味しか持たないのか」といった論議がされるようになり、さらに憶測を呼ぶ。

「いよいよアメリカは、駐韓米軍を撤退させる腹を固めたのか」

これを見て、ティラーソンは「われわれが、日韓のどちらかを優先している、ということはない」と弁解に追われる。それにしても、「外の動きに過敏なほどに反応し、揺れる韓国」というイメージが、あらためて関係者の間に強く印象づけられたことは間違いない。

時代を少し遡りたい。

韓国の核兵器開発は、朴正熙《パクチョンヒ》政権時代の七〇年代の半ば、極秘裏に着手されようとしていた。その全貌は、いまだ明らかになったとは言い難い。が、二一世紀に入って公開された外交文書などによれば、朴政権は、ニクソン大統領の下で、それまで六万四千だった在韓米軍のうち一挙に二万人が撤収されたことに危機感を抱き、秘密裡に核開発を進めることを決断。フランスから核再処理施設を導入する計画を立てる。しかし、これを察知したアメリカのフォード大統領が七五年、シュレシンジャー国防長官をソウルに派遣して、朴大統領に開発断念を迫る。

「韓国が核兵器開発に着手すれば、ソ連が韓国を核兵器で脅迫することになるだろう」

結局、朴大統領は計画の放棄に追い込まれる。

しかも、アメリカはその後も、日本に対しては広く認めている「ウラン燃料の再処理」について、韓国に対しては、はるかに厳しい規制をかけ続けてきた。

「アメリカは韓国の同盟国だが、日本はわれわれの同盟国ではない」

文在寅《ムンジェイン》大統領が二〇一七年九月、ニューヨークで開かれた日韓首脳会談に臨んだ際の発言は、あらためて日韓関係の複雑さを思い知らせた。と同時に、その背後に、「日米韓の緊密化」を望むアメリカに対し、「われわれにはわれわれの立場があり、いつも言いなりにはならないぞ」といった韓国の、アメリカに対する強い反発を感じるのは、やむを得ないことだろう。

そしてもう一つが、韓国の「民主化問題」だ。

韓国はベトナム戦争に参戦する。六一年、クーデターで権力を掌握したばかりの朴正熙・国家再建最高会議議長（一九六三年一二月、大統領に就任）は、この年の末にアメリカを訪問、ケネディ大統領に、韓国軍のベトナム派兵を提案した。アメリカの歓心を買い、軍事政権に対するアメリカ政府の認知を獲得、さらには、韓国の経済発展を図ろうとした――という説が有力だ。朴の頭の中には、朝鮮戦争を経済復興のテコにした日本のことがあった、とも言われる。

実際の派兵は六四年に始まる。延べ総数は三二万。戦死者四九六八、負傷者は八千を超える。

「韓国軍は勇猛であり、戦果も大きかった」

アメリカにとっては、実に頼もしい仲間であった。

だが、ベトナム戦争が終わって一〇年余後の八〇年代後半、筆者がワシントンで聞いた韓国に対するアメリカの認識、評価は大きく割れていた。

「韓国との間には相互防衛条約がある。四万人の将兵が今も駐留している。同盟国という以外、考えたことはないね」（国防総省の現役幹部）

「韓国が同盟国とは言いかねる。同盟国であるには、防衛協力関係に加え、デモクラシーの確立が必要。この点で韓国には問題がある」（元外交官）

こんな状況について、当時、米国務省のアジア担当であったM氏が、次のように解説してくれたのは八七年の春先だった。

「韓国は同盟国。しかし『西側同盟』の正式クラブ員としてはまだ認知されていない、ということかな」

そんなM氏がそれから数か月の間、一喜一憂の日々を送ることになるとは、この時点では思いもよらなかったが。

実は、翌八八年のソウル・オリンピック開催を、アメリカ政府は「韓国の民主化達成の好機」と考えていた。このため、全斗煥大統領に対し、この年末に予定されていた大統領選挙に文官を候補として立てるように、働きかける。すると全大統領は六月初め、「民主化」を求める国民運動の高まりもあり、「文官起用」の意向を内密にアメリカ政府に伝えてきて、M氏らを大いに喜ばす。だが、その直後、全は心変わりする。軍人出身の盧泰愚《ノテウ》候補の擁立に走ったのだ。「もうだめか、ってね、皆、意気消沈しました」。後にM氏は振り返った。

だが、それから事態は大きく展開する。韓国各地で民主化要求の運動が盛り上がる。そして六月二六日、全国で一八〇万人（運動を指揮した「民主憲法争取国民運動本部」の推計）が参加して大規模なデモが行われただけでなく、一部で警官隊などとの衝突が発生するにおよび、七月一日、全が大統領の直接選挙などを軸にする「民主化措置」の実行を受け入れたのだ。

「とても今、明かすことができないような手段で、民主化への道筋をつけようと試みたんですよ」

晴れ晴れした表情のM氏が、こう話してくれたのは、韓国の「大騒乱」が収まって間もなくのこと。それを聞きながら筆者には、M氏の話の向こうに、韓国という存在のありようがうかがえる気がした。

強大な大陸国家に接する半島国家の「不公平」

蒙古（元）に対峙した高麗。これと、アメリカと韓国（大韓民国）との関係を並べ見ることには、躊躇がないわけではない。時代が違うだけでなく、二つの関係のありようには、「程度」以上の差があるからだ。それに、そこに漂う「従属」あるいは「属国」といった気配は、日米同盟にも、間違いなくある。いや、建前はともかく、「完全に対等な同盟関係」などしょせんは夢物語、と言うべきなのかもしれない。

「蒙・高」と「米・韓」の対比を躊躇する理由でもある。

ただ、それでも、このような話の展開を試みたのは、「半島国家で、しかも強大国がすぐ隣にいる」ことの不運、あるいは不公平ゆえに、国家がもがき、そこから脱出しようとする姿は、日本の「これから」を考えるうえでも重要な意味を持つ、と考えるからだ。

言うまでもなく、韓国がこのような現実を歓迎しているわけではない。だから、韓国に対応する際に、関係国は韓国の心中を慮り、言葉遣いにも気を使う。アメリカもだ。その昔、いっときのこととはいえ、フビライが元宗に対し、ことさら穏やかな表情や言葉遣いを見せたように。


筆者が韓国を初めて訪れたのは一九七二年の末。『風濤』を読んで間もなくのことだ。

ソウル到着の夕、ホテル近くの食堂風の店に入り、空いた席に座る。だが、それからが長かった。日本語は通じないようなので、英語で話しかけてもみる。だが、当時、ようやく普及を始めたテレビ放送に視線を凝らしたお客も店員も、こちらを全く見ない。

見かねたように一人の女性が近づいてきたのは、それから一〇分も経ったころだろうか。日本語で声をかけてきた。

「お客さん、何にする？　ここでは、日本の人も日本語も無視されるのよ。ご免ね」

それ以降、韓国を何度、訪れただろうか。二度と、同じような経験をしたことはない。この間、経済力の伸長もあり、自信の回復が人々を変えたこともあるだろう。しかし、韓国――あるいは、朝鮮半島が「世界」に向かう際のたたずまいに、そう変化はないのではないか。そう感じることも少なくない。

さて、時を経て、アメリカに、きわめて異質な大統領が登場する。ドナルド・トランプだ。

「韓国は歴史的に中国の一部だったのだ」

二〇一七年の四月、習近平国家主席との米中首脳会談を終えたトランプ大統領は、その後の『ウォールストリート・ジャーナル』とのインタビューで、こう語る。「会談の席上、習主席から、わが大統領はそう説明を受けた」というのがホワイトハウスの解説ではあった。その直後から、韓国のメディアが大騒ぎをし、相次いで怒りの社説を掲載したのも無理からぬことだろう。

冊封体制、あるいは、朝貢関係の下にある中国と周辺国との間柄は、「帝国と植民地」の関係というより、実態は西洋の主権国家同士の関係と変わらない、というのがほぼ歴史学界の定説だと言われる。ただ、ここで見逃せないのは、トランプの出現によって一挙に幕を開けた観のある「世界秩序変動の時代」にあっては、何事についても、力のある発言者の思惑に沿った「図柄」が、容赦も配慮もなく描かれ、ひとり歩きしてしまうことだろう。その意味で、人も国も、強くなければ生きていかれない時代が来たのだ、と言うべきなのかもしれない。

そこで、韓国のことだ。

間違いないのは「韓国が芯に持つ、途方もない強さ」の存在だろう。半島国家には半島国家ゆえの美点、長所も多い。それに、半島国家であっても、ローマのように自ら外に出て行った国もある。ただ、それらの条件に加え、近くに強大国がいるという韓国——この場合は、北朝鮮も含めた「朝鮮（韓）半島の国」というべきかもしれないが——の「不幸」は、いかんともしがたい。だから苦汁もたくさん飲んできた。その分、耐え忍ぶ際に発揮される「強さ」は際立っている、と言えようか。

二〇一五年九月三日、当時の韓国の大統領、朴槿恵《パククネ》は、北京で開催された中国の「抗日戦勝七〇周年」を記念する軍事パレードに参加する。旧西側諸国の首脳としては唯一人であった。天安門の壇上では、習近平国家主席の横で、朴とロシアの大統領プーチンが並ぶ形に。これに、韓国内はもちろん、海外からさえ、強い批判と称賛がないまぜになって浴びせられる。

「『小』が『大』に事《つか》える、つまり、強い勢力には付き従う事大主義そのものだ」

「韓国が自らの観点で、外交的な空間を作り出す第一歩を踏み出した、と見ることができる」

こんな指摘もあった。

「軍事パレードを見る朴大統領の表情は、明るくなかった」

確かに、二〇一五年の韓国の貿易黒字（九〇四億ドル）の実に五二％は対中国が占め、対中輸出額は、日本、アメリカ、EU向けの輸出額の合計とほぼ並ぶほどまでに拡大。それだけに、「中国には頭が上がらない」という現実は否定しようもない。パレードへの招待状が来て、これに「ノー」を言える立場であったかどうか。

だが、こうも言えるかもしれない。朴の姿こそ、韓国の「強さ」を表しているのだ――と。誰が何と言おうと、また、批判を浴びても、「やるべきことは、やらざるを得ない。ならば隠れずに、やる」という潔さとも言うべきか。

ところで、韓国についてはもう一つ、見つめるべきことがある。大国に、あるいは周辺勢力の間で翻弄されることの多かった歴史を背負うだけに、周囲の動き、また、その背景にある世界の動きに、常に敏感であろうとし、その結果、必要とあれば、いち早く自らのやるべき行動が取れるように、と身構えていることだ。トランプ出現後、一挙に加速された感のある、朝鮮半島における「南北統一」を目指す動きにも、そんな気配がある。

実は、第二次世界大戦が終結するや、半島の南北分断が進む中で、北の金日成首相（一九七二年に国家主席に）が「国土完整」を叫び、統一実現の必要性を訴えたのに呼応するかのように、韓国側でも「統一」を求める動きが噴出する、という一幕があった。

「北進統一」

これが李承晩の掲げたアピールだ。要は南北ともに、相手を〝飲み込む〟ことで統一を果たそう、というわけだ。

しかし、朝鮮戦争後になると、時間の経過とともに「統一実現」を「不可能」とする見方が増えていく。そして冷戦が終結しても、この流れは変わらなかった。というより、「南北朝鮮半島の統一が成就しないから、アジアでは冷戦が終わらなかった」というべきなのかもしれない。その間に、韓国は、朴正煕（槿恵の父）大統領の下で進められた改革を契機に、経済成長の階段を上り始める。停滞する北朝鮮をしり目に。

予想外だったのは、韓国の経済成長が、北朝鮮の頭越しで、韓国と中国との距離を急速に縮めていく原動力になったことだ。しかも、「改革・開放」以来、著しい発展ぶりを見せた中国が、一九九〇年代半ばころから経済規模の拡大に拍車をかけて、市場としての価値を高める。その結果、韓国はあらためて中国の「強大さ」を思い知ることになる。

このような経緯を振り返れば、二〇一七年、トランプ政権より四か月遅れで発足した文在寅政権下で、「南北統一論」が韓国外交の最重要戦略の一つに位置するようになる背景も見えてくる、と言えないか。

韓国の人口は約五〇〇〇万。その中途半端な市場規模が、サムスンなどを海外に向かわせ、韓国経済の「グローバル化」につながったのは間違いない。だが、南北統一によって、八〇〇〇万――つまり、統一ドイツのそれに近い規模の人口を達成できれば、はるかに安定した基盤の上での経済運営が可能になる、との思いが「統一論」の中核にある。「統一した半島国家」として、中国も含めた国際社会に向けて、自らの「存在」を大きくする。そして、強大国にも振り回されない存在になろう、というわけだ。

もちろん、その実現がいかに困難かは、想像に難くないし、批判の多さにも事欠かない。中国経済の減速もあり、二〇一九年の韓国の経済見通しは、一年前に比べ一挙に悲観論が増す……といった具合に、急速に伸びた韓国経済は、それがゆえに脆さも抱える。さらに大きいのが、「統一」と経済効果の関係について、楽観視する向きは決して多くないことだ。統一後のドイツは、格差是正のため旧東ドイツ地域に膨大な費用を投じる。だが、それが生んだ財政負担などで、「欧州の病人・ドイツ」と言われるほどに、長らく経済不況で苦悩した事実があるからだ。

これらを踏まえ、今後については推測するしかない。ただ、われわれが注目すべきは、韓国の「統一」への踏み出しまでには、長い助走があったこと、また、「ドイツの前例」をさんざん研究したうえでの挑戦でもある、という点だ。

李承晩時代（一九四八〜六〇年）以来、韓国で検討されてきた統一問題の歩みは、決して一様ではなかった。保守派の「統一論」には、むしろ「これを妨げようとするのは北朝鮮」という批判論を展開することで、韓国内をまとめようという動機が強かった、との見方もある。盧泰愚政権（一九八八〜九三年）が、冷戦終結をはさんだ時期にあって「北方外交」を展開し、ソ連、中国との国交正常化を果たし、「北朝鮮との政権の正当性をめぐる競争」に韓国が「勝利した」と言われるまでに至った一連の動きは、そんな保守路線の延長線上にあったと言えるだろう。

この勝利が、韓国に、どれほど大きな自信をもたらしたかは、ソ連との国交正常化を果たした（九〇年）直後のモスクワの街を歩くと、すぐ理解できた。町のあちこちを闊歩する「韓国人」と思しき人々と出会うと、思わずこちらも身構える。左右が雪で覆われた狭い路面でも、胸を張り真ん中を歩くぞ、という気迫が、相手に溢れていたためだ。

ただ、ものごとは必ずしも、韓国の思うようには進まない。ソ連・ロシアはともかく、中国は、核開発問題などで「北」への批判を高めることはあっても、必要以上にその関係を悪化させるまでには踏み込まない。

さらに、自らの経済力を伸長させるにつれ、中国の韓国に対する姿勢はきつくなる。朴槿恵政権（二〇一三～一七年）は、「一帯一路」構想のバックアップ装置ともいえるアジアインフラ投資銀行（AIIB）への参加を迫られ、苦悩のあげく参加した。にもかかわらず、アメリカから要求された高高度防衛ミサイル（THAAD）の韓国内への配備に対して、中国はあくまで反対の姿勢を貫いただけでなく、中国国民の韓国旅行に制約を加えるなど、制裁まで科した事実はその象徴だろう。

こんな保守派の行き方に対し、左派勢力は、より「自力を高める」ことに傾注する。それが「南北統一」重視の路線と言えよう。

金大中《キムデジュン》政権（一九九八～二〇〇三年）の「太陽政策」を土台にし、盧武鉉《ノムヒョン》政権（二〇〇三～二〇〇八年）を経て、文政権が掲げる「朝鮮半島の新経済地図」構想がその具体化だが、注視すべきは、当面の目標を、南北の「平和共存」と「共同繁栄」に置き、実際の「統一」はあくまで最終目標——としている点だ。

「私たちは北朝鮮の崩壊を望まない。いかなる形の吸収統一も進めない」

文大統領が就任後まもなく、ドイツのベルリンで行った演説だ。が、大統領の側近筋の言葉は、はるかに明確だ。

「われわれに今、『統一』なんてできる力はない。しかし、将来のそれに向けて力を高めるためにも、今、南北間で経済面での協力関係を深める必要がある、ということだ」

文氏ら左派勢力は、その実現のために、盧武鉉の失脚後、保守派に移った政権の奪還に向け、時を待つ。

結果的に、政権は、保守派・朴槿恵政権の〝自壊〟によって転がり込んだとも言える。が、文政権にとって重要なのは、まさに、その時に、トランプ大統領が「米朝」に踏み込んだ、というタイミングだったと言える。

果たして、「朝鮮半島の新経済地図」実現のため、文政権は大きな歩を進められるのかどうか。客観情勢から考えて、それが「容易なこと」とはとうてい思えない。いや、「きわめて困難」と言うべきだろう。ただ、確固とした「文在寅－金正恩《キムジョンウン》」関係の構築、さらに、これを、トランプのアメリカを巻き込みながら加速させようという文大統領の足取りは、韓国内のみならず、世界的に「前のめり」「無謀」「ひとりよがり」との指摘が出るほどに、あくまで積極的であり続けることを己に課したうえでの動きであることは間違いないはずだ。

「韓国には、アメリカからの要求に対しても、『ノー』と言える外交が必要だ」

文大統領の言葉は、「統一」こそが、目前に迫る「世界秩序の大変動」の荒波を乗り越えるためには不可欠であり、そのためには、トランプが掘り起こした「米朝への動き」を何としても生かす。それによって、『風濤』の境涯から真に脱し、自らのことは自らで決め得る「韓国――そして、半島国家を創生する」とのあくまで強固な思いの表出、と言うしかないだろう。

確たる国境線も安定した中心も持たないドイツ

一方、ドイツだ。

この章は冒頭に書いたように、人には「生まれた国によって、生じる不公平」があるのと同じように、国についても「不公平」がある――ということを見つめようとしている。ドイツを扱うのも、ドイツがそんな不公平を被りやすい立場にあると思えるからだ。

ただ、その不公平は、韓国などのそれとは、また違う種類のものだ。半島国家とは対照的に、ドイツは大陸のいわばど真ん中に位置する。そのためか、民族として、また国家として、何があっても「最後のよりどころ」になるもの、あるいは場所がどこにあるのか、がわかりにくい。これこそ、ドイツにとっての、まず第一の「不公平」と言えようか。

「ドイツ！　しかし、どこにあるのだ？　その国は見つからない」

文豪ゲーテの言葉は、ある時代のドイツの状況を指したものというより、ドイツが背負った宿命に思いをはせての嘆き。そう思いたくなる理由でもある。

事実、ドイツが歩んできた歴史はかなり独特なものに見える。

「ドイツの歴史を書くことは困難な試みである。というのは、ドイツは一度も確たる国境線も、一つの安定した中心も持ったことがないからである」

フランスの歴史家、アンドレ・モロワの著書『ドイツ史』の一節だ。

そんなドイツらしさの反映というべきか、ヨーロッパの大陸上で、「ドイツ」の気配がするものは思いのほか広く拡散している。ただ、だからこそ、「ドイツとして、まとまらなければ」との思いもまた、ことのほか強いのは、自然なことかもしれない。

問題は、このようなありようが、ドイツの本心のいかんにかかわらず、周囲に不安感、脅威感をもたらしがちなことだ。それこそ、ドイツという国が抱える、もう一つの「不公平」、そして「宿命」でもあり、というしかない。例えば――

一九九〇年のドイツ統一の結果、総人口は約八千万になった。イギリスやフランス、イタリアの人口が、いずれも六千万ほどである中で、八千万には重みがある。これが、その後、ヨーロッパにおける"ドイツ優位"をもたらす一因となったのは事実と言える。

だが、その後のヨーロッパは、実は八千万ではなく、「一億三千万人のドイツ」という、はるかに大きく重い影に不安を募らせつつあるのだ、との見方もある。

冷戦が終わり、まもなく発足した欧州連合（ＥＵ）には、中・東欧の国々、また、オーストリアや北欧の国が相次いで加わる。気づいてみれば、その中には文化的にドイツに近く、ドイツ語を母語にする国も少なくない。これらの国々の人口を合わせると、約五千万に。国境ははっきりしなくても、大陸の中心部に間違いなく「ドイツ」が、それも「大きなドイツ」が隠れていた、というわけだ。

これらの国々が、今すぐドイツと足並みをそろえるわけではない。が、このように〝拡散しているドイツ〟がなんとかまとまると、途端に大きな力を発揮する、というのが、ドイツの歴史的事実でもある。一九世紀の後半にようやく形を成した「ビスマルクのドイツ」が、二〇世紀の冒頭には、世界を脅かすほどの力を誇るに至った経緯は、その典型だろう。

そんなドイツに、周辺国は「不可解さ」や「空恐ろしさ」を感じ、「警戒」を怠るまいと身構える。一方、これを察知したドイツは、さらに体制を固めざるを得なくなる。悪循環と言うしかない。

「わが国は蝶になる前の虫のように、慎重に動かなければならない」

ドイツは一九世紀末、イギリスの覇権に対抗するため、海軍力の増強を急ぐ。このとき、外相のベルンハルト・フォン・ビューローが発したのが、この言葉だ。自国ドイツが周囲にどう警戒されているか、を熟知していればこそのものといえよう。

ところで明らかなのは、韓国とドイツが背負う「不公平」のありようは違っている。ただ、それを乗り越えるために、韓国、そしてドイツが設える「構え」には共通するものが多い、ということだ。

何より、対峙する「正面の敵」に対してはもちろん、周囲への視線をも常に鋭敏に磨く。と同時に、ギリギリまで辞を低く保つ、あるいは、低くしたふりをする。そして、タイミングをじっと待ち、いつか訪れるであろう「時」を逃すまい、という「構え」を必死に維持する。両国共に「より完全な自己実現」

――「統一」を目指して、だ。

「辞を低くして時を待つ」ドイツ流の統一

ヒトラーのドイツは「第三帝国」と言われる。それは、第一の「神聖ローマ帝国」に次いで、ビスマルクの下、プロイセンが主導した第二の「統一ドイツ」、そして、これを継ぐものという意味だ。いずれも膨大なエネルギーを投じて得た「統一」であったことは、ドイツが負う国としての「不公平」からいっても、容易に想像がつく。

それにしても、第四の「統一」が、過去三度のそれに比べてもきわめて困難なものになるであろうことは、誰よりもドイツ自身が承知していた。ヒトラーのドイツは、それほどに、ドイツ自身に、そして世界に大きな傷跡を遺し、新たな「ドイツ統一」への警戒感を高めたからだ。

それでも、第二次大戦の終結後のしばらくは、ドイツ内部でさえ、米英仏の西側三か国がソ連に対し圧力をかければ、結局、ソ連が折れ、統一も実現するのでは――といった楽観論がないではなかった。だがこれは、そもそもあり得ない話だった、とドイツ報道で一時代を画した伊藤光彦は書く。西側には、ドイツが統一してできあがる「大ドイツ」の復活を望まないどころか、警戒感が強かった。加えて、今や「西側の盟主」となったアメリカが、西ドイツを「東側＝共産主義圏への防波堤」とすることで「冷戦の構図」を鮮明にし、自らのリーダーシップをふるいやすくしたい、という思いを強くしていたからだ。

事実、楽観論はまもなくしぼむ。一九五五年五月、西ドイツのＮＡＴＯへの加盟が決まり、その一週間後には、東ドイツのワルシャワ条約機構への参加も決定する。これこそ、二つのドイツが、東西それぞれの陣営の軍事機構に加わり、対立する構図が出来上がってしまったことを意味するからだ。

この時、西ドイツで「ドイツ統一」について、最も厳しく見ていた人物がいる。その後、社会民主党の重鎮として、ドイツ連邦議会の院内総務を長く務め、「西ドイツの戦後政治を牛耳った男」とまで言われたヘルベルト・ウェーナーだ。

「ソ連は、『中立ドイツ』以外の形態では絶対にドイツの統一を認めないだろう」

若くしてドイツ共産党員となり、モスクワのコミンテルン（共産主義インターナショナル）でも活躍。さらに、ヒトラー体制打倒を目指すレジスタンス活動を指導し、獄中生活も長かったウェーナーが下した結論が、これだった。

結局、東西両ドイツは、それから三五年間、「統一」を求めながら、叶わぬ日々を過ごす。中立化どころか、意識的に「分裂ドイツ」をその世界戦略の切り札に使おうというアメリカ、その一方で「中立化」を統一承認の絶対条件とするソ連。この間に挟まれて、ドイツが独自に動く余地などまったくなかった、というしかない。

ただ、だからと言って、「この間、ドイツが何もしなかった」というのは、やはりドイツの本質を見損なっている。

西ドイツのNATO加盟が決まって四か月後の九月、当時のアデナウアー政権は、ソ連との国交を回復する。その一方で、「東ドイツを承認する国とは国交を結ばない」と宣言した。

「ドイツは一つ、われわれのみがドイツなのだ」というわけだ。

また、それより二年前の五三年六月一七日、東ベルリンでは、建設労働者が蜂起した暴動が発生する。ソ連軍が出動して、鎮圧したが、この日を西ドイツ政府は「ドイツ統一の日」として祝日にするなど、「統一」への意思表示も怠らなかった。

そんな中、西ドイツは宿敵、フランスとの和解を実現する。五八年九月、アデナウアー首相はフランスの政界に復帰して間もないドゴール大統領の自宅を訪ねる。ここで二人の間で芽生えた信頼感が結実したのが、六三年の「エリゼ条約（仏独協力条約）」調印だった。まさに、独仏間に同盟関係が成立した瞬間だ。
ドゴールが冷戦のさ中、東西両陣営から距離を置き、ヨーロッパに「第三極」を創設しようという考えを公にしていた事実を踏まえれば、条約締結に向け、アデナウアーが抱いていた思いも明らかだろう。この最初の会合の際、アデナウアーが客だと知ると、「ドイツ人のために料理を作るのはいやだ」と拒否したお手伝いさんを、ドゴールが説得した――というエピソードは、独仏連携にかけた両国、いや、ヨーロッパの思いの深さを感じさせる。

このように、「統一」へ向けた西ドイツの歩みは、そろそろと進む。とはいえ、自らが背負う「不公平」を意識しながらも、決して歩を止めない西ドイツの真骨頂は、何よりも、NATO加盟と同時に創設が認められた西ドイツ軍を事実上、NATOの下に置き、経済復興、さらにはその拡大にひたすら集中した点にこそあった。

アメリカが発動した「マーシャル・プラン」による経済援助をきっかけに、復興への歩みを速めた西ドイツ経済は、アデナウアー政権の経済相に就任したルートヴィヒ・エアハルト（後に西ドイツ首相）が、市場経済を徹底させたことで、一挙に花を咲かせる。この事実こそが、「統一」をわきに置き〝経済に専念するドイツ〟をアピールする際の、絶好の証しになった。

一九五〇年代の西ドイツの労働者一人当たりの生産の成長率は、年率六％を超える。その結果、六〇年の国民一人当たりのGDPは、アメリカの八〇％近くにまで迫る。まさに「奇跡の復興」であった。
西ドイツにとって幸運だったのは、戦後まもなく、成長の速度は日本を上回ったものの、その後は、八五年に名目GDPでアメリカを抜いて一位に躍り出るなど、派手な動きを見せる日本の陰に隠れ、目立たない好位置をキープし得たことだろう。それこそ、「辞を低くして時を待つ」ドイツ流にぴったりの立ち位置だった。経済摩擦で日本がアメリカの「主要敵」にされるのを横目に、ドイツは、アメリカの要求を値切り続けたとも言える。

そして、そんな西ドイツに、ついに「その時」が訪れる。「冷戦の終結」だ。八五年三月、ゴルバチョフがソ連の共産党書記長に就任するや、「ペレストロイカ」の名の下に本格的な改革に乗り出したソ連。だが、それが、軍事的にも経済的にも、ギリギリの状態に追い込まれたソ連のやむを得ぬ選択であったことを、西ドイツの連邦情報局（ＢＮＤ）が見逃すはずがない。

冷戦が激化する中で、ソ連に関する情報を必要としたアメリカは、第二次世界大戦中、ドイツ国防軍でソ連に対する諜報活動を担当していたラインハルト・ゲーレンをトップに、戦後、西ドイツに新設された「ゲーレン機関」を重用する。ＢＮＤはその後、ゲーレンを初代長官として発足したものであり、ソ連関連情報に抜かりはなかった。事態の進行をじっと見つめてきた西ドイツが、ついに動き出す時が来たのだ。

それから五年、筆者がモスクワ支局に赴任したのは、九〇年四月のこと。半年前の八九年一一月に「ベルリンの壁」が崩壊。翌一二月には、地中海・マルタ島で、ブッシュ（父）大統領とゴルバチョフ・ソ連共産党書記長による首脳会談が開かれ、「冷戦の終結」が宣言されたばかり。「敗者」の首都モスクワに、もはや活気はなく、随所に「疲弊」や「惨めさ」がにじんでいる。もっとも、この段階では、「わがソ連は、世界の動きの中心の一角だ」といった雰囲気が、まだ、街のそこかしこに残っている気がした。

その矢先だった。

「西ドイツ、ソ連に対し五〇億マルクの経済支援を約束」

こんなニュースが流れ出したのだ。と同時に、西ドイツのゲンシャー、ソ連のシェワルナゼの両外相の接触が相次ぐ。結局、この年の前半に、二人だけの会見は七回に及ぶ。場所も、モスクワ、ウクライナ独立前のキエフ、あるいはカナダのオタワであった。

だが、恥ずかしいことに、いつの間にか筆者はこれに慣れっこになってしまう。西ドイツのコール首相がモスクワを訪れたのは、筆者が赴任する前のこの年二月。そこで、ゴルバチョフが「ドイツ統一を原則的に容認する」意向を示したのは事実だった。しかし、ここから「統一」の具体化までには、まだいくつもの難問があり、早々に解決できるようには思えなかったからだ。

それだけに、七月、コール首相が直々にモスクワ経由で、ゴルバチョフ（この年九〇年三月にソ連の初代大統領に就任）の故郷、北コーカサス（カフカス）のスタブロポリに入り「ゴルバチョフと首脳会談を行う」と聞いて、一挙に緊張感を高める。

さらに、緊張は、会談後の両首脳の共同記者会見の内容を聞き、驚きに。

「私とゴルバチョフ大統領は、ドイツ統一後、ただちに包括的で根本的な二国間条約を締結することで合意した」

会見の口火を切ったコール首相は、統一ドイツの誕生が事実上、確定したことを宣言したのだ。実際、それから二か月半後の一〇月三日、正式に統一は成る。これを見て、筆者は「驚き」を通り越して「やられた!!」という気分に変わる。

対ソ援助、NATO帰属、対米腐心

では、ここに至るために、西ドイツは何をしたのか。いまだにすべてが明らかになったわけではない。ただ、その過程で、何が重要であり、何を最も苦心したかを解くカギは、間違いなく二つ、いや、三つあったというべきだろう。

第一は、西ドイツが帰属するNATOに、統一したドイツも帰属しつづけることだ。

「ソ連が、『中立』以外の形態で、ドイツの統一を認めることはない」

三五年前のウェーナーの言葉は、ソ連を熟知した人物だからこそのものであった。しかし、NATOに帰属するドイツが、「中立」でないことは否定しようもない。では、どうするのか。

そこでコールの西ドイツが焦点を合わせたのが、どん底に陥ったソ連経済の実態。そして、この現実を目の前にしながら、自分たちが「敗者」であることを認めがたい、つまり、「現実に戦火を交え、負けたわけでもないのに、なぜ、われわれは『敗者』の扱いを受けねばならないのか」というソ連の一般国民の嘆きだった。事実、「冷戦終結宣言」とともに、モスクワの街は「哀れな軍人たち」の話であふれ、人々の嘆きは深まるばかり。

「駐留先でお役御免になったわが兵士たちが、祖国に帰還するカネに困り、武器・弾薬をヨーロッパのヤミ市場に売り飛ばしているらしい」

「モスクワ郊外の森の中で、帰還した兵士たちがテント暮らしを始めている」

うわさ話にきりはない。そんな中で、西ドイツがやるべき第一は、ゴルバチョフに対し、「冷戦の終結」はソ連の「負け」ではなく、「戦いに終止符を打った」事実を意味するだけだと、ソ連国民に向かって主張できる道を提供すること。それがまさに、ドイツ領内に駐留するソ連軍兵士の本国帰還の費用を含めた、経済的な支援の実施――つまり、「惨めさの緩和」だった。

マルタ会談から一か月経つか経たないかの一九九〇年の一月、コール政権はまず、ソ連からの緊急支援要請に応じる。続いて五〇億マルクの借款を供与する用意があることを表明。モスクワの目抜き通りを、食料などの支援物資を満載したドイツの大型トラックの列が、パトカーに先導され走り回るようになったのは、それから間もなくのことだ。その過程で、西ドイツは、最終的な経済支援の総額が六〇〇億マルクになることをも約束する。

ただ、西ドイツはその際、必ず念を押すことを忘れなかった。

「統一をめぐるゴルバチョフ政権との交渉の中で、われわれは一貫して、ソ連に与える『経済支援』は、あくまでわれわれにとって望ましい統一の条件――つまり、統一ドイツがNATOの加盟国であり続ける――などを認めてもらう『代償』であることを、機会があるたびにソ連側に念押ししたんだ。これが大事だったと思うね」

当時、西ドイツ駐在の韓国大使として、ドイツ統一を間近に見ていた申東元《シンドンウォン》は、統一実現の直後、コール首相を訪ね、祝いの言葉を述べた。韓国にとって、同じ分断国家であるドイツの統一実現が、ことさら感慨深いものだったからだ。その際、申が思い切って、「韓国が南北統一を目指すうえでのアドバイス」を尋ねた時のコールの返事がこれだった。申自身が後に筆者に明かしてくれたものだ。

コールの西ドイツが腐心した第二は、アメリカへの対応だ。この場合、西ドイツが想定すべき「アメリカ」は、一方で、西ドイツの経済力を〝使って〟ソ連の「無害化」を進めながら、かといって、統一ドイツが冷戦後、アメリカのリーダーシップを脅かすような存在になることは断じて許さない、という「アメリカ」に違いない。

この点でも、西ドイツは巧みであり、かつ慎重さが際立つ。

「〔統一した〕ドイツが、アメリカをトップに戴く『西側』に統合される度合いが高いほど、そのドイツが、ヨーロッパの中心に位置する〝我慢のできない厄介者〟になる危険性は小さくなるはずでしょう」

コール首相はこう言って、統一ドイツのNATO加盟を懸念するゴルバチョフらを説得した。もちろん、こんな経緯のすべてがアメリカ側に伝わることを計算に入れてだ。まさに、アメリカに対する「忠誠の誓い」を、ゴルバチョフ経由で伝えたのだ。

それだけではない。先進国首脳会議（サミット）では、農業や環境問題で「共同歩調を取る」ことで合意ができていた他のヨーロッパ諸国を裏切る形で、コールはアメリカの主張にすり寄る。事実、あまりにもブッシュ米大統領とコールの関係が親密であるため、イギリスのサッチャー首相が「やきもちを焼いている」という、うわさ話がまことしやかに流れることも。

その結果は明白だ。アメリカは事実上、無条件に「ドイツ統一」を認める。そんなアメリカの姿勢が、「統一は認め難い」というイギリスやフランスなどの動きを、最終的に抑える一因となる。

とにかく、この時の西ドイツの徹しぶりは、見事としか言いようもない。そこに、第三の腐心というか、決意があった。

「ドイツ統一への扉は、ごくわずかの幸運な一瞬にだけ、しかもほんのわずか開かれていたにすぎない」

西ドイツ首相府の外交・安全保障局長として、ベルリンの壁が崩壊してからドイツ統一実現までの三〇〇日余に、当事者として関わったホルスト・テルチクの言葉だ。

とはいえ、「統一の実現」という「偉業」は「一瞬」の重みを見究めたから達成できた——というのは、あくまで結果論であり、それに大いなる「幸運」が重なった結果であることは、コールやテルチクら当事者が一番、わかっていたに違いない。

ただ、それにしても、一連のものごとの進む過程、これに関わった人間たちの言動を振り返って見えてくるのは、「われわれは、『その時』のために、可能なことはすべてやってきたのだ」という自らへの確信だ。

その意味で、筆者には忘れ得ない出来事がある。

統一ドイツがスタートして半年後の一九九一年三月の末、自民党幹事長だった小沢一郎がモスクワを訪れた。

「自分が訪ソする時は、『日ソ』が動く時だ」

そう言いつづけていた小沢にとって、ゴルバチョフの訪日を一か月後に控えたモスクワ入りは、満を持したものであった。その小沢サイドから「事前に内示がありました」と言って、ゴルバチョフ側近の一人から筆者が、日本が用意している経済援助の額を聞いたのは、小沢のモスクワ入りの数日前であった。

「それが、二八〇億ドル〔当時の換算で、約三兆六〇〇〇億円〕って言うんですよ。いやあ、なんともすごい額ですね」

聞きながら、筆者はいささか気になった。西ドイツが最終的にゴルバチョフに約束した援助総額は六〇〇億マルクにのぼるとはいえ、それは相当長期にわたるもの。当面は二〇〇億マルク〔約一二五億ドル〕であり、これに比べ、二八〇億ドルがべらぼうな額であることは間違いない。だが、こう言う側近の口調に、何か乾いたものを感じたからだ。

まもなく、モスクワ入りした小沢ら一行は意気軒高だった。

「日本政界きっての実力者として、必ずや小沢は『北方領土』問題解決への道筋をつけてみせるはず」

随行の一人はこう言って、胸を張った。彼らの頭に「ドイツの例」があったことは言うまでもないだろう。

冷戦時代、北方領土の返還は結局、実現しなかった。特に一九五六年、「日ソ共同宣言」が成り、ソ連が歯舞、色丹の「二島返還」に前向きな姿勢を示した際が、その内実はともかく、「返還実現」という意味では、最大のチャンスだったと言える。だが、これに前向きな日本に対し、アメリカがブレーキをかける。「返還」によって、日ソ関係が改善すれば、米ソ対立を軸とする「冷戦の構図」の一角が崩れかねない。これを懸念するアメリカが、ソ連が応じる見込みのなかった「四島一括返還」を要求するよう日本に迫ったのだ。「日米同盟」の中で生存を図る日本が、当時の状況下、アメリカの〝指示〟に逆らうことは不可能だった、と言うしかないだろう

その「冷戦」がついに終結。そんな「今」だからこそ、「ドイツに次いで、わが国も」と、日本が勇み立ったのは無理もない。

しかし、小沢一行のシナリオは単なる希望的なそれに過ぎないことが、まもなく明らかになる。初会談に臨んだ小沢に対し、ゴルバチョフらソ連側の対応は冷ややかなものに終始。「北方領土」に関しても、何ら色よい発言を引き出せぬまま、時間切れとなってしまったのだ。

小沢らは慌てた。側近らが必死に駆けずり回り、どうにか翌日の再会談をセットするまでには漕ぎつける。が、結果は変わらなかった。

ドイツ通のソ連外務省の高官が、こう漏らしたのは数日後のことだ。

「西ドイツが成功したから、日本も——ということなのでしょう。その気持ち、わからないではない。でも、そこに至るまでに、西ドイツがどれほどの努力を積み重ねてきたのかを理解しようという日本の方は、あまりいないようですね」

それまでの蓄積で、日独間に相違があったのは間違いないだろう。そして、もう一つ、見逃せないことがある。タイミングの問題だ。

「もし今、われわれに大きなチャンスの扉が開かれているなら、利用し、生かさねばならない。その際、誰が勝者で、誰が敗者であるかは問題ではない。世界は一つなのだから」

スタブロポリでの会談で、ゴルバチョフがコールに語った言葉だ。言うまでもなく、ドイツ統一の承認は、それまでソ連が維持してきた路線からは大きくそれる。しかし、それはソ連の「敗北」を意味するものではない、という自国民に向けた必死のアピールだったと言える。だが、それから二か月半後にドイツ

統一が成り、ドイツはもとより、世界的に大きな騒ぎが巻き起こる中で、「敗者はソ連」であることはあまりにも明白となる。と同時に、ソ連国内では、〝反ゴルバチョフ〟の声が高まる。

「奴は、先の大戦で二千万もの同胞の血を流し、ようやく得たものを、カネで売り渡してしまったのだ」

もはや、ゴルバチョフに、相手がどの国であろうと、これ以上の妥協をする余裕はなくなっていた、と言うしかない。

「ヨーロッパのためのドイツ」への警戒論

では、その後のドイツは、どう生きたのか。

ドイツ人作家のトーマス・マンは一九五三年、ドイツの若者たちを前に、とかく傲慢になりがちなドイツの民族主義に自戒を込めながら、訴えた。

「ドイツのためのヨーロッパでなく、ヨーロッパのためのドイツであるべし」

統一を果たしたドイツは、このマンの教えに忠実であろうとしたかに見える。それでなくても、統一実現の功労者であるコールを「ビスマルクの再来」と讃える声も上がる中で、ドイツ政府は、あくまで冷静で抑制的な姿勢を維持しようとした。九二年に実現したマーストリヒト条約の成立に取り組み、EU（欧州連合）の創設やヨーロッパの通貨統合の実現に率先して関わったのも、その一環と言える。

中でも印象的なのは、通貨統合に伴う「マルク放棄」を受け入れたことだ。一八七一年に導入され、第二次世界大戦後の四八年に再生したドイツ・マルクは、戦後、西ドイツが果たした経済復興の象徴でもあり、その廃止には国民の抵抗も少なくなかった。しかし、フランスのミッテラン大統領が、「強すぎるドイツ」の再現を危ぶみ、「統一」を認める条件として打ち出したことでもあり、コール政権としては拒否できなかった、と言うのが本当のところだろう。が、それは一方で、「ヨーロッパのためのドイツ」をアピールするための格好の切り札になった。

もっとも、すべてがコール政権の思う通りに行ったかとなれば、そうとは限らない。

「すっかり雰囲気が変わりましたね」

筆者がドイツ西部の国際的な商業都市デュッセルドルフのレストランで、隣り合わせとなったNさんから、こんな話を聞いたのは、九二年のまだ春浅い頃だった。前年の一二月、ソ連が崩壊して〝復活〟したロシアでは、金融機関の信頼性が全くなく、モスクワに滞在する日本人の多くは、日本からヨーロッパの金融機関に送金された給与を、モスクワから出張して受け取るしかなかった。その月は、モスクワ支局から筆者が代表して受け取りに出かけたのだ。

「何がどう変わったのですか」

そう聞き返すと、デュッセルドルフ滞在五年というNさんは語り始めた。

「要するに『大ドイツ』が溢れかえっているんです。この街では毎年、盛大な秋祭りが催されるのですが、去年の祭りは、一昨年までとはまるで違ってました。『ドイツ』『ドイツ』——とばかりに、祭り全体が、『ドイツの偉大さ』を謳い上げたんです」

そんなドイツも、その後の歩みは決して順調だったとは言えない。

「統一」で、東西ドイツの経済格差是正を打ち出したコール政権は、実質価値は西ドイツ・マルクの一〇分の一程度と言われた東ドイツ・マルクとの交換比率を一対一に設定する。そのような無理がたたり、ドイツは「ヨーロッパの病人」と言われるほどまでに、経済の落ち込みに見舞われる。

だが、そこからドイツは立ち直りへの道を歩む。九八年に発足した社会民主党のシュレーダー政権が、左派政党の組織した政権らしからぬ思い切った雇用改革や法人税の引き下げに果敢に取り組み、経済を再活性化。これに、中東欧の諸国の加盟で促進されたEUの「東方拡大」や、フランスの経済不振が後押しする格好で、ドイツは、文字通り「ヨーロッパの中心」に押し出されていく。と同時に、ドイツに向ける世界の視線も変わっていく。「強いドイツ」への警戒感の高まり、と言うしかない。

すでに触れたように、「トゥキディデスの罠」を主題にしたグレアム・アリソンの『米中戦争前夜』には、一五世紀以降で、「罠」による悲劇が生じる危険があった一六のケースが掲げられている。そして、その最後が、「一九九〇年代から現在に至る、覇権国＝イギリス、フランスと、新興国＝ドイツによる、ヨーロッパでの政治的影響力をめぐる争い」なのだ。ただ、幸いなことに、「罠」は「罠」のままで終わり、「戦争は回避できた」とし、その最大の理由を、ドイツの指導者たちが、自らの進路を次のように明確に限定したためだ、とアリソンは記している。

「軍事的な征服者としてではなく、統合された経済秩序のリーダーの役割を果たす」

実際、統一後のドイツは当初、国防軍の海外派兵にも慎重な対応に終始する。ただ、それもあって、一九九〇～九一年の湾岸戦争への人的な参加を見送った際、日本と同様、「小切手外交」との国際的な批判を受けたこともあり、その後、議会承認を条件に、海外派兵を容認する方向に転換。以来、二〇〇二年、アフガニスタンに一二〇〇人の兵士を派遣するなど、NATO域外への派兵も次第に増やしている。それにしても、安全保障面での役割については、抑制的に、あくまで「域内」を基本に動いてきたことは間違いない。

そんな〝苦心〟にもかかわらず、ドイツに対する「当惑」や「疑念」を表明する向きが、次第に増える。典型的なのが、イギリス生まれのドイツ専門家、ハンス・クンドナニらの「半覇権国」論だろう。ドイツの強大化は危険だが、だからといって、ヨーロッパを完全に抑えるのに、ドイツの力は十分とは言えない。その中途半端さが、かえってヨーロッパに不安定をもたらしかねない、というのだ。

さらに、フランス人、エマニュエル・トッドの「ドイツ論」が、状況をより騒がしいものにする。「ドイツはロシアに取って代わって東ヨーロッパを支配する国となったのであり、そのことから力を得るのに成功した」

マルクの廃止を含め、「ドイツ統一」への過程でドイツが実行したさまざまな施策は、すべてが「ドイツ帝国」再興を視野に入れたもの――。そう言わんばかりの表現は、ヨーロッパはすでに「ドイツのため」の存在にされてしまったのでは、という警戒感、嫌悪感を想わせせないでもない。目を見張らせるのは、そんな「ドイツ論」がさらにその先に進もうとしていることだ。ドイツの興隆がアメリカの力の低下と同時発生した結果、世界は冷戦下の「東西の紛争」とは全く異なる事態に直面するとし、トッドは断言するのだ。

「〔ドイツの台頭は〕アメリカとドイツの間に紛争が起こることを示唆している」

「今、トランプ大統領が警戒するのは、中国とドイツだ」

こんな動きにゆすぶられた結果、とでも言うかのように、アメリカ・サイドからも強いドイツ警戒論、あるいは、否定論が浮上しつつある。

「ドイツはロシアの捕虜のようなものだ」

二〇一七年のヨーロッパ歴訪の折、トランプ大統領は、ドイツがロシアから天然ガスを大量購入しようという計画に触れながら、こう言い放つ。同じ旅でトランプは「NATOは敵だ」とも発言したが、これもまた、ドイツを見据えたものとの見方がもっぱらだ。

ドイツ側も黙ってはいない。メルケル首相は、大統領に就任して以来、反ドイツ、反NATOの姿勢を隠さないトランプ大統領のありようを見るにつけ、米独関係、米欧関係の将来を不安視せざるを得ない、と言わんばかりに反論する。

「他の国を頼れる時代は終わった。ヨーロッパは自らの手で運命を拓くべきなのだ」

韓国・ドイツの「我慢強さ」と「強烈な意志」、そして日本は

はたして、韓国の政権が目指す「南北統一」は実現するのか。また、ドイツに「『ヨーロッパのためのドイツ』を堅持しながら、自らの意志、理想をも貫いたヨーロッパ作り」は可能なのか。言うまでもなく、予想するのはきわめて難しい。

ただ、それらの行方は、間違いなく世界にとってはもちろん、日本にとっても実に大きな意味を持つはず。であればこそ、韓国、あるいはドイツに対する好き嫌い、過去へのこだわりなどはできる限り抑えて、その実態、現実の動きを見究める必要がある、と言うべきだろう。

繰り返しになるが、そんなわれわれにとって、見過ごしてならないのは、韓国、そして、ドイツが内包する「我慢強さ」、その根底にある「強烈な意志」とでも言うべきものではないだろうか。

二〇一八年六月、シンガポールで行われた米朝会談を前に、米ABCテレビのソウル特派員ボブ・ウッドラフは語った。

「朝鮮半島に見られる、われわれの常識を超える我慢強さは、われわれが認識しておく必要があるものだ」

一方で、ある外国人投資家を対象にしたコンサルタントから、こんな言葉を聞いたこともある。

「ドイツの投資家から、特定の日本株を指定して『買い』を依頼されることがある。注文だから応じるが、その株を他の投資家にも買うよう勧める、ということはまずない」

ドイツの投資家の事前調査の綿密さは群を抜いている。しかし、そのために時間がかかり過ぎ、彼らが「買い」注文を入れる頃には、すでにその株のピークを過ぎていることがほとんど——と言うのだ。

「東西ドイツの統一」にあたっては、見事にタイミングを見究め、標的を射止めた。だが、彼らがいつも成功するわけではない、ということだろう。まして、それでなくとも複雑な半島情勢の下で、「統一」を目指しながら、これに一点集中することなく、日本との〝摩擦激化〟にも身を浸し、エネルギーを費やす文政権の姿をみるにつけ、「韓半島の統一実現などまだまだ夢」との印象が強いのは否定しえない。

しかし、それでも彼らは諦めない。何よりも、自らの運命を「こうしたい」と決めたなら、走り、あるいは歩み続ける。それは、自らが背負った「不公平」との戦いの果てに身につけた生きざま、と言うべきか。

そう考えながら、思いは日本に戻る。

「殺伐好戦、しかも大海に護られている国」

これが、元宗の日本観であり、『風濤』の作者・井上靖のそれでもあったのだろう。大海に護られているという「幸運」に恵まれながら、それでいて、好戦性をも失わない。そんな日本人のありように、いささかの「不思議」を感じているように思えないでもない。

ただ、先の大戦を通して、世界が抱いた「日本人像」は、圧倒的に「好戦性」に傾斜したものであった。『風濤』が書かれた一九六三年、筆者が中学を卒業したころを振り返ってみても、そんな「戦い好き」な日本をこそ変えなければ、世界の中で、日本が平和裡に生きてはいかれないぞ——といった雰囲気が、この国には充満していたような気がする。

そして、その先にあったのが、争いを好まず、アメリカに「安全パイ」とみなされる日本であり、アメリカとの激しい「経済摩擦」を演じても、アリソンに「日米間に『トゥキディデスの罠』の気配はなかった」とされる日本であった。この場合、「大海」は、好戦性を排した、あるいは抑制した「戦後・日本」形成の立役者になった、ということかもしれない。

問題は、「大海」が今後も、同様の日本を維持させ続けるのか、いや、そもそも、われわれが「大海」に同様の役割を託し続け得るのか――という点にある。そして、これを考えるにつけ、韓国、ドイツの「強さ」が、良きにつけ悪しきにつけ、われわれに示唆を与えるはず。そう思えてならない。

第8章

「冷戦」と「新冷戦」

世界秩序の大変動と日本

冷戦の結果は、日本の勝利で終わったのだ

1992年、民主党の大統領候補の一人
ポール・ソンガスが有権者の前で言い放った言葉

将来、中国とアメリカが、
ハワイで太平洋を二分して管理しよう

2007年、キーティング米太平洋軍司令官が訪中した際、
人民解放軍の幹部が語った言葉

演説の枕詞には気軽に「冷戦が終わり、云々」と言いながら、
冷戦の終わりのもつインパクトを噛みしめることなく
〔わが国は〕現在に至っている

椎名素夫
「今なお『認識の差』が残る安保体制」より

考えてみれば、「冷戦」が終わって、すでに三〇年になる。陳腐な言い方かもしれないが、一世代が過ぎたことになる。「冷戦」とは実際にどんなものであったのか。もし、「新冷戦」と称される新たな「戦い」が現出するとして、それはどんなものとなるのか。実感できる人間が少なくなるのは当然だろう。

だからといって、偉そうに「こうなんだぞ」などと言うのは、正直はばかられる。が、それでもあえて思い起こしてみたい。「冷戦」とはどんなものだったのか、をだ。「ペンス演説」を機に世界は、「新冷戦」に構えて準備を進める側に与するか、これに距離を置く側に回るか——に悩み始めている。わが国とて例外ではない。いや、わが日本こそ、そんな中でも最も、この問題を重く受け止める必要がある国の一つであるはず。そう思えるからだ。

冷戦と新冷戦——その意味と意義の比較

朝起きて、今、人々は、どんなニュースをまず見るのだろうか。「冷戦」下では、「一週間に一度は」とは言い過ぎかもしれない。が、新聞の朝刊一面やテレビのトップ・ニュースで、ソ連の新たな軍事攻勢についてのニュースが、頻繁に、しかもデカデカと扱われる。でなければ、アメリカの〝対ソ連包囲網〟形成への取り組みに関するニュースが……といった具合だった。少なくとも人々は、そんな意識で生きていた。

それだけではない。国内ニュースでも、その多くの背後に「冷戦」が見え隠れする。大平正芳首相が亡くなる半年前の一九八〇年一月、日本記者クラブでの講演でこう語ったことがある。

「ソ連はディフェンシブ（防衛的）で、慎重な外交をする老練な国だ」

するとと、騒ぎが起こった。ソ連のアフガン侵攻が開始されて一年余、なぜ、そんなソ連を「『防衛的』などと言えるのか」というわけだ。いや、時期は違っても、恐らく冷戦中は、似たような批判の声が噴出したであろうことは容易に想像がつく。「冷戦」の下、日本も含めた「西側」諸国が「対ソ対決」を最優先に構えを作っているのに、「敵」であるソ連について「防衛的」であると言ってしまったら、すべての企てが否定されかねないではないか――というわけだ。

ここに「冷戦」の実像がある。世界は二つに分かれ、人々、そして国々は「こちら」か「あちら」のどちらかに属し、「あちら」については、基本的にそのすべてが否定される。「ソ連はディフェンシブ」という極めてまっとうな見方も、国のトップなどが〝安易に〟口にしてはいけないことだったのだ。

その意味で、「新冷戦」はすでにスタートしているのでは、と思いたくなる事例が散見される昨今ではある。その典型的なものの一つが、「コロナ禍」の元凶はだれか――をめぐる米中の言い争いだろう。「新型コロナウイルスの発生源は、そう思い込まれている武漢市ではなく、米軍が持ち込んだ可能性がある」と、中国外務省の報道官がツイッターに投稿。これに対し、アメリカが「すべての責任は中国側にある」と反論。あげくに、トランプ大統領が言い放ったのだ。

「感染は中国で止められるべきだったのに、そうならなかった。われわれが過去に受けたどの攻撃よりもひどい。真珠湾より、世界貿易センターよりもだ」

真相の探究より、「対立」の構図の中で自国の優位を誇ることが、何より重視されるわけだ。

三〇年前、そんな「冷戦」が終結すると、世界は、昨日までとは違う、新たな空間が広がっていくのを予感し、さらに実感もした。まずその画期的な場面となったのが、一九九〇～九一年の湾岸戦争だ。ここで、ソ連は国連・安保理での「恒例」ともいえた「拒否権」を行使せず、イラクという「共通の敵」に向かって、アメリカ、そして世界と共同歩調を取ったのだ。世界の人々が、どれだけ「新時代」の到来を実感したことか。

それが今、逆戻りしつつあるかに見える。

冷戦終結から三〇年が経つ、と書いた。が、考えようによっては、まだ三〇年に過ぎないとも言える。とすれば、冷戦下で生きた経験はまだ古びたとは言えない。だから、世界はこの経験を生かし、同じような「愚」を繰り返すことを避けることはできないのか。筆者の率直な実感でもある。

「愚」とは、両陣営の先頭に立った米ソ両国はもちろん、「冷戦」の前線に立った多くの人々、そして、そこで掲げられた「大義」に対して、「言い過ぎでは」と思われるかも。ただ、その末期ともいえる時期、米ソ両国の「疲弊」した、あるいは「息も絶え絶えの」姿を現場で目にした筆者にしてみれば、つい口にしてみたくなる思いがある。

「『新冷戦』を云々するなら、自らの『大義』だけでなく、勝っても負けても避けられない膨大な『失うもの』の重みをも、とことん考えたうえでやるべきなのではないか」

おさらいになるが、冷戦が終結するや、アメリカは「勝者」の喜びを胸いっぱいに味わいつつも、その根底に深い「敗北感」を抱えていた。第一の相手は日本だ。

その予感は、すでに冷戦中からあった。一九八五年六月、米商務省が表明する。

「今後一年以内にわが国は、債権国から世界最大の債務国に転落することになるだろう」

すると翌月、『ニューヨークタイムズ・マガジン』に、ジャーナリストのシオドア・ホワイトが書く。

アメリカに替わり最大の債権国になるのは日本だ、としたうえでだ。

「もし、アメリカが一九四五年に間違いを犯したのだとすれば、それは敗者である日本に対し慈善と寛容を示したことだ。〔その結果〕真の勝者はわれわれではなく、日本になってしまった、ということではないか」

さらに八九年末、冷戦の終結が現実のものになるや、そんな思いが一挙にアメリカ社会全般で高まる。九二年の大統領選で、民主党候補の一人だったポール・ソンガスは有権者の前で言い放った。

「冷戦の結果は、日本の勝利で終わったのだ」

そのころ、ホワイトハウスでは、大統領補佐官だったスコウクロフトが、アメリカと日本、そしてドイツの間でますます強まる「西西対立こそが心配だ」と気をもんでいた、と『ウルカヌスの群像』の著者ジェームズ・マンは描く。

だが、その後のアメリカの、周到で、しかも強引さの伴った経済、安全保障の両面での対日圧力の行使が功を奏して、日本はアメリカにとっての〝安全パイ〟に化していく。そんな中、アメリカは、イスラム諸国や北朝鮮など〝テロ支援国家〟を敵視する方向に向かう。そして、これに未だ手こずっている、というのが現状といえよう。

それにしても明らかなのは、アメリカは一時、日本のポテンシャルに大いなる脅威を感じたものの、結局、日本、さらには〝テロ支援国家群〟さえもが、新たな「冷戦」を構えるような相手ではなかった、と確信したことだろう。

そこに中国が登場する。しかも、それ以降、ものごとは、異常なほどの速度で進んでいる、と言うしかない。ほどなく、「新冷戦」と称されるほどに激しい「米中確執」の場面に転換していったのだから。

まず火をつけたのは中国だった。二〇〇八年のリーマン・ショック後に見せつけた「経済力」が〝点火〟し、一挙に拡大した「台頭する中国」への警戒感は、世界規模で急速に広まっていく。そんな中の二〇一七年一〇月、習近平が中国共産党大会で行った活動報告は劇的なものだった。
「われわれは二一世紀半ばまでに、軍事・経済・文化などあらゆる面において世界のトップを目指す」
まさに「韜光養晦《とうこうようかい》路線の転換」ともいえる。ここに至るまでに、その助走期間と思えるような時がなかったわけではない。とはいえ、〝覇を競う〟という姿勢を、中国がこの時点で、これほどまであからさまに打ち出したことに、世界は驚愕する。

これに一瞬、アメリカはひるむ、と言うか、歩を止めた気配があった。

この年一月まで政権の座にあったオバマ民主党政権は、北朝鮮に対し、「非核化」に応じない限り対話しないという「戦略的忍耐」政策を押し通した。それは、相手が動くまで「待つ」ことを原則にするものであり、事実上の〝課題先送り〟戦術とも言える。そして、実は中国に対しても、オバマ政権は基本的に同様な姿勢を保ったのだ。

こんなアメリカのありようを前に、習近平の中国は、手順を踏みながら、自らが打ち立てた目標に焦点を合わせ、着々と歩を進める。

二〇一二年にスタートした習近平政権は、一四年一一月末の中央外事工作会議で、「中国の特色ある大国外交」の推進を打ち出す。アメリカによる「一国優位体制」への挑戦こそが、政権の最重要目標であることを明言したものだった。

だが、それより二週間ほど前、「中南海の夜」で習が熱く語った「中国独自の民主」に対し、オバマが〝聞き置く〟姿勢を示すにとどまったように、この時もアメリカは、特別な反応を表立っては示さなかった。これが民主党政権にとっての限界だったのだ、と言うべきなのかもしれない。

だから、アメリカ国民はトランプを選んだ——とまで言うのは行き過ぎだろう。そもそも、トランプの場合、候補としての選挙期間中だけでなく、大統領就任後も、場当たり的で一貫性のない政権構想を提示し続ける。対中政策についても同じだ。候補のときから、ピーター・ナヴァロのような〝対中強硬派〟を陣営内に抱えてはいた。それが、一七年一月の大統領就任後しばらくして、ナヴァロのホワイトハウス内での地位は格下げされる。

しかし、習の「韜光養晦路線の転換」報告を受け、二〇一八年に入り、ナヴァロが〝復活〟するや、あらためて対中強硬派が前面に出てくる。「ペンス演説」はその先にあった。

「宣戦布告」

これがトランプ大統領の本心なのか、それとも、正真正銘、アメリカの総意として「新冷戦」への突入を覚悟したうえでのものなのか否か――。これに対する正しい答えが判明するまでには、今しばらく時間がかかるかもしれない。

ただ、そうではあっても、いや、そうであればなおさら、今、われわれが見究めるべきことがあるように思える。つまり……

「もし、本当に『新冷戦』が現実のものになった場合、それは一体、どんな性格のものになるのか」

当然、さまざまな角度からの詰め方があるはずだが、当面、まず重要なのは、来るべき「米中対決」は、冷戦下の「米ソ対決」とはどのように違い、どこが似ているか――という点だろう。

米中対決は米ソ対決を超える文明史的戦いに

そう考えたとき、この両「対決」の間には間違いなく大きな相違が、少なくとも二つあることに気づく。

まず第一は、「新冷戦」が、世界史の上から見ても初めてといえるほどに、地球のほぼ全面を、文字通り、真っ二つに分けての戦いになるだろうという点だ。

「冷戦」も、確かに「世界を二分する戦い」と言われ続けた。だが、当時の世界地図を見れば明らかなように、「西」と「東」が占める陸地面積よりはるかに大きい、どちらの陣営にも属さない広がりがあった。アジアやアフリカを中心に「非同盟」、あるいは「第三世界」などと呼ばれる諸国・地域が占める領域だ。「非同盟」と自ら名乗る勢力も、そのリーダー格となる国が、時代とともに変化するなど、必ずしも安定した存在ではなかった。それにしても、「東」にも「西」にも属さない立場を守ろうとした事実には重みがある。

それが「新冷戦」となった場合、そのような地域が大きく存在し得るか、となると否定的にならざるを得ない。

この点で、中国は間違いなく、アメリカの先を進んでいる。一九五〇〜七〇年代、中国自身が世界の最貧国であったころでも、GNPの七%近くを対外経済援助に注いだ時があった。先進国でさえ、〇・五%以下で収めるのが常識的なのにだ。そんな〝実績〟があるからこそだろうか、習は二〇一八年六月の中央外事工作会議で、こう言い放つ。

「〈発展途上国は、われわれにとって〉天然の同盟軍なのだ」

中国の「一帯一路」には、見方によってさまざまな意味づけができるし、そもそも、これに関与する国々のすべてが、「新冷戦」となれば当然、中国側の陣営に属するのか——など不明な点も多い。が、その対象となる国々には、「冷戦」下では「第三世界」に属した国が多い事実は、中国の戦略の特色、さらに言うなら「凄み」であり、アメリカが「一帯一路」構想に警戒を強める理由の一つであることは、容易に想像がつく。

この地域には、「人口爆発」と言われるほどの急激な人口増加が予想されている国が多い事実を考えるなら、その存在の意味は、さらに大きく見えてくるはずだ。

もっとも、これらの地域、諸国がどちらの陣営に属するかはともかく、このような勢力が増えれば、それこそ、「新冷戦」の成立そのものが「困難」になる可能性もないではない。

かつての「第三世界」であった地域そのものが、トータルするなら「冷戦」時よりもはるかに経済力をアップさせている。そこに位置する国々が、万一、一つの勢力を形成するようなことがあれば、「新冷戦」を主導する国々に、条件闘争を挑むことも不可能ではない。結果的に、これらの勢力によって、逆に主導国が右往左往させられ、あげくに、主導国がリードする陣営が孤立してしまう恐れさえ、なきにしもあらずだが……。


これらとは別に、より文明史的な観点からの考察もあり得る。

ジョン・ルイス・ギャディスの『大戦略論』は、歴史的に長い寿命を維持する帝国は少なく、多くの帝国は台頭し、衰退し、やがて忘れられてきた、と言う。ただ、そんな中で、ローマと中国は違う。彼らが遺した言語、宗教、政治制度、帝国経営術などは、「国家を栄華に導いた体制が何度転覆してもなお生き続けている」と記したうえで強調する。

「冷戦後の世界がほんとうに『西』と『東』の力比べになるのだとしたら、それは否が応にもローマ文化と中国文化の永続性を映し出すことになるだろう。どちらの帝国も、あまたの危機を乗り越え、長い時をかけて耕された精神の帝国であった」

そして、ギャディスは、ローマが暴君ネロの圧政などにも耐え、また中国が愚帝や暴君にめげず生き残ったのは、「どちらの帝国も多様化した」ためだ、と加える。

この場合、ローマ文化の継承者としての「西」とは、アメリカなのかEUなのか、あるいは、その合体したものなのか。はたまた……といった点は明確でない。それにしても、もし「新冷戦」が現実のものになれば、それは帝国主義の時代以来の、「冷戦」さえをも上回る大きな構図の「戦い」になる可能性さえある。

これこそが、「冷戦」と「新冷戦」の間に生じ得る第二の大きな相違点、と言える。

この場合、ポイントの一つと思えるのは、アメリカが「ローマ文化」の継承者といえるほどに、自国に加え、ヨーロッパなどの勢力をも結集し、真に「ローマ文化」の築いた知恵、遺産を生かし切れるのか――という点だろう。そう考えると、次のような英紙『フィナンシャル・タイムズ』の指摘は気になる。

「トランプ氏が率いる現政権は、史上初めて、EUに対して躊躇なく敵対的な姿勢を取った米政権だ」

このようなことを考えながら、両陣営の主導国となるはずの米中を見比べるなら、現状の力の差はともかく、「爆発的」とも言える知恵の結集力に加え、「新たな戦い」にかけようとするものの大きさ、また、それに込めた怨念の深さなどからいって、「アメリカ必勝」とは言い切れない。いや、中国に軍配が上がる可能性だって「ない」とは言えないのではないか。そんな思いが頭をよぎるのは、筆者だけではないだろう。

中国に生まれ、日本に留学、その後、中日米の三国をまたにかけて現状を見つめ、将来を見究めようとしてきた呉軍華が二〇一九年四月、トランプによって切って落とされた「米中戦争」に関して発したコメントには、その意味で耳を傾けたいものがある。

呉は、この「戦争」で中国側が、低姿勢――「中国は、知的財産の窃取など不法行為を犯した」といったアメリカ側の主張を認める、あるいは、あえて否定しない――を装って事態の収拾に動くようなことがあったとしても、それは世界にとって、決して「朗報」などではないはず、と言うのだ。

「習指導部がそうした屈辱を味わったとしても、通商協議の合意にこぎ着けようとしたのはなぜか。仮に目の前の難局をしのげれば、中国は貿易戦争をバネに世界の頂点に立てるとのもくろみがあるからではないのか」

中華思想の国・中国が、である。あえて「恥」をさえ耐え忍ぶ。ここに、一九世紀以来、「西」側、そして、時には、自陣営かと思っていた「東」――つまり日本――からさえ受けてきた「屈辱」を晴らすためなら、目の前の恥など大したことではない、という強い思いがあることを、世界は知るべきなのだ、ということだろう。

それはまた、「米中対決の深化→中国経済の変調」の事実を前に、オクターブを上げる「中国の将来悲観論」に、「短絡的過ぎる」とのシグナルを送っているように見えないでもない。

これに対しアメリカも、手をこまねいているはずはない。アメリカにとっても、もし「新冷戦」が現実のものになり、これに敗北を喫するようなことになれば、それは、世界史上かつてないほどの力量を誇ってきた「帝国」にとって最大の恥辱であり、その存在が「全否定」されることをも意味しかねない。そのことは、誰あろう、アメリカ自身が最もよく理解しているに違いないからだ。

二〇世紀は「アメリカの世紀だった」と言われる。一八世紀の産業革命以来、隆盛を誇ってきたイギリスをしのぎ、一九世紀末、ついに世界の頂点に立ったアメリカが、二一世紀をも、依然、トップの座にあって迎えたのだから、当然のことだろう。

アンガス・マディソンの推計を見ると、一八七〇年の段階では依然、中国が世界のGDP総計の一七%(一八二〇年には三三%)を占めトップ。インドが一二%で二位、イギリスは九%で三位を占め、この段階でのアメリカは、八%台後半で、イギリスの後塵を拝している。だが、これが一九〇〇年になると、アメリカが一六%近くに迫り、一挙にトップに躍り出る。イギリスは、この時点ではまだ二位を占めていた中国に次いで三位。だが一九〇二年、ときのイギリス首相ソールズベリー侯は、こう言い放つ。

「実に残念だが、アメリカは力強く前進する運命にあり、何をもってしても、わが国と対等の地位にまで戻るようなことはないだろう」

事実、アメリカの堅調ぶりを横目に、その後、イギリスが世界の総GDPに占める率は下降を続ける。「盛者必衰」を想わざるを得ない。

そのアメリカが今後、どうなっていくのか。

「アメリカが全能であった時代は去ったという事実を受け入れるのは容易なことではない」

すでに引用した『同盟の終り』の中で、ロナルド・スティールはこう書いている。一九六四年のことだ。彼がアメリカの衰退を望んでいないことは明らかだ。が、「このままなら衰退してしまう」という危機感があるからこそ、この本は書かれたに違いない。

それから半世紀以上が経った今、悲観論にはより具体的な理由が付される。例えば、アメリカの経済学者ベンジャミン・コーヘンは二〇一七年八月、トランプ大統領が、ドルが世界の準備通貨であるがためのコストばかりを気にしているのを「危惧する」とし、次のように書いた。

「価値保存の手段として、ドルの人気が高いことで、米国は覇権国としての厖大な軍事支出や、防衛や財政の赤字穴埋めも可能になっている。〔中略〕世界の金融システムでの圧倒的な地位を犠牲にすれば、アメリカはもはや『偉大』ではなくなるのだ」

その一方で、楽観論も少なくはない。

リー・クアンユーは一五年三月に亡くなるが、その生前、「アメリカの経済や社会は衰退していくのか？」と問いかけられた際、こう答えている。

「それは絶対にない。アメリカは債務超過や赤字に悩まされているが、だからと言って二流国家に転落することはない。歴史をふり返ると、アメリカは改革や再生の能力が高いことがわかる」

彼を長く追ってきた経験から言うと、リーの主張は時代とともに微妙に、時には大胆なほどに変わってきたことを指摘せざるを得ない。ただ、アメリカに関するリーの評価については、大きな揺れがなかったように思える。

もうひとり、キッシンジャーの言葉も引用しよう。

「いかにバラバラになっても最終的には結束できることに自信を持ち、再びまとまることができると信じて、あえて自らを引き裂くような社会は、アメリカの他にはあり得ないであろう」

一つの国について、人によってこれほどに評価が違う。それにしても、こんなアメリカと中国の「争い」をどう見通し、これにどう関わっていくのか。日本ならずとも、多くの国がその解答を求めて難渋するのは、きわめて当然なことだろう。

孫子流の共有と、グランド・バーゲンの可能性

もっとも「米中」の行方を理解し、予測を立てることを難しくしている理由は、他にもある。中でも重要な一つは、米中それぞれが発するシグナルや情報が、ときに一筋縄では理解しにくい形でわれわれの目の前に放り出される、という現実だ。

その点で、一枚上を行っているのは中国のように思える。例の「韜光養晦」がたどった経緯についても、考えようによっては、不思議というか疑問点がないではない。

「才能を隠して、内に力を蓄える」

天安門事件後の国際的な孤立状態から脱出するため、自らのふるまいを穏便なものにし、真意を「隠す」ことを徹底しようとして持ち出されたこれは、本来、中国内部に向けたものであったはず。ただ奇妙なのは、中国指導部がこの号令発出の事実を外部に漏れないように努力した形跡が、ほとんどないことだ。

その意味では、「天安門事件」の前の一九八七年、鄧小平が北京でアメリカのビジネスマンを迎えた時、口にした「われわれはアメリカを搾取するつもりでいます」も同列にあるように思える。つまり、考えら

れるのは、わざと真意を露わにすることによって、かえって相手側の警戒心を緩めようとしたのでは、ということだ。

「戦わずして人の兵を屈せしめる」

『孫子』が戦いの真髄を明示した一節だが、香港生まれの気鋭の戦略思想家デレク・ユアン（袁彌昌）の『真説 孫子』は、そのためには、「大戦略的」な発想――つまり、「兵力だけでなく、あらゆる力と手段を使用」することが欠かせない、というのが孫子の教えの核心だと指摘する。とかく軍事に特化しがちな欧米の戦略理論との相違点がここにあるというわけだが、鄧小平らの一連の動きにも、その一端がうかがえるようではないか。

これにアメリカは、まんまとやられた――というのは、言い過ぎだろう。ただ、ピルズベリーに限らず、「中国に騙された」という思いが、アメリカ側に意外なほどに強くある事実は否定しようもない。

そして興味深いのは、こんな孫子流が、トランプ大統領が出現して以降のアメリカにも、時に感じられることだ。

「覇権国」への道を驀進し出したかに見える中国に対し、トランプ大統領は候補であるうちから「牽制」発言を繰り返した。ただ、政権発足後の中国に対する具体的な政策は、目の前の状況に合わせ、絶えず右往左往する。よく言えば、柔軟に動くということだろうか。これには、習近平の中国でさえ、惑わされている気配もないではない。

「戦争とは敵の意表をつくことに始まり、利益の追求を動因として、分散と統合とを繰り返しつつ、たえず変化をとげるものである」

これは『孫子』の格言だが、トランプの「ビジネスマンとしての本能」が、自らをその忠実な信奉者たらんとさせようとしたのかもしれない。

ただ、悲しいかな、その理解は浅い、と言うべきか。時間の経過とともに、中国に足元を見すかされ、次第に中国ペースに巻き込まれていくかに見えるありさまは、世界注視の的となりつつある。「もはや、トランプのアメリカは〝裸の王様〟」とするのは言い過ぎだろうか。

ところで、ここでもう一つ、あえて指摘しておきたいことがある。そんな米中両国が一つの未来図を共有する可能性をも排除しないで、情勢を見ていくべきではないか、ということだ。

「グランド・バーゲン」

トランプ大統領の誕生前、二〇一〇年代に入った頃から、一部でささやかれていたこれは、「壮大な取引」あるいは「大取引」とでも訳そうか。要は、米中がまともに衝突し「破滅的な結果」を招かないためには、両国が合意し、「ともに新たな世界秩序を形成する」しかない、という発想から出たものと言えよう。

この見方、あるいは期待は、トランプ政権が「対中対決」の姿勢を強める中で、次第に勢いをなくしていく。もし、このような「バーゲン」が、同盟国の〝頭越し〟に行われるなら、世界は米中の二国のみによって半ば〝独占〟され、「その他の国」は、米中が描く構図の中で生きるしかなくなる――。そんな恐れを密かに抱いていた諸国には、むしろ〝朗報〟として迎えられた気配もある。

だが、はたして、「バーゲン」はこのまま消えてしまうのだろうか。そんな思いを抱くのは、「米中」を取り巻く客観情勢を見詰めるにつけ、「米中対決は必至」との結論を安易に出すわけにはいかない、と思わせる不確定要素が、いくつもあるように思えるからだ。

すでに見たように、「新冷戦」となれば、世界はその隅々まで分断され、「西」と「東」に分かれ、対立する可能性が大きい。

例えば、「冷戦」の際、その最前面に配された核戦力について見てみよう。核弾頭の現有数でみれば、中国のそれはアメリカの二〇分の一にも及ばない、と言われる。が、中国の実態については不明な点も少なくない。まして、「中露同盟」が現実化すれば、「アメリカvs中露」の優劣は、少なくとも数字上では逆転する。

それだけではない。二〇一八年にアメリカによって、関税率の引き上げを手始めに、事実上の「対中経済制裁」が発動されて以来、世界的な経済不調、あるいは見通しのつけにくさは、時間の経過とともに顕著になっている。もし、さらに中国経済が縮小するようなことになれば、世界全体の経済力、生産力も大幅に縮減される可能性が高い。それほどに、すでに中国経済は巨大なのだ。

それでも当面、世界は何とか持ちこたえるかもしれない。だが、この先、中国の不振が引っ張る形で世界経済全体が縮小していくならば、その影響は、どこよりもまず後進地域に出るはず。

二〇五〇年には、世界の人口の四人に一人はアフリカ人になると言われる。しかも、その主因である「人口爆発」は、すでに始まっているのだ。そんな状況下で、世界の経済規模を縮小させている余裕はあるのか、という課題は忘れられがちだ。しかし、アフリカ自身が忘れるはずはない。中国の「一帯一路」の視線が大きくアフリカ、そしてアジアの低開発地域に向いている戦略的な意味は、この面から見ても明らかだろう。

そして、何よりも大きいのは、世界は今、「アメリカ」に加え、「中国」という「もう一つの選択肢」を持ってしまった、という厳然たる事実だ。

アメリカの「宣戦布告」以来、それまで、中国との関係強化に積極的であったヨーロッパ諸国——その中には、〝親中〟色を強くしてきたドイツも含まれる——が「知的財産の窃取」問題などで警戒を強め、対中関係の見直しを進めるなど、世界の動きは単純ではない。「コロナ禍」が、さらに対中警戒心を高めてもいる。しかし、アメリカが、5G（第五世代移動通信システム）ネットワークの導入にあたり、中国のファーウェイ（華為）社製の機器を採用しないよう、ヨーロッパ各国にも迫ったのに対し、NATOのストルテンベルグ事務総長が発した言葉は、「今の世界」を如実に示したものに思える。

「〔中国との関係については〕適切なバランスを見出すべきだ」

ソ連やその同盟国への先端技術の流出を規制するため、「冷戦」時代にはココム（対共産圏輸出統制委員会）が存在した。当時、西欧諸国の間では、「ココム規制」について、米欧間の技術格差を生むことで、アメリカの経済優位を確保するためのもの——といった批判・不満がくすぶる。だが、それが表面化することはほとんどなかった。それほどに、アメリカの力は圧倒的だった。そんな時代を振りかえるにつけ、NATOのトップの口から「バランス」という語が飛び出したこと自体、「冷戦」時代との大きな差を思わざるを得ない。

つまり、アメリカに、往年のような「権威」はない。しかも、中国による知的財産の「窃取」を問題視しながら、それでいてアメリカ自身、「アメリカ経済は、中国なしでやっていけるのか」という問いに、「イエス」と言い切れていない姿を見るにつけ、「米中問題」の最大の原因は実はアメリカ——とさえ思えてきたりもするわけだ。

米中の「得も言われぬ」大国同士の親近感

もちろん、だからと言って、「グランド・バーゲン」が現実のものになるには、乗り越えなければならない壁がいくつもある。

「『無原則』こそが原則」と言わんばかりに、揺れ動くトランプ政治とはいえ、「ペンス演説」という号砲を合図に踏み出した「米中対決」路線が、そうそう容易に変更されるとは思えない。ホワイトハウスだけでなく、米議会や、〝国防・安全保障サークル〟とも呼ぶべき勢力からの、それこそ強く激しい動き、働きかけがあったからこそ、この路線が発動されたはずだからだ。——という見方が、時の経過とともに強まる。「コロナ禍」が、これをさらに加速した、ということだろう。

そして、似たような〝内なる壁〟は中国側にもある。

「対米関係での一定の緊張感は中国に利もある。世界最強国が圧力をかけているとなれば、ばらばらだった民心を団結させることができる。外圧があれば、中国人は団結する」

北京・精華大学の趙可金が発したこんな言葉があるように、「敵」の存在は、必ずしもマイナスとは限らない。まして中国のように、〝追いつき・追い越せ〟ムードの中にある国にとっては、むしろ自ら〝壁〟を作ろう、といった発想もあり得るのだ。

その意味で、「雨傘運動」から五年後の二〇一九年、「逃亡犯条例改正」をめぐり、香港で勃発した「大騒動」の成り行きに、世界から、熱く、かつ厳しい視線が向けられたのは当然だろう。

「大騒動」は予想を上回り、条例改正案が取り下げられた後も続けられたが、当初から、焦点は明らかだった。つまり——

「その政権発足以来、民主化問題に対し『硬直した姿勢』を示す習政権に、西側世界は強い批判と不満を向けてきている。そんな中、香港の民主化運動阻止のためとはいえ、形はどうあれ、習政権は『実力行使』に踏み切れるのか否か」

世界的に見て、主流だったのは、「世論の批判に驚くほど敏感な中国政府」（アーロン・フリードバーグ）は、今もし「実力行使」をしたと見なされるようなことがあれば、「天安門事件の再来」と見なされ、二度めの〝お目こぼし〟があり得ないことも、十分に知っている。だから、実力行使はあり得ない——というものだ。

だが、公言されることは少なかったが、「断固実力行使」論にも一部に実は強い支持があった。確かに「行使」に踏み切れば、世界の総スカンを食らいかねない。総力を挙げて〝中国潰し〟に出てきたアメリカは、さらに勢いを強めるだろう。しかし、そんな今だからこそ、「団結した中国」を再確認し合うことに価値がある、というわけだ。

そして——

まさに中国は、二〇二〇年、香港国家安全法の制定に突っ走ったわけだ。

それほどに、「グランド・バーゲン」に対する〝内なる壁〟は、米中ともに確かな基盤をもっているということだ。

もっとも、「米中」の将来を考える際、どうしても見逃せない側面が、もう一つある。歴史的に、この両大国の間に存在し続けてきた「得も言われぬ親近感」とでも言うべきものだ。

それを象徴するような話を、松尾文夫は『アメリカと中国』の中で紹介している。明治維新の一年前の一八六七年、アメリカの駐清公使の任期を終えたばかりのアーソン・バーリンゲームが敢行した旅がそれだ。

バーリンゲームは清王朝の正式な任命を受け、王朝の公式代表団を率い、二年間にわたり、アメリカ、イギリス、ロシアなど五か国を巡り、「中国という国」を紹介しつつ、中国と各国との間に対等な関係を築くよう力を尽くす。

「近代化に後れをとりつつある当時の中国に対するアメリカ人の同情と好意と、その『救済』のためには押し付けにもなる情熱。それを他の白人先進国とは別扱いして平然と受け入れる中国。この二つの国の

『特別な関係』を象徴するできごとだった」

松尾はこう書いて、米中がこの時期に限らず、「共生」を模索し続けてきた歴史的事実をふり返る。かたや、ジョージ・ケナンは、『アメリカの外交』の中でこう記す。

「疑いもなく、極東の諸国民に対するわれわれの関係は、中国人に対するある種のセンチメンタリティーによって影響されてきた」

ここでケナンは、どこか上から目線で、つい面倒を見たくなる中国——といったアメリカの対中姿勢を描き出し、これを米中関係にとって必ずしも好ましいこととは評価していない。それにしても、アメリカが中国に対し、独特な「親近感」を抱き続けてきたという事実は、否定しようもないだろう。

こんな米中の「共生」の歴史を振り返るとき、気になるのは二〇一二年、習近平が国家副主席として訪米し、オバマ大統領と会見した際に述べた言葉だ。

「広大な太平洋は、中米両国を受け入れる十分な広さがある」

それより五年前の〇七年、キーティング米太平洋軍司令官が訪中した際、人民解放軍の幹部が「将来、中国とアメリカが、ハワイで太平洋を二分して管理しよう」と発言したものの、アメリカ側は「真面目に取り合わなかった」と伝えられたことがある。それが、習の発言をうけて、あらためて「中国は本気なのだ」となるわけだが、実は前段の「二分」論の際にすでに、アメリカ側には「肯定論」や「歓迎論」も少なからず聞かれた、と言われる。この事実こそ、われわれにとっては見過ごし得ない点だろう。

実は筆者もまた、こんな米中間で共有されるらしい「得も言われぬ親近感」には、アメリカで何度も出くわした。そのたびに、「日米同盟」をも乗り越えかねない「何か」を「米中」について感じ、いささかの戸惑いを禁じ得なかった。

「やはり、大国同士の間では、われわれには理解しがたい思いがある、ということか」と。

あふれる「新冷戦・到来論」の渦の中で、それでも、「グランド・バーゲン」を否定しきれない理由の一つでもある。

日米が「同盟関係」にあるとはどういうことか

さて、このような米中のありようを前に、日本はどう生きていくのか。

今、われわれの前にある「米中」の構図は、シンプルとは程遠く、読み解くのに容易ではない。両国間の覇権争いの帰趨を決める、と見られる先端技術をめぐる確執の将来一つをとってみても、「自由と民主主義が行き届かない中国は、創造性の点で劣り、アメリカ優位は明らか」というものから、「最後は数の勝負。中国が誇る、技術者、研究者の数は、今やアメリカを凌ぎつつある。最後の勝者がどちらかは、言うまでもないだろう」といったものまで、まさに千差万別だ。

先に触れた、アメリカが中国に対して抱く「得も言われぬ親近感」にしても、理性よりも感覚の部分が大きいがゆえに、何かをきっかけに、これが極端な「嫌悪感」に反転する可能性もないではない。

そんな中、わが日本は、ギャディス流に言うなら、「西」と「東」の文明の歴史を背負って、まさに戦いを挑もうか、といわんばかりの二つの当事国に挟まれ暗中模索。そんなところだろうか。

どこか既視感がある。帝国主義の時代、圧倒的な力量で「東」に襲いかかってきた「西」の圧力がアジアを覆う中で、日本はひとり、急ぎ間に合わせた新たな体制作り——「明治維新」によって身をかわし、独立を維持した。その日本が今また、似たような構図の中にある。そんな感じがしないでもない。

そこで、昨今、よく聞かれるのが、次のような解説というか提言だ。

「令和の時代、この国の指導者たちは、米中両国とうまく付き合い、将来に向け、国として進むべき道筋をつけていけばよい」

これに異論はぶつけにくい。だが、それがいかに難しいことかは、口にする評者、解説者らこそが一番よく知っているはず。つい、そう思いたくなるのは、筆者だけではないだろう。

では、われわれには何が必要なのか。

あるドイツ情報機関の幹部が日本にやってきたのは、一九九八年のこと。この国の主だった情報関係者らを訪ねて回る中で、中国の「今後」についてどう見ているかを尋ねられた際、彼はこう答えたという。

「今なら、まだ日本の方が経済力で〔中国を〕上回っている。だから早いうちに恩を売っておけばいいんですよ」

当時、中国の将来を見通すことは、今以上に難しかった。にもかかわらず、このコメントには「遠からず、中国が日本を上回るのだから……」という明確で、確信に満ちたメッセージが含まれている。十分な情報と分析を踏まえたうえでのものと言えるだろう。

「やはりドイツは『怠る』ということがないんだな、と思いました」

ある情報関係者の述懐だ。

「米中」の実態把握を難しくしているのは、状況の複雑さだけではない。これに絡んだ人間の動きも、またわれわれを惑わせる要因に成り得る。一九七一年にキッシンジャーが北京を極秘訪問した際に同行したリチャード・スマイザーがかつて、次のように言いながら片目をつむったことがあった。

「戦略問題の専門家という人種は、いつも〝おもちゃ〟を欲しがる。これを〝敵〟に設《しつら》えては、自ら打ち立てた戦略の正当性を大声で主張するんだ」

ペンス演説以来のとんがった雰囲気の中で、「米中対立」に絡み「おもちゃ」などという言葉は使いにくい。ただ、だからこそかえって、すべてから距離を置いて考える必要があるとも言える。

ここであらためて再確認しておくべきことがある。「同盟」とは何か。「同盟関係にある」とはどういうことなのか——だ。

今、われわれは、「日米同盟」の中にいる。それが今後、「米中」の動向いかんによって、どうなっていくかについては、あまりにも多くの不確定要素がある。ただ、「同盟」を軸に考えることで、それなりに実感のある形で、「将来」を考えられるようになる。そう思うからだ。

言うまでもなく、同盟関係を結んだとて、それぞれの国には、それぞれの思惑があり、利害がある。だから、すべてはいつもバラ色とは言いかねる。

七一年のキッシンジャー「北京極秘訪問」の直前のことだ。ワシントンで、「米中接近」の気配をいち早く察知した日本人記者がいた。早速、彼は日本大使館員らを次々と訪ねては、「米中間で大きな動きがあるようですが、何かつかんではいませんか」と問うた。だが、答えは皆同じ、「そんなこと、あるはずがない」。

さらに聞く。「なぜ、そう思うのですか」と。すると、答えはまた同じだった。

「アメリカ側から、そのような話、聞いたことがない」

それからまもなくの、この年七月一五日。ニクソン大統領がテレビに登場し、翌七二年中に中国を訪問する、と発表する。

日本側には「米中間で何かがあれば、アメリカは必ず事前に連絡してくるはず」と思い込みがあった。サンフランシスコ講和会議を前にした一九五一年、アメリカは日本に、中華民国（台湾）との平和条約調印を迫る。首相の吉田茂はこれに抵抗するが、アメリカ側は「聞く耳をもたず」といった形で調印を強要し、やむなく吉田はこれに従う。その経緯があればこそ、「米中」に大きな変化をもたらすようなことがあれば、アメリカはまず日本に知らせてくるのが当然だろう、というわけだ。

「何はともあれ、日米は同盟国同士なのだから」

この時、日本に一切、事前連絡しなかったことについて、アメリカ側はその後、「極秘事項であり、日本だからと言って……」と繰り返してきた。が、ニクソン政権には、その直前の繊維交渉で、十分な対応を日本側がとらなかった結果「苦渋を飲まされた」との思いがあり、これが「連絡せず」の背後にあったことは、すでに公然の秘密とも言える。つまり、これは「意趣返し」であり、「ショック」を受けざるを得なかったこと自体、「同盟」偏重に陥っていた日本側の「甘さ」ゆえ――とされればそれまでなのだ。

ところで、われわれが今、考えるべきは、その先にある。このような「いざこざ」に比べ、よほど大きな「ショック」や「難題」が、われわれを襲いかねないケース――つまり、アメリカがこれから先、大きな「ミス」や「失敗」を犯した場合のことだ。

その結果、アメリカが傷つくだけでなく、日本、そして同盟国全体が、従来になく大きなとばっちり、甚大なダメージを被る恐れは十分にある、と言うべきだろう。これこそが、目下の「新冷戦」騒ぎの中で、われわれが是非、心しておかねばならないことのはずだ。

すでに見てきたように、冷戦後の「敵探し」を急ぐあまり、長期的な視野を欠いた対中東戦略ゆえに深みにはまったイラク戦争。また、その「危険性」を承知しながら、経済的利益や他の「緊急事項」に目を奪われた結果、中国への対応が遅れてしまった……というように、たかだか、この二〇年余をみても、その例は少なくない。

「米中対決」の構図の中で、その成否が問われる「中国包囲網」作りを困難にしている要素の中にも、そもそもは「西側」、なかんずくアメリカの「ミス」が発端と見られる部分がある。冷戦後のロシアへの対応も、その一つだろう。

冷戦で白旗を掲げたソ連、これをうけて復活したロシアに対し、当初、アメリカは慎重な対応を見せていた。ここに間違いはなかったように思える。

共産革命直前のモスクワに、当時、最も質の高いフランス料理店があったように、ロシアの「西方」に対する、あこがれにも似た思いには切なるものがある。後に駐米ロシア大使となるウラジーミル・ルキーンは、ゴルバチョフ時代の末期、「ロシアは、アジアなのかヨーロッパなのか」という筆者の問いに、いたずらっぽい目付きをしながら答えた。

「ロシアの紋章は『双頭の鷲』なんですよ。だから、目は、アジアにもヨーロッパにも向いている、ということです」

そこに、ゴルバチョフ政権の方針に沿い「アジア大事」と口では言いながらも、ロシア人が抱くヨーロッパへの強い思いを感じるのは、筆者だけではないはずだ。

だが、第5章で触れたように、そんなロシアに対し、時の経過とともに、西側、なかんずくアメリカが強硬姿勢を増幅させ、NATOの東方拡大を含め、容赦ない攻勢をかける。これがロシアを「反西側」に追いやる大きな理由の一つになったことは、否定しようもない。

「われわれを助けてくれる人はいなかったし、これからもいない。重要なのは〔ロシアが〕団結した強い集団でいることだ」

二〇一八年の大晦日、プーチン大統領が行った恒例の国民向けメッセージの一節だ。

今後、真の「中露同盟」にまで進み得るのか否かはともかく、ロシアの参加なしに「中国包囲網」の構築は可能なのか——を考えれば、対露政策上のミスの重さは問われてもやむを得ないだろう。これに対し、「それは結果論だ」という反論は、当然あり得る。が、アメリカが自らを「大国」、それも「超」のつく——と自負するなら、「もっと、違った対露政策もあったのではないか」と思いたくもあるのだ。

米中とも見通しがききにくいやっかいな国

そこに、われわれが考えておかねばならないことがある。

アメリカには、まだ幸運の女神がついている、と思える気配がないでもない。先進国の中では唯一と言っていいほど、少子高齢化を中心とする「人口問題」の深刻度が低いこと。それに、シェールガス革命は今や、アメリカを世界最大の産油国に押し上げつつある。これらが、アメリカに再び、国力のアップと、それに伴う余裕を取り戻させる可能性は、十分にあるはずだ。

しかし、それゆえに、アメリカの「世界一の覇権国の座」維持は安泰と言えるのか、となったとき、問われる第一は、やはり、今後、大きな「ミス」「失敗」をしないですませられるか——ということではないか。

これまでも、アメリカの「ミス」は同盟国に大きな被害、損害を与えてきた。そんな場合でもアメリカ自身が「失敗」をどれほど深刻に受け止めたかは定かではない。アメリカにとっては、「あり得る多くのミス、失敗の中の一つ」に過ぎないからだ。それでも、同盟国が耐えてきたのは、「アメリカの傘」によって守られている、という思い。それに、失敗でなく、「成功」した時の見返りが、被害や損失をカバーするに足るものだったためと言える。

しかし問題は、相対的なアメリカの力の低下によって、「傘」だけでなく、その見返りも小さくなりかねないこと。まして、アメリカを頂点とする「陣営」の規模が縮小すれば、同盟国間の協力体制も覚束ないものになる可能性がある。

その点で気になる一つが、独仏などとあえて距離を置くなど、従来の「米欧」同盟を傷つけ、「アングロサクソン同盟」に特化しようとするかのようなトランプ政権の動きだ。

二〇一九年一一月、イギリス総選挙で、「ブレグジット」（EU離脱）の早期実現を謳うジョンソン首相が勝利を収めた直後、世界銀行のエコノミストも務めた経験のあるイギリス人アラン・ウインターズの放った言葉は、その意味で耳を傾けるべきものだろう。

「EU離脱で英国は、米国や〔英連邦の〕カナダ、オーストラリア、南アフリカと結びつきを強めるという考えがある。〔中略〕しかし、どの国も遠く、文化も異なる」

それだけではない。

「長期的にみれば、GDPの世界シェアが五〇％を超える地域を、二〇％程度の国が軍事的に支えるという構図は維持可能ではないと考えられる」

マクロ経済学者、櫻川昌哉の言葉だ。その前提にあるのは、たとえ中国経済の拡大が減速したとしても、インドをはじめ、それぞれに発展・拡大目覚ましい国々を加えれば、「遠からず、アジアで五〇％」は揺るぎそうにない、という認識だろう。すでに触れたが、「米中対決」の様相が深まるにつれ、「中国がアメリカを超える時はこない」といった論が増えつつある。が、中国のみならず、インドの帰趨にもまた不透明さがあるのは事実としても、「西vs東」の構図の出現、という認識までを安易に揺るがすことは慎むべし、ということなのではないか。

となれば、見えてくるのは、アメリカが「ミス」を犯せば、アメリカ自身ではもちろん、陣営全体でも、これをカバーするのは容易でない、いや一つの「ミス」が陣営全体を崩壊に導く恐れさえある――という図式だろう。

そして、このような陣営内に日本が居続けるとするならば、この種の「危険」や「起こり得る危機」に対処して十分な働きをしえるだけの力、いや、そもそも、陣営全体の再活性化に向け、アメリカと歩調を合わせて動き続けるための、よほどの覚悟、そして努力が求められる、ということではないだろうか。

見通しがききにくいという点では、中国も引けを取らない。

「韜光養晦」に見られるように、中国側の対応自体が、わかりにくさを増す。故意か否かはともかく、中国発の情報の信憑性にも疑問がつく場合があり、しかも、有用な情報が十分にあるとも言いにくい。そのため、「中国」を知るには、時に危険を冒してでも、その真実に近づこうという覚悟がいる。

一九九六年三月八日に勃発した「中台危機」は、その意味で格好の素材だったと言える。

台湾の総統選挙を二週間後に控えたこの日の未明、中国が台湾沖をめがけ、短距離弾道ミサイル三発を発射する。これに対応して、アメリカはただちに二つの空母機動部隊を派遣する。その「危機」の実際については、なかなか明らかにされなかったが、二年後、台湾・中山大学国際交流研究所のC氏は匿名を条件に口を開いた。

「アメリカの空母に、計七隻の中国の潜水艦が接近してきた。それを見て、アメリカは、『台湾の独立は許さない』という中国の決意の固さを実感したのです」

この時、アメリカの空母は海峡までは来たが、「通過」はしなかった。ぎりぎりの線を見究めながら、情報収集の目的はしっかり果たしたわけだ。

だが、それで真実は十分、明らかになったと言えるのか。

「中国は、歴史的に軍事衝突には慎重な国」

政治学者で国連次席大使も務めた北岡伸一は『希望の日米同盟』の序文で、こう書いている。問われるのは、「慎重さ」が保たれる限界点がどこなのか——だが、『三国志』を生んだ国が、そうそう容易に手の内をさらけ出すとは期待できないだけに、「われわれの迷いは深い」というしかない。

加えて、日本にとって、中国がことさら「わかりにくい国」であることを覚悟する必要もある。中国近代史の専門家、岡本隆司は『歴史で読む中国の不可解』で指摘する。
「日本人は世界でもずばぬけて，中国の歴史に精通した国民である。しかし肝腎のところに疎いのは、古典と『同文』に慣れ親しみ、よく知るがゆえに、その異質さを軽んじ、見たいと思うものしか見ようとしないからである」

さらに、これは、日本にとって中国がわかりにくい、と言うより、世界にとって「日中」がわかりにくい理由と言うべきかもしれないが、「ともにアジアにある二大国」という、日中双方の立場ゆえに、おのずから生じる「日中間の対抗意識」に注目するのが、第3章で扱ったリチャード・マクレガーだ。中国には、アジアにおけるアメリカの支配的な立場、さらには、超大国としての立場さえ破壊し得る手がある、とする彼は、そのための具体策を次のように言う。
「日本を長年の米国との同盟関係から引き離すことだ」

当然、このことを中国は知っている。にもかかわらず、中国がこれに踏み込まないのは、まさに、この「対抗意識」があるため、というわけだ。

この日中間の「対抗意識」に、アメリカの中国に対する「センチメンタリティー」が加わり、しかも、中国の〝勃興〟が「日米中」のトライアングルの歪みを増幅させている。とするなら、永井陽之助が四〇年前に指摘した「米中日三角関係に内在する不可避的な疑心暗鬼」はさらに深くなり、三者間の見通しも悪くなる一方、ということにもなりかねない。

そこで欠かせないのが、アメリカ、中国に視線を集中し過ぎず、アジア・太平洋、さらには世界の中で、このトライアングルをどう形成すれば、「日本」が真に生きることになるのかを冷静に考える——という発想だろう。そのためには、変転し続ける事態から目を離さず、国としての戦術、戦略をも、時に柔軟に修正、書き直しすることをもいとわない覚悟が必要、ということではないか。

二〇一九年の初頭のこと、外交関係者の間で、「困ったものだ」という〝嘆息つき〟で一つの話が密かに流された。その直前、ワシントンを訪れた「首相に近い」と目される人物が講演を行う。問題はその一節だった。彼は、北方領土問題の解決を目指し、折から日本政府が進めようとしていた「ロシアとの平和条約締結」に向けた交渉について言及する。

「〔この交渉は〕中国の脅威に日露が共同して対処することをも念頭に、進められる予定です」

急速に「対中対決」の姿勢を強めるアメリカに向けて、現在進行中のロシアとの交渉も、このようなアメリカの姿勢に寄り添ったものであるから安心してほしい、という配慮を込めた発言だったのだろう。しかし、その直後、モスクワでロシア政府の要人に会った、長く日露関係に携わってきた人物は、ロシアの側の険しい雰囲気に面食らう。

「いったい、貴国は何を考えているのか」

いまや、従来の外交路線からあえて踏み出し、「中国とも手を携えて、世界に対処しようか」という矢先のロシアに対し、中露の間を裂くようなコメントは、ロシアを困惑させる以外の何物でもなかったのだ。もちろん、この発言のため、北方領土の返還が一転困難になった、と言うのは言い過ぎだろう。しかし、世界をトータルとして見ていない、だからこそ、いわゆる「常識」――中露間での「友好関係」は成立しにくい――では割り切れない情勢の変化などに鈍感になりがちな危険性を、われわれに知らせるに十分なエピソードだったといえる。

と同時に、ここで突き付けられた「厳しさ」は、これからの時期、日本が常に直面するものではないか、という予感もある。

「枕詞」で終わらせず、論議を起こすために

この章を締めるにあたり、触れておきたいことがある。今、世界は「秩序の大変動期」にある。しかも、冷戦への突入期に比べ、日本の存在ははるかに大きく、しかも、今、秩序を「変動」させようとしている震源地・アジアによほど近い、というより、その一部である事実は、わが国もまた、変動の〝主役の一人〟であることを意味する、という事実だ。

もし、その対応に少しでも間違いがあれば、国の運命に関わりかねない。そんな今、われわれは、どういう心構えで生きるべきなのか。さまざまな考え方があるに違いない。ただ、ここでは次のような一つの視点を示したい。

「われわれはもはや、『枕詞社会《まくらことば》』の中に安住しているわけにはいかない」

これには原典がある。若き原子物理学者としてアメリカに滞在、その後、国会議員として、特に日米関係の最前線で、目立たないながら、重要な役割を果たしつづけた椎名素夫。その彼が一九九五年、雑誌への寄稿の中で、冷戦後のこの国のありようについて、次のように書いたのだ。

「演説の枕詞には気軽に『冷戦が終わり、云々』と言いながら、冷戦の終わりのもつインパクトを噛みしめることなく現在に至っている」

繰り返しになるが、この年、アメリカは「東アジア戦略報告」(ナイ・レポート)をまとめ、これを受けて日本が「新防衛大綱」で、周辺地域の安全保障に「積極的」に関与していく方針を打ち出し、「日米一体化」への方向が固まる。だが、一九七〇〜九〇年代にかけ、日米関係の現場で、これを直視し続けた椎名にしてみれば、特に「冷戦終結後」の日本の動き、風潮には、心静かではいられないものがあった。

当時、サラリーマンが夜、「冷戦が……」を肴に酒を酌み交わす、なんて光景は日常茶飯だった。こ

の世に生を受けて以来、当然のように続いてきた「冷戦」下で生きる以外の道を知らない国民の大半が、「冷戦後」に何か新たなものを期待する気分は、わからないではない。

しかし、問題は、このような渦の中で、われわれは本当に「冷戦後」について考え、論議し、進むべき道を見出だしたのか——であり、ここに椎名の問題意識があった。

そして、椎名論文が出て四半世紀を経て、「世界秩序の大変動」が言われる今、あらためて問われるのは、冷戦直後と同じようなことが繰り返されるのを、われわれは抑えきれるか、ということではないか。

実際、冷戦後の時期を振り返って特に思うのは、実質的な内容に入って行きそうになると、「それはもう論議しないでいい」「その問題は、論議しないことになっている」という雰囲気が強く醸し出されたことだ。しかも、事柄の性質上、この時期、最も重要な課題であったはずの「同盟」について、ことのほかこの傾向が強かった。

その根底にあったのが、「敗戦国でありながら、この間、この国が平安に暮らせてきたことがすべてであり、結果オーライだ」という発想であり、であれば、「今までの通りで行くから」という結論ありきの雰囲気だった。しかも、これがかなり早い段階で作られてしまった。加えて、冷戦後の安全保障政策を論議しようと、細川内閣によって設置された「懇談会」が、アメリカからの強い〝牽制〟を受けた事実が、さまざまな面で「同盟」の扱いに影を落としたのも間違いない。

それでなくとも、とかく外交や安全保障に関する論議に関しては、外国、なかんずく「大国」の干渉がありがちだ。

「アメリカは日本に対し、何を望んでいるのか」

特に安全保障に関連し、冷戦のさ中以来、われわれがよくアメリカの政府関係者などにぶつけた問いだ。

これに対し相手側の反応は、申し合わせたかのように同じだった。

「それは、日本自身が決めること。われわれは日本に対し『軍事大国になれ』と言ってるわけではない」

その裏にある、アメリカ側の思いは明らかだ。

「もし日本が、本当に大国であるのなら、またそう欲するのであるならば、答えを人に聞くものではない」

とは言いながら、アメリカは、決して一筋縄ではいかない相手だ。ソ連もそうだった。われわれの思いを彼らに告白したとして、その内容が彼らの意に沿わなければ、激しく潰しにかかってくる。そこに至る議論をリードした政治家はもちろん、官僚なども、所属する組織、サークルの主流から外されてしまう
――などということさえある。

「人間、スキャンダルの一つや二つは隠し持っている。超大国は、自らの政策や戦略の遂行に邪魔な奴だとなれば、それをちらつかせながらわれわれに迫ってくる」

ある大物政治家が、「その瞬間、全身に悪寒《おかん》が走った」という自らの体験をふと漏らしたのは、「外されて」から二〇年も経ってのこと。見るべきは、自らの政策、意向を通すためには、持てるものすべてを使い切ってでも、というほどに驀進する超大国のありようだろう。

これに対抗するのは容易でない。が、それでも、われわれが自ら選んだ進路を貫くには、論議を十分にする必要がある。強力な異論の存在をしかと受け止めながら、「国としての意志」をまとめ上げていく様が、外にも見える状態を作り上げる。それによって相手に対し、こちらの立場、これをとり巻く環境をもしっかと受け止めざるを得ないことを知らしめる。

その際、見逃してならないのは、このようなプロセスを踏むことが、「外」に対してだけでなく、「内」にとっても意味がある。なぜなら、論議を通してまとめあげられた「結論」は、官民が一体となって「選

択した」結果であり、それこそ「自分たちの意志で選んだ道」なのだとの自覚を、国民自身が深め得ることが期待される点だ。

「日本人は本質的に、海洋民族ならぬ海岸民族だったといえそうである」

文明評論家でもある劇作家の山崎正和はこう記す。

海は日本人にとって、あくまで「手厚い防御の壁」であって、それを乗り越えて冒険に出るわけでなく、世界に雄飛する際の足場でもならなかった。その壁に護られた日本では、外からの力の前では、やむなく敗北を喫しても、人も国家も反攻を考えるのではなく、内に閉じこもる。そんなイメージのように思える。

先の大戦での敗北をうけて日本は「冷戦」下、アメリカの姿の後を追ってさえいれば、「明日」が迎えられるのだ、と思い定め、歩を進めてきた。精神的には、やはり閉じこもったのだ。それでも論議は起こる。ただ、そこでギリギリ詰めたあげくの本当の結論を、必要とはされない。事態を本当に動かすのは、必ずしも自分たちではない。いや、そう思い込むことにしたのだろう。

例えば、現在の北朝鮮問題。当初、「北の核全面廃棄」を目指したアメリカの動きに歩調を合わせる手法は、わが国として十分にあり得るものではあった。だが、これをめぐる、この国での論議――というより、論議の不在ぶりを見ていると、「?」と感じざるを得ないことがある。

確かに、一九七〇年に発効した核拡散防止条約（ＮＰＴ）に日本も加盟した。だが、その結論が出るまでには紆余曲折があった。六四年に中国が初の核実験を実施したのをうけて、時の佐藤栄作首相以下、日本国内でも、「世界で唯一の被爆国」としての立場を踏まえながら、それでも「日本の核保有こそ、あるべき姿」と考える者は少なくなかった。

結局、アメリカ、そして国連からも日本の条約加盟を強く迫られ、佐藤内閣は最終的に署名に踏み切る。

だが、その際も、国際的な環境の変化があれば、核政策の全体を見直し、条約加盟国としての立場をも「再考する」ことは暗黙の了解であったに違いない。である以上、北朝鮮が「核」に手を伸ばすなら、「わが国は、従来のままでいられるのか」という論議が交わされるのは、当然の道筋であるはずだ。

実際に再考がなされたとしても、その結果は、従来路線の「継続」が確認されるだけ、ということは大いにあり得る。今回も結局、そのコースをたどるだけ、という可能性は小さくない。

だが気になるのは、「見直しなどと、無意味なことを言い出して」と言わんばかりに、論議自体を封じる風潮が、今、この国を覆っているように見えることだ。それは、アメリカなどが抱く「日本は安全パイ」との思いに、結果的におもねることになりかねない。しかも、それは「枕詞社会」の継続に手を貸していることをも意味する。そう思えてならない。

もう一つ、いかにも「枕詞社会」だからでは……と思わせる例を挙げておきたい。

「撮り鉄」という言葉がある。鉄道ファンの中でも、とりわけ、列車の写真撮影を趣味とする人たちを指す。近年、そんな「撮り鉄」が北海道に集結することが多い。ＪＲ北海道の経営は厳しい。根本原因は沿線の人口減少だが、その結果、採算が合わず、やむなく廃線というケースが増え、走り続けてきた列車の最後の姿を撮影しようと、「撮り鉄」たちが現地に駆けつける。これに、廃線を惜しむ地元民や鉄道ファンも押しかける。その気持ち、わからないではない。

ただ、ここで見逃されていることがある。鉄道建設というものは本来、国の安全保障という観点からも重視され、だからこそ、明治の開国以来、時に採算を度外視しても、国土の背骨を描くかのように鉄道網の整備が急がれた、という歴史的な事実だ。

このまま進めば、遠からず、この国の鉄道網の「頭部」とも言える位置にある旭川〜稚内の路線、さらには、ロシアが軍備増強を急ぐ「北方領土」を目の前に望む道東の幹線さえ、姿を消す計算だ。そうなった時、この国の防衛、そして、北の守りはどうなるのか。万一「新冷戦」が本当に到来し、〝中露同盟〟が現実のものにでもなったなら、これにどう対処するのか——という視点が、撮り鉄ブームはさておき、安全保障の論議の場でも、なかなか見当たらない。

「世界秩序の大変動を前に、われわれは……」を枕詞で終わらせないためには、このあたりからも、人々の関心を高める必要がある。そう思えるのだ。

終章

日米同盟について

問われる“意志”

〔大日本帝国〕当時の日本人は、
いまの我々とはまったく違った目で世界地図をみていたのだ

関岡英之
『帝国陸軍　知られざる地政学戦略』より

〔日本が米国の〕同盟国としてどうあるべきかを真剣に検討し、
できるかぎりのことはやりたい

1980年、大平首相が訪米し、カーター大統領との会談で述べた言葉。
公の場で「同盟（Alliance）」という言葉が初めて使われた。

今の日本の世界における地位で満足するなんて
滅相もないこと。それは良うないで

高坂正堯の発言。
対談「国民国家　生き残りの条件」（『THIS IS 読売』1996年1月号）より

その瞬間、筆者の網膜に、モンゴルの茫漠とした草原の連なりが一挙に広がった。しかも、それにとどまらなかった。映像は勝手に「南へ南へ」と進み、終わりがあるのかと疑いたくなるほどの広大な砂漠を横切り、あげくに、中国の黄土の大地に進んでいったのだ。

「モンゴル経由でやってきました」

一九九〇年、モスクワにも、ようやく春の気配がし始めたころ。作家・司馬遼太郎を客人として迎えた時のことだ。氏の言葉が、筆者の想像の翼を刺激したのだった。

モスクワ赴任の時はもちろん、それ以前、ヨーロッパに出張する際などに、シベリア上空を飛ぶことはあった。しかし、モンゴルの上を飛んで……というコースは、想像したことがない。

「そうか、アジアの大陸は、こんな風に広がっているんだ」

司馬はこのときの体験などを基に、後に『草原の記』を上梓する。その冒頭はこうだ。

「空想につきあっていただきたい。モンゴル高原が、天にちかいということについてである」

このような話を書いたのは、「中国を封じ込める」というテーマを考えながら筆者が、中国という存在を実感することの難しさを、あらためて強く意識したからだ。

「インド・太平洋戦略」。いつしか「戦略」が「構想」に変わったとはいえ、その真意が、本来、「中国封じ込め」にあったのは間違いない。だが、この戦略が容易に機能するようには思えない。「封じ込め」を真に可能とするために、どこまで詰めたのか。覚束ないからだ。もちろん、実際に「対中対決」路線を選んだとしての、仮定の上での話だが。

そんな思いをめぐらす中、「防共回廊」という構想が、かつて日本陸軍を中心に密かに追求された事実に、筆者が強い興味を持ったのは、あの日の「アジアの広がり」の記憶があったからこそだ。先の大戦前、そして戦中、ドイツとの連携をも視野に入れながら、実現を目指した「回廊」は、モンゴル、チベット、ウイグルという中国の辺境に住む少数民族の独立を支援することで、反共国家の鎖を形成し、ソ連の南下を阻止しようとしたものだった。

「当時の日本人は、いまの我々とはまったく違った目で世界地図を見ていたのだ」

これは、構想の詳細を明らかにした『帝国陸軍　知られざる地政学戦略』の著者、ノンフィクション作家の関岡英之の言葉だが、この構想実現のため、多くの先人たちが身を挺して動いた歴史的事実を知るにつけ、日本が中国を見つめる視線の「かつて」に思いをはせたくなる。

と同時に、考える。「回廊構想」をどう評価するかはともかく、今のわれわれがもし、このような「大陸」への、それこそ地に足のついた、実感と深い知識に基づいた視線を持ち得ないでいるとするならば、「新冷戦到来」さえ論じられる昨今、この国にとって大きな弱点になるのではないか――と。実際、終戦からまもなく、アメリカが「回廊構想」に関係した人物を探し出しては尋問し、その実像に迫ろうとした事実は、われわれに今、深くわが身を省みる素材を提供しているように思えてならない。

「大国」の道か、「非・大国」の道か

考えるべき点は二つある。なぜわれわれは、大陸へのこのような視点を持つのが困難になってしまったのか。もう一つは、そもそも持とうとしない理由だ。

第一の「持つのが困難になった」理由は明らかだろう。一時は一五〇万を超えたという満州（中国東北

部）在住の日本人をはじめ、それが幸福なことだったか否かはともかく、かつては「大陸」を実感できる日本人が数多くいた。そのような人間が確実に減少。これに替わる人材が今、とてもではないが足らないからだ、と言うしかない。

もっとも、より深刻なのは、人材の不足を補う、あるいは、それが不可能なら、どのようにして、ありのままの「大陸」をウォッチし続ける体制を国として作るのか、を必ずしも真剣に考えてこなかったことだろう。

つまり、太平洋の西端、しかも、細い水域をはさんでアジアの巨大な大陸に対峙する、という自らの地政学的なありよう。さらに、「冷戦後」という新たな時代の到来にあたっても、これにわれわれはどう立ち向かうのか――を自分自身のこととして考え、戦略を立てるという意識が希薄だった。それこそ、第8章で扱った「枕詞社会」に通じるものであり、これが第二の「持とうとしない」あるいは、「持とうとしてこなかった」理由であったように思える。

言うまでもなく、「回廊」が顔を向ける方向を逆転すれば、対中国包囲網になる。そう考えるなら、「一帯一路」の「一帯」は、それこそ、「回廊」実現を阻止するため、中国が先手を打ったもの、とみることさえ可能ではないか。

それでなくても、われわれの視線は長らく「西に」ばかり向いてきた。もっと言えば、「アメリカに」だ。その結果、世界をもっぱら「アメリカ」を通して見、考える。今も、「中国」や「米中対決」、さらに「新冷戦」さえをも、まずアメリカ、それにちょっぴり、ヨーロッパやアジアからの視線を加えたレンズを通して見つめている。そんな感じがしてならない。

もちろん中国について、いや、アメリカ以外のさまざまな対象についても、わが国には多くの優秀な研究者、専門家が存在している。ただ、それにしても、この国の視線には偏りがある、というわけだ。

そのことがすべて悪いわけではない。間違いなく、アメリカには膨大な情報が集まっているし、「超大国」として、世界の動きに敏感と言える。ただ、だからと言って、アメリカ頼りに傾斜した視線では、われわれにとって十分でない恐れがある、という自覚は欠かせないもののはず。特に巨大な中国を相手にしては、だ。

その意味で、アーロン・フリードバーグの、次のような指摘は胸にしみる。

「中国は、中国専門家に任せておくには重要すぎる問題である」

いま世界が、そして、われわれ日本が直面しようとしているのは、そんな「中国」を常に直視しながら、日々生きていかなければならない「時代」の構図なのだ。

現代の「防共回廊論者」ともいえる人物が、筆者に語ってくれたことがある。

「北朝鮮の〝金王朝〟にとって本当に重要なのは、朝鮮半島の統一より以上に、中国東北部の大きな部分をも包含した『高句麗』の復活なのだ。それに気づいているから、中国は北朝鮮の動きへの警戒を強めている。なぜなら、モンゴル→ウイグル→チベットという鎖に『高句麗』が連結して〝中国離れ〟を起こせば、巨大な中国が一挙にしぼんでしまうことを、中国自身がよくわかっているからだ」

そう見ると、近年、中国が「高句麗は中国の一地方政権だった」との声を高め、高句麗遺跡をユネスコの世界文化遺産に登録申請する際も、北朝鮮による単独申請に難色を示した事実など、腑に落ちることがないではない。

それでなくても、中国を理解するのはたやすいことではない。中国経済の今後を考えるだけでも大仕事であるうえに、見るべき対象は、実に多岐にわたっている。まして、そんな中国と世界の関係、その今後の展開を予測することなど、本気でない限り、とてもじゃないが、早々に諦め、退散した方がいいと思いたくなるほどだ。

　しかし、現実から逃げるわけにはいかない。とするなら、その際、われわれが目をそらすわけにいかないのは、中国の「思い」だろう。その中核にあるのが、深く沈潜した「怨念」だ。

「世界第一の超大国の座から堕ちた——いや、堕とされたわれわれは、その後、二〇〇〇年近くを生き、今ようやく現在の地点にまでたどり着いた。そのわれわれが、アメリカの『自国第一主義』の前で容易に軍門に降る、などということはあり得ない」

　言うまでもなく、「超大国」の座にこだわるのは、アメリカも同じだ。

　ドイツの統一を目前に控えた一九九〇年の秋、ソ連では、「統一」を容認したゴルバチョフの決断を目にし、「われわれは敗北した。今やわれわれは『超大国』の座から滑り落ちようとしているのだ」という絶望感が急速に広がる。『イズベスチア』紙の評論員、アレクサンドル・ボービンを社の自室に訪ね、いつもながらの率直で深味のある言葉を聞いたのは、そんなさ中のことだ。

「そう、われわれは自分たちで作った、それゆえに住みやすい——そこでわれわれは常に、人々から耳を傾けられ、また、自分たちこそが重要で、また理にかなっていると納得できる——世界を失ったのだ。もはや、われわれは命令を下せない。それどころか、何かを得ようとするなら、われわれはまず交渉しなければならない。また、自分たちが尊敬しない限り、他に対し、われわれを尊敬しろと要求することもできないんだ」

　アメリカが、そんなソ連の二の舞を演じることを、唯々諾々として受け入れるはずはないだろう。

　このようなアメリカ、そして中国の思いと絡みながら、さらに事態を複雑にするものに、「米欧関係」や「中亜関係」などいろいろある。が、ここでは、「米中」を見つめる途上国の思いや、その動向について触れておきたい。

「わがアメリカ合衆国は、もう満杯だ」

トランプ大統領は二〇一九年四月、テレビカメラの前で、不法移民受け入れ拒否を強弁して見せた。それが真の「超大国」のトップ・リーダーにふさわしい姿か否かはともかく、「超大国」であることを、われわれはやめないぞ——という思いを、彼は彼らしい論理を振りかざし、率直に語ったのだ、というしかない。

だが、イギリスの経済学者グウィン・プリンスが、アメリカには「エアコンなしではいられない」という〝疫病〟が蔓延し、しかも、その症状は「近年、ますます悪化している」としたうえで発した言葉は、アメリカにどう響くのか。

「これまで先進国の住人たちが満喫したほどに、十分なエネルギーを消費する生活をエンジョイした経験のない途上国の人々に対し、『もう、これ以上のエネルギー消費を禁ずる』などということは言えるはずがない」

ここに実は、今、われわれが想定している以上に、重い課題が潜んでいるのではないか。筆者はそう考えている。

シェール革命により、エネルギーの将来への懸念を吹き飛ばしたアメリカ。そのアメリカが、トランプ流の「満杯」に込めた思いが何であるかは、地球温暖化対策の要とも言える「パリ協定」から脱退する事実からも、明らかだろう。

「『エネルギー多消費型』を含め、われわれが満喫してきた生活を、他からどう言われようと、放棄するつもりはない」

途上国には、そんなアメリカへの複雑な思いを抱く国が少なくない。フィリピン大統領ドゥテルテの言葉はストレートだ。

「〔アメリカよ〕私たちを鎖でつながれた犬のように扱うな」

そして、ここに視線を合わせているのが中国だ。

ドゥテルテは、中国に対し、経済援助欲しさからか、宥和的な姿勢を見せることもある一方で、時に、南シナ海における領有権問題で、中国の「違法行為」に強い批判を浴びせたりもする。しかし、トータルで見るなら、そのスタンスは基本的に〝中国寄り〟であり、そこにうかがえるのが、米中両国の「将来性」に関するドゥテルテ流の計算。さらに、フィリピン国民が長く、心の奥でそっと共有してきた「反アメリカ」だろう。

「一帯一路」に対しては、アメリカなどによる〝告発〟もあり、途上国の中でも警戒感が高まっている。それでなくとも、必要とあらば、見え見えの「親・途上国」ポーズをも辞さない中国を、快く思わない途上国は少なくない。だが、そんな国々が、ギリギリの場面に直面した時、米中のどちらを選ぶのか――を思案する時、「ドゥテルテのフィリピン」が示唆するものは小さくない。

こんな途上国の思いと〝連携〟しながら進もうという中国の戦略の前で、われわれがアメリカと手をつないで生きることは、今、考える以上に困難な道となる可能性があり得る。

と同時に、明らかなのは、アメリカの力の陰りとともに、アメリカの「望み」や「意図」が通じないケースが確実に増えていること。それが一因となって、われわれの周囲には、「将来への道筋が確かに見える」といえるものが、一つ、また一つという感じで、姿を消しつつあることだろう。

例えば――

「イラン核合意」を、アメリカが一八年五月、単独で離脱し、イランへの制裁を再開したトランプ政権に、独英仏などは反発したものの、アメリカによる自国企業への報復などを懸念し、それ以上には踏み込めない。が、その後、ホルムズ海峡を通過する船舶の安全保持のため、「有志連合」を結成しようというアメリカの呼びかけに、これらの国々はなかなか応じようとしなかった。

それだけ、「米欧同盟」は際どい状況になりつつあり、これを反映して、「日欧」をどうマネージしていくのか――などについても、一筋縄では解など得られそうにない。

それは、当面の〝主役〟である米中両国それぞれについても同じだ。

習近平政権はもちろん、中国共産党体制だって、「崩壊しない」という保証はない。二〇二〇年に入り、世界を震撼させた「新型コロナウイルス騒ぎ」に、その徴候を見たとする中国ウオッチャーもいる。「ソ連崩壊」の記憶がよみがえる瞬間でもある。

一方、アメリカでは、二〇一六年に続き、二〇二〇年の民主党の大統領候補者選びでも、サンダースが〝主役〟の一人となり、世界を驚かす。すさまじい「格差拡大」を前に、若者たちを中心に顕在化した「アメリカ社会の左傾化」を見て「資本主義が高度に発展した先進国でこそ革命が起こる」というカール・マルクスの〝予言〟を、ついつい思い出したくなる向きがあったとて無理はないだろう。

そこに、白人警官が黒人を暴行で死なせる事件が発生。本来、別ものである「格差」と「差別」が、ともに米社会を「分断するもの」として合流した格好で、米全土をデモが席巻し、「アメリカの今」をまざまざと見せつけることになる。

それだけではない。アメリカが、アジアから手を引く可能性についても、「すでに真剣な検討が始まっている」との、確かな筋からの情報もある。その際の「アメリカ」の上には、必ずしも「トランプの」がついていない。つまり、トランプが再選されないとしても、「あり得ること」というわけだ。

非・大国との思いは属国感と表裏一体

では、これからの時代、われわれ、そしてわが国は、どのような思いを軸に据え、生きていくべきなのか。そう考えたとき、筆者の頭には、次のような命題が浮かぶ。

「われわれは、『大国』の道を進むのか、あるいは『非・大国』の道を歩むのか」

一口に「大国」といっても、その定義はさまざまだ。

世界の覇者たるを目指す大国こそ「大国」なのだ、という考え方が、まずある。

だが、それとは違う「大国」も、間違いなく存在する。事実、少なからぬ人々が、それを意識し、「大国」と呼ぶ国々がある。いささかの敬意をこめてだ。必ずしも、その定義は明確ではない。が、あえて文字にするなら次のようになるのでは、と筆者は考えてきた。

「すべてを自分の目で見て、考え、たえず押し寄せてくる『あれか、これか』の選択を迫られたとき、自らの責任で選択に踏み切れる国」

「枕詞《まくらことば》社会」が、こんな「大国」にふさわしいものでないことは明らかだろう。

実は一九八五年、ワシントンに新聞社の特派員として赴任する際、自らに課すテーマとして、筆者が心の中で決めていたものがある。

「同盟とは何か」

七九年の大平首相訪米で、戦後初めて公の場で使われたと言われる「同盟」という語。これが、いつか将来、必ず日米関係の中で大きな問題になるはず、と思ったからだ。

幸いというか、八〇年代の後半にさしかかろうという当時のアメリカは、自らの「衰退の影」を感じながら不安定な心情の中にあり、それが日本との「同盟」関係にもさまざまな陰影を与える場面が頻出する。

「同盟」について考えるには絶好の機会であり、大いに学ぶことのある時間を過ごした、と言える。

ただ、そんな中、もう一つ、次のようなテーマが浮かんできた。

「大国とは何か」

「同盟」、そして、これを構成する国々を見るとき、「同盟」への対応ぶりの中に、必ず、その国が「大国」であるか否か――によって異なる特質が露わになるように思えたからだ。そして、その際、「大国」の資格として思えたのが「自分のことはすべて自分で、そして、自分の責任で決めて、やる」だったのだ。

当時の日本は、「経済大国」にまで上り詰めた自らの姿に、いささかの戸惑いを感じつつも、ひそかに胸を張っている――そんな感があった。筆者も、そんな日本の一部であったことは言うまでもない。

だが、厳しい現実を知るのに、時間は要らなかった。間もなく気づいたのだ。口ではどういわれようと、われわれの国・日本は、真の「大国」とは見なされず、また、「大国」として扱われてもいないらしい、ということをだ。

実態はどうあろうと、日本が「自分のことは自分で決め、自分の責任でやっている」ようには、なかなか見えない。その一方で、日本は相当なことをやっているのに、どこか自信がないため、アメリカ側から「やっていない」と言われれば、引き下がりがちになる。あげくに、その表裏一体にあるとも言える「われわれは所詮、アメリカの属国なのだ」という気分が漂いがちになる。

ワシントンとは、そういう現実を、平気であからさまにしてしまう街なのだ――と気づいたことも、この際、記しておくべきだろう。

カリフォルニア州立大学バークレー校のジャーナリズム大学院で客員講師をしていた際のこと、大学院生の一人A君がある日、口を開いた。

九四年、彼は駐留米軍の一兵士として韓国にいたのだという。前の年の九三年、核拡散防止条約（NPT）からの脱退を宣言した北朝鮮は、さらに中距離弾道ミサイル「ノドン1号」を日本海に向けて発射。九四年になると、国際原子力機関（IAEA）に対し、原子炉の燃料棒抜き出しの意向を表明するに至る。このため、アメリカは在韓米軍を規定の枠ぎりぎりの三万七千人にまで増員する。その中の一人がA君だった。

「毎朝、宿舎で目を覚ますと、今日こそ〔実戦が〕始まるのでは、と思いました」

彼は緊迫した当時のありさまを振り返るとともに、韓国や日本に対する不信感を、筆者の前でも隠そうとはしなかった。

「韓国は、われわれアメリカ兵を、単なるバンプとしか見ていないんです。大学の構内などで路面の所々にある突起。車が速く走れないようにする、あれですよ。北〔朝鮮〕が攻めてきたら、その侵攻速度を少しでも抑えておいてくれ。その間に、自分たちは逃げちゃおうというわけです。まして、日本の対応といえば、何をか言わんやでしたけどね」

この時、日本政府に対しアメリカは、「北朝鮮の出方によっては、断固たる措置を取る」可能性を示唆しながら、いざという時、日本として何ができるかを、再三問うてきていた。が、日本では一年の間に三回も首脳が入れ替わるなど、政治の混迷が続いているさ中。米側に対し、とてもではないが、満足な回答ができる状況ではなかった、という事実がある。

その後、日米間の安全保障体制は、「ナイ・レポート」などを契機に「一体化」が急速に進んだことはすでにみてきた。日本は「やるべきこと」を、より実行しやすくするための形を整えてきた、ということだろう。

問題は、にもかかわらず、いわゆる〝日本通〟は別として、アメリカ総体から見るなら、日本に関する認識は、その後も、われわれが期待するほど改善されてこなかった点にある。

ここで、もう一度、第2章に登場した米軍の元将軍の言葉を思い出したい。

「日本のように、自国の安全保障を他国に頼って平気な国を、われわれは『同盟』の相手とはみなさなくなるかも」

それほどに、アメリカの根底には依然、A君の掲げた疑念――「同盟」にとっての共通の敵に対するときでも、日本はアメリカと同じ前線にいながら、同じ心構えで臨んでいない――が根を強く張っている、ということとだろう。

「アメリカが攻撃されても、日本人はそれをソニーのテレビで見てれば済むんだ」

トランプ大統領の〝なげき〟も、基本的には同じ線上にある。

日本も、こんなアメリカを意識しながら、「努力」をしてきた。日米安保条約に基づく施設の受け入れ、さらに、駐留米軍の経費についても、その八〇％近くを負担している。その比率は同盟国の中では抜群に高い。だが、この範疇にとどまる限り、「日本は、すべてをカネで済まそうとしている」という、アメリカ側の不平、不満を払拭しきれない。そう思い知ったからこそ、日本政府も「日米・一体化」に向けた一連の行動に踏み切ったというわけなのだが。

寄与や貢献ではなく、責任と覚悟を要求

では、こんな日本の「努力」「苦心」でも消しきれない、アメリカ社会に沈殿する「不信」「不満」の基本にあるものとは何なのか。そう考えたとき、やはり思い浮かぶ言葉がある。

「それは、日本自身が決めること。われわれは日本に対し『軍事大国になれ』と言ってるわけではない」

第8章に引用したこれは、特に安全保障に関し、「アメリカは日本に対し何を望んでいるのか」という

問いを日本側が発すると、アメリカ側から必ず返ってくる答えであり、そこに潜むのは、間違いなく苛立ちだった。つまり、こうだ。

「君たちは、どうして正面から、自分の考えをわれわれにぶつけてこないのだ」

元地球環境大使の西村六善は、次のように書く。

「アメリカのような国は、対立する価値観の殴り合いの中で生命力を維持している」

そんなアメリカにしてみれば、日本の姿は、「本気で『同盟』を維持、発展させていく国のそれ」とはとうてい見えない、ということだろう。

われわれが考えるべきは、このような感覚が、アメリカ以外の多くの国でも共有されているように思えることだ。一歩踏み込むなら、日本からにじみ出ている「やらされてる」感を、アメリカは、そして、世界は察知している、と言うべきだろうか。

戦後長らく、われわれはアメリカに対し、よく「憲法」を持ち出してきた。あるいは、「憲法」の存在をそっと示唆してみせた。「だって、あなた方の指示によって作られた憲法が禁じているのですからね」と匂わせ、日本に対し「より一層の貢献」を、と迫るアメリカに抵抗したというわけだ。

冷戦中は、そんな手法もそれなりに通用した。だが、冷戦が終わると、アメリカの姿勢が、「憲法」はどうあろうと、日本の意志を問う——という方向へ傾斜を強める。マクナマラが冷戦の終結直後、日本に対し、シンクタンクを作るよう求めたのも、「冷戦の終焉」という新たな状況に直面する今、日本は日本として考え、アメリカも考える。それぞれの結果を出し合い、取っ組み合いながら、新たな「日米」を共に創出しようではないか、との思いであったはずだ。

ましてや「新冷戦」の到来さえあり得るかという今、しかも、アメリカの「力」のあからさまな低下を前に、そんな思いがアメリカ側に強まっていることは、否定しようもない。

その際、確実なのは、たとえトランプ的なものがアメリカの表舞台から遠ざかっていくようなことがあったとしても、アメリカの思いの根本に変わりはなく、安全保障面でも、日本に対し「役割」の拡大を求めてくること。それは、従来のような「寄与」とか「貢献」ではない、より積極的で、かつ自らの「責任」を果たすという「覚悟のうえの何か」を求めてくるであろうことは、すでに目に見えている。

「わが友なる日本よ。今こそ、真の『大国』であるべし」

これこそが、アメリカの声。そう思えるのだ。

その際、日本が自ら果たすべき「安全保障上の役割」に、何らかの限度を設けたとしても、それを「国民の意志、あるいは総意」として打ち出すなら、アメリカはこれを受け入れるかもしれない。ただ、その場合は、従来より遥かに大きな〝代償〟を求めてくるであろうこと、これもまた、大いに予想されるシナリオではあるが。

ところで、ここに一つ、おそらくは日本独特なものであり、それゆえに対応が難しいテーマがある。「意識した属国主義」とでも言うべきものが、それだ。

戦後、冷戦の様相が激化し、また日本の経済成長が顕著になるに従い、アメリカの日本に対する要求は、さまざまな面で強くなっていった。「ヨーロッパ」の中に紛れ込むことで、アメリカの圧力を幾分なりともかわそうとしたドイツ（西ドイツ）のような手法にも頼れず、日本はそれぞれの局面で、要求を値切りながらも、精いっぱいの貢献を果たしてきた。いやそうせざるを得なかったのだ、と言うべきだろう。

しかも、その中で、自分を主張することは最低限に抑えた、あるいは、抑えさせられてきた。それが日本国内での「属国論」の隆盛に結びついた、と言えないでもない。

ただ、どうだろうか。

日本は、国、あるいは国民としての性格もあるが、抵抗することは極力抑制し、むしろ要求に積極的に応じた。そう思える面も少なくない。つまり、自ら選んで「属国」風にふるまう国になろうとした。その名称とは裏腹に、「思いやり予算」も実は、そんな思いを形にしたもの、と言えようか。そうしているうちに、相手――つまり、アメリカにとって、日本はある意味、「なくてはならない存在」になっていったというわけだ。

いや、事態は、さらに進んでいる気配がしないでもない。「属国」という、いかにも「非・大国」的な響きにもかかわらず、これを自らの意志で肯定し、行動として貫くことに誇りをさえ持つ。そんなこの国のありようもまた、それはそれで、――少なくとも、余裕のない「小国」ではない国家の在り方ではないか――といった心情が、実はこの国の随所に見られるように感じるのだ。

ものごと、所詮は結果論――という面もある。今、多くの国民が、世界の中でのこの国のありよう、その結果としての現在の生活に満足しているなら、個々人の政治信条はともかく、「意識した属国主義」が、戦後日本を「成功」に導いた。そう評価する向きがあるとしても、当然なことかもしれない。

考えるべきことは、しかし、その先にある。

世界変動を見込んで「やるべきこと」をやる

繰り返しになるが、今、明らかなのは、世界の秩序が大変動を起こす中で、アメリカは「『利』とともに『理』をも追い、時にやせ我慢をも辞さない国」から、もっぱら「利」を追わざるを得ない「普通の国」へと変貌をとげつつある。それでも、アメリカは、「超大国」の座から降りまいとして、必死になる。その結果、「同盟国」に対しても、〝なりふり構わず〟という感じが強まるであろう、ということだ。

これに日本は、どう対応するのか。

確かに、「普通の国」化しつつあるアメリカとはいえ、中国の、例えば、ウイグルでの人権抑圧、香港での自由や民主主義軽視などを見れば、比較の問題として、アメリカの方がよほど良い――といった論議が主流となり、その方向を決める可能性は、もちろん十分にある。

だが、一方で、考えなければならないことも山積みだ。アメリカが、ますます強めるであろう日本に対する「要求」は、今後とも「自由」や「民主主義」などの「正義」を、世界に向け掲げ続け得るために必要なのだ、という論理で突き付けられるであろうことは想像に難くない。また、そうでなければ、これに応じたとしても、われわれの「意識した属国主義」は満足感を得られないはずだ。

加えて難題なのは、ますます高まるであろうアメリカからの「要求」に応えるほどの資力、経済力を、日本は今後とも持ち続けられるか――だ。それはつまり、象徴的に表現するなら、大量の戦闘機を買い続けられるか、ということでもある。

その一方で、アメリカとともに歩むため、傷ついた「アメリカ的な正義、価値」を、われわれが肩代わりして担い、走るという道もないではない。「天皇制民主主義」の国・日本、また山本七平の言う「辺境文化」の国・日本にとって、このようなことが可能なのか。また、ふさわしい道なのか否か、判断は難しいが。

何ごとも常にゼロから始める、というわけにはいかない。「現実」が、すでに目の前にあるからだ。加えて、「変化」の到来を予想し、これに対処するとしても、実際に「変化」が起こるまでには、間違いなく時間がかかる。それが何年、何十年と持続することだってあり得る。当然、最終目標は決まっても、それに至るまでの、おそらくは長く厳しい道のりをどう進むのか、いや、どう、しのいでいくのか――をも考えて対処する必要がある。容易なことではない。

「国際情勢の見通しなどは、長くて二〇年先までしかいえない」

かつて岡崎久彦は、こう書いた。現実の外交を長く見つめてきた身ゆえの実感であろうことは、容易に想像がつく。

とはいえ、これほどに大きい、世界の変動が見込まれる以上、より遠い将来を睨《にら》んだ準備を進める必要があるのも、また当然だろう。財政、環境などと並び、外交や安全保障も、可能な限り、現世代の次、さらに、その次を睨み、進めるべきものであるはずだからだ。

そして、この場合、出来得るなら、将来のこの国は「大国として生きる」こと――つまり、自分のことは自分でやる。やる以上は、その結果に責任を持つ――を前提にして考えるべきではないのか。筆者はそう思う。

その意味で、一つ記しておきたいことがある。今、この国の若き世代の中国に対する見方は、いわゆる「戦中派」や「戦後世代」、あるいはそれに続く世代の者たちより、はるかに柔軟で、とらわれのないものであるように見える。筆者はこの三年余、大学で教える機会を得たが、その中でつくづく感じたことだ。

昨今、東京・銀座を歩いていると、ふと感慨にふけることがある。あたり一面に溢れる中国語の勢いに驚きながら、だ。

「これが本来、あるべき姿だったのではないか」

戦後の長い期間、この国には「アメリカ」がいっぱいに溢れ、「中国」が欠落していた。われわれの身近にも、中国戦線で生死の境をさまよった〝親類のおじさん〟、あるいは、中国との「過去」を省み、「新しい日中関係」を作ろうと励む政治家や経済人などが確かに存在した。しかし、その存在感において雲泥の差があった。われわれにとって「外国人」とは、すなわち「アメリカ人」であり、そのアメリカとの関係を持った者こそが「国際人」である時代が、ずっと続いたのだ。

多くの日本人がアメリカを知ろうとして、在外勤務や出張に加え、留学や旅行に出かける。そこで得た経験や実感の集積が、戦後の「日米」の基盤になる。筆者もそんな流れの一端にいた。いようとした。

これに比較して、中国への接近を図る者の数は、たかが知れていた。当然のことながら、日本総体としての「中国」に関する経験の蓄積も乏しい。ここに、間違いなく日本としての「手落ち」があったように思えてならない。戦後長らく、日中間には国交がなかった、としてもだ。

近年、中国を「身近なもの」と感じる日本人が、徐々にとはいえ、増えはじめているのは、その意味で、望ましいことに違いない。中でも、若いうちに短期間でも留学したり、旅行で中国を訪れる者の数が増えている事実は重要だ。

「中国の家庭に招かれても、そんなに違和感はありません。確かに、日々の生活の中にも、共産党政権下だからなのでしょうか、何かと制約がある気配を感じることはあります。でも、人間同士として通じ合えない、とは思いません」

これはある留学経験者の言葉だ。いかに、そこに受け入れ側の「作為」があったとしても、彼らが触れたすべてが「虚」というわけではないだろう。

ただ、こんな若者の数がまだまだ足らない。一人でも多くの若者を、中国、そしてアジアへ留学に出す。あるいは、長期旅行を体験してもらうことこそ、われわれが「大国」として生きるうえで不可欠なこと、と思えてならない。

それ以外にも、われわれがやるべきことは数多くある。例えば——

「戦後の日本には、まともな対外情報機関がないのだから……」

こんなことを、まるで当然のことのように言い合っている「余裕」は、この国には、もはやないはず。

超大国のそれに比べれば、量においては、とうていかなわない。それでも、質において勝る機関の設置を目指す。それこそが、「大国」たらんとする姿だろうからだ。

一九九二年一二月二五日、ソ連が崩壊、その翌日のことだった。筆者は、ドイツの有力誌『シュピーゲル』のモスクワ支局を訪ねた。すると、支局員の一人が「内緒の話」と断わりながら、ドイツ本国から数日前、多数の人間がモスクワに到着。まもなく、ロシア各地に散らばり、地下資源の実態調査に乗り出すのだ、と耳打ちしてくれた。BND（連邦情報局）の名を思い浮かべるとともに、ドイツという国の視線の長さ、そして、「自ら得た情報」へのこだわりを、あらためて確認した瞬間だった。

また、これは何も中国に関してだけではない。海外へ留学する者の数が減り、今や、その数は中国や韓国にも大きく水をあけられている。そんな現状も、「しようがない」と手をこまねいているわけにはいかない。

そのためには、よほどの資金、資源、そして覚悟がいる。大学の基礎研究費さえ減少し続けている今の日本で、そのような経費を捻出するのは容易なことでない。

だが、それを乗り越えることで、この国が自らの進むべき道を決める際、机上に載せる資料、情報が、不足なく――いや、少なくとも、今よりもよほど豊富にそろえられるのだとしたら、これを「やらない」という選択肢はないのだろう。

その結果、一〇年後か二〇年後、いや、実は、もっと早く来るかもしれない「そのとき」に、責任者たちは自信を持って、進むべき道を選択し、決定を下すことができる。それが、「今までと同様、アメリカと歩みを共にする」路線か、あるいは「中国との親和路線を明確にする」ものか。はたまた、それまでにはすでに成っているかもしれない米中の「グランド・バーゲン」を前提に、「米中による『共同支配』の下にある世界で、必死に自国の存在場所を探す」路線であるのか。その予測は、今の段階ではつけようもないが。

それにしても、それが、どのような選択であり、決断であろうとも、「自分たちがやるべきことをやったあげくに出した結論に基づく」のであるなら、国として、そして国民の多くが、納得し得る。それこそ、「枕詞社会」から脱却し、大国によほど近づくことを意味するのではないか。

「力」や「利」に加うる「何か」を求めて

繰り返しになるが、われわれは今、「あれもこれも」と手を出しながら、大きな成果はどこにも生まれない――という道から決別し、大事なものを選択し、それ以外はあえて捨てる。でも我慢する。そういう時期に来ている。絶対に失ってはいけない、あるいは、獲得しなければならないものは何か、を見定める時でもある。

そう思うにつけ、外交官T氏の言葉が思い浮かんでくる。

「ソ連通」とみなされながら、「日米」にも深く関与したT氏が一九八〇年代の前半、まだ、ソ連の崩壊を口にする専門家などほとんどいなかった当時のこと。ある日、ポツリと口にしたのだ。

「近ごろ、ソ連の高官に会うと、言ってやるんだ。今の貴国にとって『力』がいかに大切なものかはわかる。でも、『力』があるからというだけでなく、他国から、いや敵国からさえも好感を持たれ、尊敬されるような国でないと、将来はないのでは、とね」

T氏が初任地のモスクワで、「ベトナム戦争反対」を叫ぶ大学生たちが、アメリカ大使館に押しかけ、石を投げる場面に出くわしたのは、六〇年代後半のこと。騒ぎは間もなく収まった。が、彼は引き揚げていくモスクワの学生たちの後を追う。すると帰り道、学生たちはカフェに立ち寄り、そこでアメリカへの熱い思いを、目を輝かせながら語り始めた。その鮮やかな記憶が、その後長く、T氏の中で生き続けることになる。

残念ながら、その後のソ連は「敵国からさえも好感を持たれ、尊敬される」国にはなり切れず、力の衰えを見究められてしまった途端、倒される。いや、自ら倒れた。「冷戦の終焉→ソ連の崩壊」は、T氏流に言うなら、「あるべくしてあった結末」ということだろう。

それから、ちょうど、三〇年が過ぎようという今、われわれの眼前にあるのは、ともに「自己中心」の思いの強さを増したがゆえに、違和感や警戒感の対象になりがちなアメリカ、そして中国の両国が、激しく角突き合わせようかという世界、と言うべきか。

そんな中、ソ連の「失敗」の真似はすまい、という中国が、もはやイデオロギーを旗印にできない状況の下、「経済的な利」を前面に押し出し、「大中華圏」の形成・拡大に精を出す姿は、ある意味、分かりやすい。

これに比べ、アメリカは、はるかに難しい道を歩みつつあるかに見える。

「アメリカはちぐはぐな帝国である。その自信過剰で活動過多な軍事中心主義によって、程なく自滅する帝国である」

アメリカ国籍のイギリス人で、歴史社会学者のマイケル・マンが、イラク戦争が勃発した二〇〇三年に出版した『論理なき帝国』の一節だ。国家は、軍事力に、政治、経済、イデオロギーの力を加えた四つの力によって構成される。が、アメリカは軍事力に偏重する「ちぐはぐな」帝国であり、それが国の基盤を危ういものにしている、というのだ。

トランプが率いるアメリカが、はたして「軍事中心主義」の国であるかどうかは、必ずしも判然としない。その過激な発言にもかかわらず、軍事力行使には慎重であり、時に小心とさえ見える大統領の姿が露わでもあるからだ。

とはいえ、気になるのは、今の、そして、これからのアメリカが、「敵国からさえも好感を持たれ、尊敬される国」として生きていかれるのか、という点だ。

「寛容さをなくしていることが、ローマの本当の危機でした」

古代ローマ史の研究家である木村凌二の言葉は、こんなアメリカ、そして中国に対する、大方の世界の心の内を代弁しているかのように聞こえる。特に、それが所詮、演技にすぎないとしても、中国の「鷹揚さ」との対比で、アメリカの「狭量さ」が目立ち、これが、時に中国以上に、国々をアメリカから遠ざけつつある昨今の現実、と言えようか。

言うまでもなく、「敵国からさえも好感を持たれ、尊敬される国」、あるいは「寛容さこそ」が投げかける命題は、米中、すなわち、当面の覇権競争のさ中を走る国についてだけの話ではない。

筆者は、この国・日本は「大国」として生きるべきだ、そのためには「自分のことは自分でやる。やる以上は、その結果に責任を持つ」という「国としての在り方」を追い求めなければならない——と書いてきた。

世界の国々は、「力」や「利」に服し、日々生きている、生きざるを得ない。ただ、だからこそなおさら、世界は、「大国たらんとする国」については、「力」や「利」に加え、さらに「何か」を求める。ポイントは、この「何か」は、「自分のことすべてに、自ら責任を持つ」ための苦心、苦闘からにじみ出る気韻、寛容さ。さらに、これらを支える理想、理念から生まれるのでは——と思えてならないからだ。

力の確執こそが、その中核にあることを否定し得ない国際政治を論じながら、「理想」とか「理念」を強調し過ぎることの奇異さや危険性は、筆者としてわきまえているつもりだ。が、目の前の世界の現実が、あえて、この道をとらす、と言うしかない。

こう書きながら、ふと浮かんできた一つの場面がある。一九九五年の末、京都でのこと。筆者もその編集の一端を担っていた月刊誌の新年号を飾る座談会に、高坂正堯教授を招いた時のことだ。

冷戦が終結して六年、いまだ「冷戦後」のありようをめぐり議論が続いているさ中でもあり、『国民国家 生き残りの条件』というタイトルで、座談会の話は進んだ。

ところで、その大詰めに差しかかったころだった。司会者が「日本人はなんとなく島の中に閉じこもって、嵐が過ぎ去るのを待っていれば、また陽が差すのではといった感じ〔で生きているような気〕がするが……」と問いかけるや、高坂が声を上げたのだ。

「〔日本人の〕三分の一ぐらいはそうだ。〔でも〕大きく考えようよ。例えば、今の日本の世界における地位で満足するなんて滅相もないこと。それは良うないで」

この時、高坂は、日本が目指すべき「地位」について、具体的には述べなかった。しかし、筆者はとっさに、「覇権国ではない。しかし、大国としての風格ある国」を言っているのだ、と思い込んだ。思い込もうとした。

筆者のこの判断は正確ではないかもしれない。これを質そうにも、座談会の半年後に逝ってしまった教授には、もはや質《ただ》しようがない。それにしても、己の非力さを知りながら、この拙稿を書きつづけた筆者の耳の中で、教授のこの言葉が、長く、繰り返し響いてきたことを、ここに記し、とりあえず筆を擱《お》きたい。

あとがき

浅海 保

「好漢、自重すべし」――。

この本の原稿を書きながら、何度も思い出した言葉です。その主は、かつて雑誌『中央公論』編集長を務めた粕谷一希さん。当時はすでに社を辞めておられましたが、筆者が書き上げた原稿を読んだうえで、くださった言葉がこれ。以来二〇年が経ちました。

原稿の核心は、この本と基本的に同じ。筆者自身は、そう思っています。

それにしても、編集者として、永井陽之助、高坂正堯、塩野七生の各氏らを世に送り、「名伯楽」と言われた粕谷さんに、筆者ごときの原稿を読んでいただくなど、思ってもいませんでした。ただ、あることを契機にご縁ができ、「見せてみなさい」ということに。

もとより、「好漢」などではない筆者に、この言葉は、「ダメ出し」を露骨にすれば、傷ついてしまうから、というご配慮であったのかもしれません。ただ、それにしても、筆者としては、「もっと修行し、時が来るのを待て」という語感を勝手に抱き、その後を生きようとしてきたことを、白状しなければなりません。

本文中にも書きましたが、「アメリカ」、そして「同盟」「大国」は、筆者にとって、常に命題であり続けてきました。ただ、冷戦の終焉後一〇年を経たあたりから、この国では、これらに触れ、あるいは、言挙げすることに、違和感を抱く雰囲気が強まっていった。「自重すべし」は、「そんな今、君が何を言っても……」ということではないか。これまた、自分勝手な推測ですが、それ以降、「同盟」や「大国」が、筆者にとって、ただじっと見つめるだけの対象になったのは事実です。

それが……。

二年ほど前のある日、訪ねて来られた旧知の編集者、赤羽高樹さんに「同盟を書いてみませんか」と言われ、あらためて取り組んでみようか、との思いが頭をもたげたのです。

これには伏線がありました。この数年間、大学などで若い人たちと会う機会が増えた中で、何度か聞いた言葉が、それです。

「わが国には、安保条約があるから、安全・平和に心配はない。だから……」

そこには疑いの気持ちが微塵も感じられない。初めて聞いた時、「へえ、そんな思いで生きているんだ」と、妙な新鮮さを覚えました。しかし、全く同じような言葉を繰り返し聞くうちに、なんだか不安というか、「おいおい、大丈夫か」という思いが募っていった。それも、彼ら若い世代だけではない。この国全体についてです。

なぜなら、そのような言葉・発想は、彼ら若い世代の間だけでなく、今、この国に溢れている、多くの人々の思いの反映に過ぎない。そう思えたからです。

一九四七年（昭和二二年）生まれの筆者は、小学から中学にかけて、「六〇年安保」が引き起こした混乱を、熱心な〝政治少年〟として見つめ、そして、「七〇年安保」の際は、大学生として現場にいました。だから、周囲にはいつも「反米・反安保」のスローガンがあった。しかし、だから、われわれの方が今の若者より、現実を観ていた、と言うつもりはありません。当時のアメリカは今より、よほど強大な存在であり、それゆえ、われらが世代らの「反米」の根底には、「アメリカ相手なら、何をやっても大丈夫」といった甘えが間違いなくありました。

それを感じていたから、社会に出る前に、なんとしても、アメリカを自分の目で見たかった。一九七一年、筆者がアメリカ一周のバス旅行に出かけた理由です。だが、バスがマクドナルドの店の前に止まっても、ハンバーガーは買わなかった。いや、買えなかった。胸にしまったドルで一か月の旅費を賄うには、マクドナルドは高すぎたからです。

そんな筆者が今、「自重」の重しを外し、再度、「同盟」に取り組むことが、粕谷さんの思いに添うものなのか。正直、わかりません。果たして、筆者に、この課題に取り組む資格があるのかにも、十分な自信があるわけではない。

ただ、あえて言えば、筆者には、他にはあまりないものが一つある。「同盟」そして「大国」に捉われてきたがゆえに、それを見つめてきた時間の長さです。新聞社に身を置き、首相官邸、ワシントン、モスクワの現場から、その姿を見続けてきました。

世の中、「平穏」に見えながらも、根底で「変化」は進んでいく。中国をめぐる変化の速さには、危なっかしさがいっぱい。でも、大きな橋が崩落したり、ビルの上から看板が落下したりするアメリカ、そして日本が抱える「内なる変化」もまた、実は重大です。どちらにも、「焦り」や「手抜き」、あるいは「ミス」があった。今、目の前にある現実は、これらが集積した結果、と言うしかない。

だから、そんな焦りや手抜き、ミスを振り返りながら、「今」を見つめれば、普段、見えにくいものが見えてくる。その反映として、中国の現実も、より鮮明に見えてくるのではないか。これが筆者の思いです。

もとより、それが成功したか否かは、読者の皆さんのご判断を仰ぐしかありません。が、長い間、「いつか」のために、課題から視線を外さないよう、陰に陽に、筆者を励まし続けてくださった、粕谷さんの後輩にあたる下川雅枝さんはじめ多くの方々。また、そんな思いを受け止め、出版化にむけ御尽力くださった作品社の内田眞人さんに、心よりの感謝の意を表したいと思います。

二〇二〇年の春

英文

Army Times, "Powell, I'm Running Out of Demons" Apr.5, 1991.

Cohen, Benjamin, "Is Trump Killing the Dollar ?," *Project Syndicate*, Aug.16, 2017.

The Economist, "The new normal Donald Trump's rule-breaking could leave deep scars," Feb.24, 2018.

———, "The long arm of the dollar," May 17, 2018.

Engdahl, F. William,"Why West fears 'Made in China: 2025'," *New Eastern Outlook*, Aug.3, 2018.

Goldberg, Jeffrey, "The Obama Doctrine," *Atlantic,* Apr. 2016.

Kennan, George F., *American Diplomacy,* University of Chicago Press, 1951.

Kissinger, Henry A., *Does America Need a Foreign Policy ? Toward a Diplomacy for the 21st Century*, Simon & Schuster, 2001.

Mickey,Robert, Steven Levitsky, Lucan Ahmad Way, "Is America Still Safe for Democracy ?," *Foreign Affairs*, May/June, 2017.

Piketty, Thomas, Li Yang, Gabriel Zucman, "Capital Accumulation, Private Property and Rising Inequality in China, 1978-2015," *National Bureau of Economic Research Working Paper* No.23368, Jun. 2017.

Prins, Gwythian, Mark Eliot Caine, *The Vital Spark : Innovating Clean and Affordable Energy for All*, LSE Academic Publishing, Jul.11, 2013.

Stephens, Phillip, "America First or America Alone ?," *Financial Times,* Jan.10, 2017.

Wall Street Journal, "WSJ Trump Interview Excerpts: China, North Korea, Ex-Im Bank, Obamacare, Bannon, More," Apr.12, 2017.

———, Editorial, "The Wrong Way to Make Allies Pay More," Mar.13, 2018.

Washington Post, "Strategy for Solo Superpower," May.19, 1991.

White, Theodore H.,"The Danger from Japan," *The New York Times Magazine*, Jul.28, 1985.

Zakaria, Fareed, "Are America's Best Days Behind Us ?" *Time*, Mar.3, 2011.

ブレジンスキー、ズビグニュー『ブレジンスキーの世界はこう動く―― 21世紀の地政戦略ゲーム』山岡洋一訳、日本経済新聞社、1997年
ブレマー、イアン「カナダ・サミット後を語る」PBSテレビNews Hourのインタビュー、2018年6月
―――「既存の政治を拒む世界」、「日本経済新聞」2018年9月14日のコラム
―――『「Gゼロ」後の世界――主導国なき時代の勝者はだれか』日本経済新聞出版、2012年
マクレガー、リチャード「日中和解を阻む敵意の深層」、「日本経済新聞」2017年12月29日
松尾文夫『アメリカと中国』岩波書店、2017年
マディソン、アンガス『経済統計で見る世界経済2000年史』金森久雄監訳、(財)政治経済研究所訳、柏書房、2004年
マン、ジェームズ『ウルカヌスの群像――ブッシュ政権とイラク戦争』渡辺昭夫監訳、共同通信社、2004年
―――『危険な幻想　中国が民主化しなかったら世界はどうなる？』渡辺昭夫訳、PHP研究所、2007年
マン、マイケル『論理なき帝国』岡本至訳、NTT出版、2004年
ラミー、パスカル「民主主義の未来　危ぶむ」、「読売新聞」2018年10月24日のインタビュー
モロワ、アンドレ『ドイツ史』桐村泰次訳、論創社、2013年
安井浩一郎、NHKスペシャル取材班『吉田茂と岸信介――自民党・保守二大潮流の系譜』岩波書店、2016年
山口昌子『ドゴールのいるフランス』河出書房新社、2010年
山崎正和「日本島国の成立」、林屋辰三郎／梅棹忠夫／山崎正和（編）『日本史のしくみ――変革と情報の史観』中央公論新社（中公文庫）、2019年
山本七平『一九九〇年の日本』福武書店、1983年
山本吉宣「パワー・シフトの中の日本の安全保障」、渡邉昭夫／秋山昌廣編著『日本をめぐる安全保障　これから10年のパワー・シフト』亜紀書房、2014年
ユアン、デレク『真説　孫子』奥山真司訳、中央公論新社、2018年
葉千栄「天安門からコソボまで――中国における自由主義と民族主義の論争」、『東海大学紀要外国語教育センター』第21輯、2000年
ルトワック、エドワード「中国支配の世界　阻止」、「読売新聞」2018年10月13日のインタビュー
ロドリック、ダニ「貿易に自国優先は通じず」、「日本経済新聞」2018年5月25日のコラム

は可能か？」での発言、『環』2004年夏号
———『「ドイツ帝国」が世界を破滅させる——日本人への警告』堀茂樹訳、文藝春秋（文春新書）、2015年
ドーフマン、アリエル「米国はなぜ嫌われるのか」、「朝日新聞」2001年11月28日のインタビュー
ナイ、ジョセフ「『トランプ流』日米同盟に影」、「読売新聞」2018年11月4日のコラム
永井陽之助「80年代の国際環境と日本外交」、日本国際問題研究所編『1980年代の日本外交の針路』1980年
成澤勝「静かな激論——高句麗遺跡の世界遺産登録そして東北工程」、東北アジア学術交流懇話会『うしとら』19号、2003年
ニクソン、リチャード『ニクソン回顧録』（第1～3部）松尾文夫／斎田一路訳、小学館、1978-79年
西村六善「政府は日本とアメリカは価値観が同じだと云う……しかし本当か？ 2012年の米国の大統領選挙」日本英語交流連盟・ホームページ、2012年3月23日
Newsweek日本版「習の『戴冠』は弱さの裏返し」2018年3月13日
パウエル、コリン『マイ・アメリカン・ジャーニー』鈴木主税訳、角川書店（角川文庫）、2001年
畠山襄『通商交渉　国益を巡るドラマ』日本経済新聞社、1996年
原彬久『岸信介——権勢の政治家』岩波書店（岩波新書）、1995年
ハンギョレ新聞「天安門城楼に立った朴大統領——韓国外交は新たな道へ」2015年9月4日
ハンチントン、サミュエル『文明の衝突』鈴木主税訳、集英社、1998年
ピルズベリー、マイケル『China2049 秘密裏に遂行される「世界覇権100年戦略」』野中香方子訳、日経ＢＰ、2015年
フクヤマ、フランシス「トランプ氏　米の地位脅かす」、「日本経済新聞」2017年12月1日のインタビュー
———『歴史の終わり（上：歴史の「終点」に立つ最後の人間／下：「歴史の終わり」後の「新しい歴史」の始まり）』渡辺昇一訳、三笠書房、1992年；新装版2005年
ブッシュ、ジョージ・W 『決断のとき』伏見威蕃訳、日本経済新聞社、2011年
フーバー、ハーバート『裏切られた自由』渡辺惣樹訳、草思社、2017年
フリードバーグ、アーロン・L『繁栄の限界——1895年~1905年の大英帝国』（*The Weary Titan*）八木甫／菊池理夫訳、コーリウ生活文化研究室、1989年
———『支配への競争——米中対立の構図とアジアの将来』佐橋亮監訳、日本評論社、2013年
ブレア、トニー『ブレア回顧録』石塚雅彦訳、日本経済新聞出版社、2011年

佐藤行雄『差し掛けられた傘——米国の核抑止力と日本の安全保障』時事通信社、2017 年
里見脩「日本の対外情報発信の現状と改革」、『東京財団研究報告書　2004-10』東京財団、2004 年
サンガー、デービッド『世界の覇権が一気に変わる——サイバー完全兵器』高取芳彦訳、朝日新聞出版、2019 年
思泌夫「転換期における『ダーチャ』と人びとの生活——フード・セキュリティの視点から」、『大阪大学 Knowledge Archive』2010 年 3 月
椎名素夫「今なお『認識の差』が残る安保体制」、『季刊アステイオン』1995 年冬号
塩谷隆英『経済再生の条件——失敗から何を学ぶか』岩波書店、2007 年
ジョンソン、チャルマーズ『アメリカ帝国への報復』鈴木主税訳、集英社、2000 年
———『通産省と日本の奇跡』矢野俊比古訳、ティビーエス・ブリタニカ、1982 年
スチール、ロナルド『同盟の終り』平泉渉訳、鹿島研究所出版会、1965 年
スパイクマン、ニコラス『スパイクマン地政学・世界政治と米国の戦略』渡邉公太訳、芙蓉書房出版、2017 年
スミス、アーサー・H『中国人的性格』石井宗皓／岩崎菜子訳、中央公論新社（中公叢書）、2015 年
世界平和研究所（編）、北岡伸一・久保文明（監修）『希望の日米同盟』中央公論新社、2016 年
関岡英之『帝国陸軍　知られざる地政学戦略——見果てぬ「防共回廊」』祥伝社（祥伝社新書）、2019 年
銭其琛『銭其琛回顧録——中国外交 20 年の証言』濱本良一訳、東洋書院、2006 年
ダイアモンド、ジャレド「人類史から見通す近未来」、「日本経済新聞」、2017 年 11 月 28 日
田所昌幸『「アメリカ」を超えたドル——金融グローバリゼーションと通貨外交』中央公論新社（中公叢書）、2001 年
ダワー、ジョン『敗北を抱きしめて』（上／下）三浦陽一／高杉忠明訳、岩波書店、2001 年
壇上寛『天下と天朝の中国史』岩波書店（岩波新書）、2016 年
趙可金「米中関係の今」、「朝日新聞」2015 年 9 月 25 日のインタビュー
陳舜臣『日本人と中国人』集英社（集英社文庫）、1984 年
テルチク、ホルスト『歴史を変えた 329 日——ドイツ統一の舞台裏』三輪晴啓／宗宮好和訳、日本放送出版協会、1992 年
トクヴィル、アレクシ・ド『アメリカにおけるデモクラシーについて』岩永健吉郎訳、中央公論新社（中公クラシックス）、2015 年
ド・ゴール、シャルル『ドゴール大戦回顧録（全 6 巻））』村上光彦／山崎庸一郎訳、みすず書房、1960 ～ 66 年
トッド、エマニュエル　シンポジウム「『帝国以後』と日本の選択——対米従属からの脱却

小川和久『日米同盟のリアリズム』文藝春秋（文春新書)、2017年
小塩節『トーマス・マンとドイツの時代』中央公論新社、1992年
梶谷懐「中国・改革開放の40年（中）『異質論』超え独自性議論を」、「日本経済新聞」2018年12月13日
加藤典洋『戦後入門』筑摩書房、2015年
神谷不二『朝鮮戦争』中央公論新社（中公文庫)、1990年
亀山郁夫／白井聡「ロシア、強権の裏に焦り」、『Web RONZA』2016年1月22日付
川北稔『世界システム論講義——ヨーロッパと近代世界』筑摩書房（ちくま学芸文庫)、2016年
キッシンジャー、ヘンリー・A『外交』（上／下）岡崎久彦監訳、日本経済新聞社、1996年
———『キッシンジャー回想録 中国』（上／下）塚越敏彦他訳、岩波書店、2012年
北岡伸一／久保文明監修『希望の日米同盟——アジア太平洋の海上安全保障』中央公論新社、2016年
木村凌二「耕論『壁をつくる』寛容さを失うと国の危機に」、「朝日新聞」2017年4月7日
ギャディス、ジョン・ルイス『大戦略論』村井章子訳、早川書房、2018年
久保文明編・日本国際問題研究所監修『アメリカにとって同盟とはなにか』中央公論新社、2013年
倉田徹「異なる価値感　力で抑圧」、「読売新聞」2017年3月27日
ケネディ、ポール『大国の興亡——1500年から2000年までの経済の変遷と軍事闘争』鈴木主税訳、1988年；決定版1993年
呉軍華「米中対立、屈辱の先に見える中国の野望」、「日本経済新聞」2019年4月12日
高坂正堯『平和と危機の構造——ポスト冷戦の国際政治』日本放送出版協会、1995年
高坂正堯／草野厚「国民国家　生き残りの条件」、『THIS IS 読売』1996年1月号
孔子『論語』貝塚茂樹訳注、中央公論新社、2020年
コーエン、ダニエル『経済と人類の1万年史から、21世紀世界を考える』林昌宏訳、作品社、2013年
ゴードン、ロバート『アメリカ経済　成長の終焉』（上／下）高遠裕子／山岡由美訳、日経BP、2018年
近藤健彦『プラザ合意の研究』東洋経済新報社、1999年
齊藤誠（解説)「ゴードン教授の大著を読んで」、ロバート・ゴードン『アメリカ経済　成長の終焉』高遠裕子／山岡由美訳、日経BP、2018年
櫻川昌哉「グローバル化を巡る攻防　日米中の政治序列、変化も」、「日本経済新聞」2017年7月26日
佐々木卓也「アメリカの外交的伝統・理念と同盟——その歴史的展開と日米同盟」、久保文明（編)『アメリカにとって同盟とは何か』中央公論新社、2013年

主な引用文献

和文

アタリ、ジャック「英EU離脱迷走『経済に影響せず』」、「日本経済新聞」2018年10月8日のインタビュー
阿南友亮『中国はなぜ軍拡を続けるのか』新潮社（新潮選書）、2017年
アーバン・インスティテュート（編）『政策形成と日本型シンクタンク　国際化時代の「知」のモデル』上野真城子監訳、東洋経済新報社、1994年
アリソン、グラハム／ブラックウィル、ロバート・D／ウィン、アリ『リー・クアンユー、世界を語る』倉田真木訳、サンマーク出版、2013年
アリソン、グレアム『米中戦争前夜』藤原朝子訳、ダイヤモンド社、2017年
五百旗頭真／中西寛（編）『高坂正堯と戦後日本』中央公論新社、2016年
池田信夫「日の丸検索エンジン」、『アゴラ・言論プラットフォーム』2006年9月7日
石田正治「トルーマン政権とNSC68」、『法政研究』第54巻、1988年
井上靖『風濤』講談社、1963年
板橋拓己『アデナウアー——現代ドイツを創った政治家』中央公論新社（中公新書）、2014年
板橋拓己／妹尾哲志（編著）『歴史の中のドイツ外交』吉田書店、2019年
伊藤光彦『謀略の伝記——政治家ウェーナーの肖像』中央公論新社（中公新書）、1982年
ウィンターズ、アラン「英国の選択　コストより主権選んだ」、「日本経済新聞」2019年12月17日
ウォルツ、ケネス『人間・国家・戦争』渡邉昭夫／岡垣知子訳、勁草書房、2013年
ウルフ、クリスティアン「21世紀の秩序が変わる　国家の利益　国際協調でこそ」、「日本経済新聞」2018年8月16日のインタビュー
江口伸吾「現代中国における『協商民主の展開と国家ガバナンス再構築』」、島根県立大学『北東アジア研究』第29号、2018年
ＯＥＣＤ（経済協力開発機構）『世界の二〇六〇年予測』2012年
大西直樹『ピルグリム・ファーザーズという神話』講談社（選書メチエ）、1998年
岡崎久彦『二十一世紀をいかに生き抜くか——近代国際政治の潮流と日本』PHP研究所、2012年
岡本隆司『歴史で読む中国の不可解』日本経済新聞出版社、2018年

[著者紹介]

浅海 保（あさみ・たもつ）

1947年、東京生まれ。1971年、東京大学法学部卒業後、読売新聞に入社。政治部記者、ワシントン・モスクワ両特派員などを経て、『This is 読売』副編集長、東京本社編集局長、同グループの副主筆などを歴任した。この間、中央公論新社社長を務めたほか、「21世紀日本の構想」懇談会、日韓フォーラム、日印賢人会議などのメンバーにも。また、米カリフォルニア大学バークレー校ジャーナリズム大学院客員講師、順天堂大学国際教養学部特任教授として、後進の指導にもあたった。

著書として、『変節と愛国――外交官・牛場信彦の生涯』（文春新書）、『アメリカ――多数派なき未来』（NTT出版、カリフォルニア大バークレー校での体験をまとめたもの）などがある。

米カリフォルニア大学バークレー校での教え子たちと（右から3人目）

日米同盟を考える
——〈共同体〉の幻想の行方

2020年8月 5 日 第1刷印刷
2020年8月15日 第1刷発行

著者——**浅海 保**

発行者——和田 肇
発行所——株式会社作品社
102-0072 東京都千代田区飯田橋 2-7-4
Tel 03-3262-9753 Fax 03-3262-9757
振替口座 00160-3-27183
http://www.sakuhinsha.com
編集担当——内田眞人
本文組版——デルタネットデザイン：新井満
装丁——小川惟久
印刷・製本—シナノ印刷㈱

ISBN978-4-86182-802-7 C0031
© Asami Tamotsu 2020

落丁・乱丁本はお取替えいたします
定価はカバーに表示してあります

21世紀世界を読み解く
作品社の本

経済は、人類を幸せにできるのか？
〈ホモ・エコノミクス〉と21世紀世界
ダニエル・コーエン　林昌宏訳

経済とは何か？　人間の幸せとは何か？　新興国の台頭、米国の衰退、技術革新と労働の変質…。経済と人類の歴史的転換期のなかで、その核心に迫る。トマ・ピケティ（『21世紀の資本』）絶賛！

値段と価値
なぜ私たちは価値のないものに、高い値段を付けるのか？
ラジ・パテル　福井昌子訳

現在の経済システムでは“値段”と“価値”は比例せず、まったく異なる基準で決定されている！「現代経済におけるプライスとバリューのギャップを、鮮やかに解明する」（ＮＹタイムズ・ベストセラー）

ロシア新戦略
ユーラシアの大変動を読み解く
ドミトリー・トレーニン　河東哲夫ほか訳

21世紀ロシアのフロントは、極東にある―エネルギー資源の攻防、噴出する民主化運動、ユーラシア覇権を賭けた露・中・米の“グレートゲーム！”、そして、北方領土問題…ロシアを代表する専門家の決定版。

軍事大国ロシア
新たな世界戦略と行動原理
小泉悠

世界をいかに変えようとしているか？　多極世界におけるハイブリッド戦略、大胆な軍改革、準軍事組織、機構と実力、世界2位の軍需産業、軍事技術ハイテク化…。話題の軍事評論家、渾身の書き下し！

近代世界システムと新自由主義グローバリズム
資本主義は持続可能か？
三宅芳夫・菊池恵介編

水野和夫・広井良典氏らが徹底討論。近代世界システムの展開と資本主義の長期サイクルという歴史的視座から、グローバル資本主義の現在と未来を問う。話題の論者と新進気鋭25人による共同研究。

歴史を考える
作品社の本

原子爆弾
1938〜1950年
いかに物理学者たちは、
世界を残虐と恐怖へ導いていったか?
ジム・バゴット　青柳伸子 訳

「後世に残る傑作」(ネイチャー紙)。原爆の開発競争、広島・長崎への投下、そして戦後世界の核拡散——。近年公開された機密資料、解読されたソ連の暗号文等によって、歴史の全体像に迫る。

モスクワ攻防戦
20世紀を決した史上最大の戦闘
アンドリュー・ナゴルスキ　津守滋監訳

二人の独裁者の運命を決し、20世紀を決した史上最大の死闘——近年公開された資料・生存者等の証言によって、その全貌と人間ドラマを初めて明らかにした、世界的ベストセラー!

ヒトラーランド
ナチの台頭を目撃した人々
アンドリュー・ナゴルスキ　北村京子訳

新証言・資料——当時、ドイツ人とは立場の違う「傍観者」在独アメリカ人たちのインタビューによる証言、個人の手紙、未公開資料等——が語る、知られざる〝歴史の真実〟。

スターリン批判
1953〜56年
一人の独裁者の死が、いかに20世紀世界を揺り動かしたか
和田春樹

歴史の闇の真実を初めて明らかにする。「新資料によって描いた歴史像は、全く新しい世界であった。極限状況、いかに人々は歴史を動かすために苦闘したか。強い感動を禁じえなかった」和田春樹

ロシア革命
ペトログラード 1917年2月
和田春樹

世界戦争の時代に抗した“魂にふれる革命“。新資料・新構想によって、ボリシェヴィキによる歴史の歪曲を廃し、初めてその全貌を明らかにする。和田ロシア史学のライフワーク、遂に完成!

アメリカ侵略全史
第2次大戦後の米軍・CIAによる軍事介入・政治工作・テロ・暗殺
ウィリアム・ブルム　益岡賢ほか訳

史上最悪の“ならず者国家”は米国だ! 暗黒の歴史の全てを暴いた“世界で唯一の書”。　世界10カ国刊行。「私が米国を考察する基礎資料。あなたには読む勇気があるか」オリバー・ストーン(映画監督)

ジャック・アタリの著書

21世紀の歴史
未来の人類から見た世界
林昌宏訳

「世界金融危機を予見した書」――ＮＨＫ放映《ジャック・アタリ 緊急インタヴュー》で話題騒然。欧州最高の知性が、21世紀政治・経済の見通しを大胆に予測した"未来の歴史書"。amazon総合１位獲得

新世界秩序
21世紀の"帝国の攻防"と"世界統治"
山本規雄訳

30年後、世界を支配するのは誰か？ 今後、帝国の攻防は激化し、ポピュリズム・原理主義が台頭し、世界は無秩序とカオスへと陥る。欧州を代表する知性が、21世紀の新世界秩序を大胆に構想する！

国家債務危機
ソブリン・クライシスに、いかに対処すべきか？
林昌宏訳

「世界金融危機」を予言し、世界がその発言に注目するジャック・アタリが、国家主権と公的債務の歴史を振り返りながら、今後10年の国家と世界の命運を決する債務問題の見通しを大胆に予測する。

金融危機後の世界
林昌宏訳

世界が注目するベストセラー！100年に一度と言われる、今回の金融危機――。どのように対処すべきなのか？ これからの世界はどうなるのか？ ヘンリー・キッシンジャー、アルビン・トフラー絶賛！

ユダヤ人、世界と貨幣
一神教と経済の4000年史
的場昭弘訳

なぜ、グローバリゼーションの「勝者」であり続けるのか？ 自身もユダヤ人であるジャック・アタリが、『21世紀の歴史』では、語り尽くせなかった壮大な人類史、そして資本主義の未来と歴史を語る待望の主著！